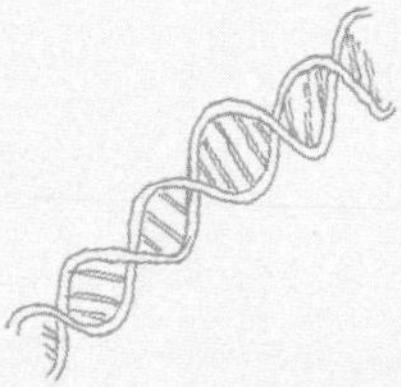

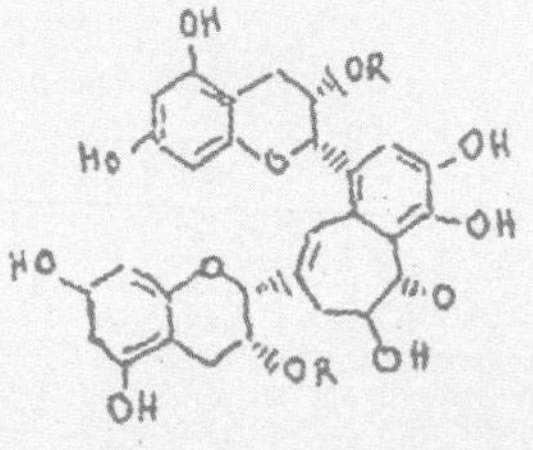

生殖醫學教父李茂盛的奮鬥人生

世界的生命捕手

李茂盛——著

目錄

【第二部】

辛苦與幸福並存的求學生活

為了四元學費，才小一的年紀就必須在被老師罰站與父親賣牛之間做取捨！因為家境貧困，書包和衣服是米袋做成的、便當裝的是番薯簽，受盡同學的嘲笑，為了維護自尊，學校廁所成了自己的餐廳與書房。

【第三部】不甘願中踏上習醫之路

來自貧窮家庭的我，曾經目睹家人與親戚受疾病所苦，不是無法從醫療中得到協助，就是為了治病而必須散盡家財，讓我更懂得視病猶親的重要！對於自己能順利完成學業，最要感謝的人是兄長與大嫂。

【第四部】

堅忍學習的臨床歲月

雖然沒日沒夜地在醫院工作，但絲毫不以為苦，只希望自己能培養出堅強的實力，為攀峰蓄積能量！同時，更期待自己能揚名顯親，盡孝道之極致！

【第五部】

前往臺大精進所學

一度因無法實際進行臨床治療而覺得苦悶，卻也在臺大老師不藏私的教導下，完成人生中的第一篇論文、精進各式手術的技巧，滿滿的收穫超出原本預期。

【第六部】

赴美進修，學習完整的試管嬰兒技術返臺　181

為了趕上進度，即使是假日也獨自守在實驗室，更是不錯過每一場會議或大師演講，拚命學習，無非是希望能全盤掌握療程，有能力解決各式問題，以拉近自己與成功的距離。

【第七部】

再回中山附醫，創立生殖中心

帶著一群沒有經驗的技術人員，將實驗室從零到有建置完成，僅僅不到兩年的時間，即順利傳出第一例本土成功案例，震驚全國！

然而，卻也因此埋下日後離開中山附醫，自行開業的念頭。

【第八部】

用心打造，讓茂盛揚名國際，引領生殖醫學發展 277

帶領團隊一起合作，不斷研發新技術，創造多項紀錄的殊榮，打響了「茂盛」的名號，讓世界各國的患者紛紛慕名而來！為了有更寬廣的發展，從診所轉型到醫院，也將透過拓點，提供在地性的醫療服務給更多有需要的民眾。

【第九部】

專注醫學事務，心繫國是天下事

「醫」一路走來，匆匆已過四十年，看著生殖醫學在臺灣從零到有，並快速發展至與歐美先進國家並駕齊驅，對此成績深感欣慰。由於接觸無數個案，看過各式悲喜的結局，更加深深提醒自己身為生殖醫學醫師的責任，務必傾盡全力幫助她們達成為人母的願望！

推薦序

堅持夢想，成就更好的臺灣

蔡英文

二〇二三年五月，在我執政邁入第八年之際，李茂盛醫師也將出書，邀請我寫序。就如李醫師在書中提到的，從二〇〇八年，我參選民進黨主席時請他幫忙，這一路走來，我們是老戰友，為打造更好的臺灣共同打拚。

「打拚」的精神，可說是貫串李醫師的人生故事。不論是求學生活、醫師養成教育、赴美進修、投入生殖醫學研究，或自行創業，李醫師在每個人生階段，都是不斷拚搏、克服萬難，努力實現目標。

從李醫師述說家境的困苦、親人離世的悲痛、照顧鄉親的心願，我們可以了解到，一個餐餐吃番薯簽長大的孩子，如何立定志向，歷盡艱辛，成為生殖醫學權威；

他又是如何帶領團隊，創下全臺第二例試管嬰兒誕生，也造就了臺灣本土團隊第一個成功案例。

如果想了解臺灣生殖醫學的發展，絕對不能錯過這本書。隨著李醫師走過的每一步，我們看見，臺灣生殖醫學從無到有、邁向國際一流地位的歷程；從李醫師豐富的經驗分享，我們更能認識不孕症各個面向的挑戰。

「我要當醫生」，當李醫師在小學作文課，寫下這個志願，被嘲笑癡人說夢，但他努力不懈，不僅實現自己的夢想，也幫助世界各國艱辛求子的夫妻圓夢。

從「李茂盛婦產科診所」到「茂盛醫院」，李醫師帶領團隊，深耕臺中近三十年，曾在二〇一一年，號召全國一二三二位試管寶寶齊聚臺中，打破金氏世界紀錄，這也是臺灣醫界獲得的第一張金氏世界紀錄認證。

如今，李醫師不只出書分享耕耘的成果，還將在新竹和板橋設立生殖中心，讓北部有需要的朋友，能夠就近獲得醫療服務。

我們知道，許多夫妻在求子過程，陷入期待、失落、再期待、再失落的循環，因為了解當中的煎熬，希望支持他們的生育夢想，政府從二〇二一年七月將不孕症試管嬰兒補助對象，擴大到所有的不孕夫妻，截至二〇二三年五月，申請已經達到七萬件次，超過一萬名嬰兒誕生。

我要感謝像李醫師這樣的戰友，除了提供我寶貴的建議，協助政府的政策更周全，也在專業領域不斷精進，在臺灣面對少子女化的挑戰上，李醫師絕對是一級戰將。

李醫師說，「堅持，是為了看到更好的自己」。從字裡行間，充分感受到他的自我鞭策，令人敬佩的是，他的堅持和努力，不僅創造個人的不凡成就，也帶領臺灣的生殖醫學研究，持續升級、攀向高峰。

我相信，所有追求夢想的朋友，都可以從這本書中獲得啟發和鼓舞，而就像李醫師一樣，在堅持夢想的道路上，大家的每一分付出，也將成就更好的臺灣。

推薦序

一代生殖醫學教父，讓世界看到臺灣的醫療實力

賴清德

每當人們談論生殖醫學時，幾乎沒有人不會提到「生殖醫學教父」——茂盛兄對生殖醫學的付出與貢獻，因為茂盛兄在人工生殖領域的卓越表現，可說已達登峰造極的境界。

在貴人徐千田教授的引薦下，茂盛兄前往美國賓州大學，全心投入有關試管嬰兒的研究。學成歸國後，帶領團隊致力於臨床研究，在國內外醫學期刊發表許多有關不孕症治療的論文，期間更是積極參與國際醫學相關研討會，讓世界看到臺灣的醫療實力。然而，他並未自滿於既有的醫學成就與安穩的生活，在百忙之中，接受日本東邦大學的邀請成為研究生，專攻生命科學，以一年時間完成論文，取得婦產科醫學博士學位。

為了進一步精進臺灣生殖醫學的水準，茂盛兄更成立「財團法人中華民國不孕症基金會」，召集許多知名專科醫師，共同鑽研生殖內分泌醫學之研究，也提供獎學金，獎掖年輕醫師在生殖醫學領域的努力，其追求卓越、提攜後進的精神，相當令人敬佩，而這也正是臺灣醫療之所以享譽世界的重要原因。

茂盛兄為臺灣奮鬥的人生，不僅僅是身為生殖醫學權威，造福廣大有不孕症問題的國人；他也熱心公共事務，希望透過眾人的努力，讓臺灣成為一個更美好的國家。

作為臺中市小英之友會總會長，茂盛兄總在民進黨低潮的時候，與大家站在一起，最終成功幫助蔡英文總統勝選，也讓蔡總統對於臺灣未來願景的想像與承諾，得以逐步實現。茂盛兄在受邀擔任總統府資政後，更是積極造福鄉梓、關懷弱勢，樹立從事公共事務的典範。

「要奮鬥，才有機會成功」，茂盛兄的人生座右銘，正是展現其從刻苦艱難環境中立志向學，屢屢突破人生困境、奮鬥不輟的精神，而這樣的故事也在這本書中，用幽默的筆觸，完整地記述下來。

這是一本追求夢想，也助人圓夢的勵志好書，值得大家細細品味。閱讀完這本書後，我也再次為茂盛兄精益求精、追求卓越的執著而感佩，期勉各位讀者朋友，也能找出自身熱情所在，效法茂盛兄奮鬥不懈的精神，不斷自我挑戰，為自己、也為臺灣爭取榮耀，讓臺灣在世界的舞台綻放光芒。

推薦序

一輩子，擇一事，執一生

中央健康保險署署長
石崇良

總統府資政李茂盛院長將生命歷程，以個人傳記《世界的生命捕手：生殖醫學教父李茂盛的奮鬥人生》付梓，深感榮幸有機會能為此書撰寫推薦序。

拜讀李院長的傳記就像聆聽長輩聊往事般，把從小到大的境遇、成長、起伏都細細回味一番，跟著文字一字一句咀嚼他面臨困境時的心境轉折，以及面對挑戰時絕不放棄的奮鬥精神。即使在累積卓越成就後，仍不忘期許自我要能對國家社會帶來貢獻，那一路走來的堅定信念，著實令人欽佩。這個生命故事讓我看見出生在台灣「最窮的縣之最窮的鄉——雲林縣口湖鄉」，家中十一個孩子中排行老七的他，如何在貧困拮据、資源缺乏的挑戰中，憑藉自小培養的意志奮力突破重圍，尋求出路，終能在生殖醫學領域為台灣開創耀眼成績，幫助患者開啟嶄新人生。

從小立定志向從醫的李院長，企盼藉此翻轉家境，一路上幸有兄長、貴人的支持，自己也緊抓住得來不易的機會，努力擠進窄門中的窄門。擔任醫師摸索臨床一段時間後，擇定要走一條「跟別人不一樣的路」，執著地投入當時在台灣還在初萌發展階段的生殖醫學領域。書中提到「在產業成熟前先行投資，才能處於世界領先的地位」，他以職人的精神投入學術、研究及臨床工作，無一偏廢，不只精進自身的技術，更是引領整個醫療團隊全心投入，不斷提升，終能無懼各式各樣的挑戰，達成目標。我想用「一輩子，擇一事，執一生」來詮釋李院長的人生哲學，期許年輕世代能透過閱讀此書，體會如何在生命中尋找到自己願意投入的志業，用心、執著地投入實踐，相信定能實現生命的價值，創造人生不凡的意義。

「視病如師」是李院長勉勵行醫者很重要的一句話。院長的四哥二十多歲積勞成疾，不幸病逝，短暫生命唯一的新衣竟是「壽衣」，令人相當感慨！他也因此提醒自己，行醫路上要「視病如親」，對待患者要如同親人般悉心照顧。更甚於此，還要「視病如師」，每位患者是幫助醫師奠基實力的好老師，遇到困難個案，一定要想方設法找到瓶頸並尋求解方。李院長在開業的醫院設立研究部門，每年投資一、二千萬從事研究工作，另亦成立國際事務部，積極引進最新技術，並將成果分享與世界。李院長提到「一個人走得快，一群人走得遠」，這種集結眾人之力，努力突破醫療限制，嘗試各種解決方案的態度及做法，著實能為後人之楷模典範。

做自己的伯樂，千里馬贏在不認命！李院長的生命故事，讓我想起美國德州現年七十七歲的Paul Alexander，六歲時不幸染上小兒麻痺，因高位截癱、四肢萎縮，無法自主呼吸，終身依靠一個狹窄「鐵肺」續命。脖子以下全癱的事實，並沒有阻止他做想做的事，異於常人的努力，以最高成績從高中畢業。無畏父母反對及學校拒絕，他成功進入大學並開始艱苦的求學生活，最終如願成為律師。他憑著一個信念，不受肢體限制，照樣環遊世界。為了激勵他人，他用嘴咬著塑膠筆，一下一下敲著鍵盤，花了八年寫下回憶錄。李院長及Paul Alexander都是以堅毅之姿回應生命困頓，有如印度詩人泰戈爾的《飛鳥集》第一七六節：「The world has kissed my Soul with its pain, asking for its return in Songs.」即使面對苦難，卻能活得更寬廣、更無所懼。

古人云「不以規矩，不能成方圓」、「徒善不足以為政，徒法不能以自行」，好的想法、理念，若要能讓大眾受益，就要能夠納入制度運作，具體實踐。李院長是相當關心建立制度的人，他在擔任「人工生殖法」諮詢委員期間，協助研議「捐卵」相關規定，讓沒有卵子的女性有機會成為母親；在擔任婦產科醫學會理事長任內，積極提升婦產科的量能，爭取提高婦產科的健保給付，促進婦產科醫學人才回流，也推動婦產科醫師執行乳房超音波，幫忙篩檢乳癌病人；擔任國策顧問及總統府資政亦積極參與社會公共事務，力求提升台灣生育力，感佩李院長將醫療專業奉獻於國家政策規劃，澤被全民。

李院長自傳記述台灣早期農業社會的有情故事及古老本土俚語，在閱覽院長人生經歷同時，一窺有趣台灣文化。此書佳妙，好處不能盡錄，且待各位讀者細細品味，是以為薦。

自序

擁抱成功的不二法門

「不經一番寒徹骨，哪得梅花撲鼻香？」相信是大家耳熟能詳的一句話，而我一路走來的奮鬥人生，正是深刻體現了這句話的真義！

出生在貧困的家庭，不是我所能選擇的！但還在懵懂的年紀，看到父母為家庭所付出的辛勞，我已決定無論如何都要走出困境、翻轉人生，而達成目標的唯一道路就是讀書加上努力奮鬥，即使必須歷經千辛萬苦，也要咬牙邁步前行！**雖然身處連三餐溫飽都是奢望的環境，可是我不曾絕望過，反而因此蓄積了奮鬥的養分與能量，人窮志不窮，我總是勇敢又自信地迎向人生的每一個挑戰**。

值得驕傲的是，我從一個餐餐只有番薯簽可吃的農家子弟，卻能憑藉生殖醫療的專業能力，登上國際的學術殿堂，所有的一切都是我比人家更努力且不斷奮鬥而來！若沒有這段極為艱辛的奮鬥歷程，就不會有今天的我！

回想小時候的家境，幾乎是窮到不能再窮的地步，要如何度過這個關卡，對於心志是一場極大的考驗。臺灣剛光復的那些年，其實大家的日子都過得很辛苦，以當時的狀況來說，想要出人頭地難如登天，若家裡沒有很好的經濟能力，是無法把孩子送進學校受教育，更不要說像我家這樣的一無所有，更難有機會受到栽培。不過，我依舊全力以赴地向前走，完全無懼任何的阻礙與困難，**所有打不倒我的，只會讓我屹立不搖且更為強大！**

＊＊＊

「吃得苦中苦，方為人上人」，尤其在愈小的時候經歷愈困難的環境，愈能鍛鍊出心志堅強的特質！在我這一生的發展中，不曾有退縮逃避的時候，如果有，也只是暫時停下腳步，修正作法，以便繼續再往前走。

那段窮到怕的日子，始終惕勵著我必須勇往直前，才不會因鬆懈而再次走回父兄曾走過的路。如果我生在富裕之家，一定不會有奮發向上的動力，自然也就不會鍛造出今日的我！**我從不怨父母給我貧窮的家庭，我一直感謝兄長對我就學的資助，他們大概不會想到，這個無法擔負農事重擔的弟弟，竟然能在生殖醫學領域闖出這麼一片寬廣的天地！**

英雄造時勢，時勢造英雄。當初，意識到「若要成功，一定要走一條跟大家不一樣的路」，所以選擇了陌生的內分泌醫學領域。何其幸運的我，能在試管嬰兒如火如荼發展的浪頭上，躬逢其盛，並一路順著趨勢的發展，讓我成為臺灣發展生殖醫學的領頭羊。

不少人尊稱我為「生殖醫學的教父」，而我也從不吝於分享自身經驗，同業願意來問我怎麼處理個案的問題，必定知無不言，言無不盡。因為自許所肩負的使命不只有看病人，更有責任將所學傳承給下一代，即使我是開業醫師，依然持續進行基礎醫學研究，並將研究結果與同業分享，幫助不少年輕人踏著我走過的步伐，繼續在這領域往前邁進。

＊　＊　＊

從三十多歲起踏入生殖醫學的領域，已匆匆走過四十個年頭，如今已逾七十歲的我，回顧這四十年來的發展，有幸見證了生殖醫學在臺灣從無到有的發展歷程。誰也沒料到當年的荒徑，如今已是一片繁華之地！遙想當年，原本只有數家醫學中心才有的生殖醫學中心，全臺目前已蓬勃發展至九十八家人工生殖機構（根據國健署於民國一一一年十二月十六日統計），成績斐然，更以高成功率享譽國際，吸引自世界各地而來的不孕夫妻。

遍地開花的榮景，也牽動投身婦產科的醫師改變了價值觀，從早年次專首選的婦癌科轉變至今的生殖醫學科。看似好事一樁，但我又擔心生殖醫學的過分使用，可能會造成病人的濫用，進而導致市場出現激烈的競爭，將容易讓產業的發展變質。加上近來有生意人的介入，更令我憂心可能對產業發展造成不利影響。

畢竟生殖醫學需要在基礎科學上持續精進研究，提升學術水準，才能帶動技術有日新月異的發展。我這一生最自豪的，就是將所有心力完全專注在這件事上，但我終究會老去，還需要年輕人將棒子接下去，一代傳承一代，所以，成立了「財團法人中華民國不孕症基金會」，並設立「中華民國不孕症基金會論文獎」，以獎金鼓勵與表揚年輕醫師在國外雜誌發表不孕症的相關研究論文，期待以學術研究配合臨床醫療，讓臺灣的生殖醫學發展持續蓬勃前進。

多年來，我在學術與臨床醫療的耕耘成果，大家有目共睹。然而，**我最想與大家分享的人生經驗，就是不論在哪一個領域發展，一定要用奮鬥不輟的心，吃苦耐勞的意志，加上務實與虛心求教的態度，才是讓自己擁抱成功的不二法門！**

【第一部】

在困境中成長，人窮心不窮

生長在貧困的家庭，
從小看著務農的父母親每天從早忙到晚，
仍無法讓家境有所改善，
連過年都還要應付上門討債的債主。

明知當人家的養子能有白米飯吃，卻寧可過著清苦的日子，
只因能跟親生父母與手足在一起，享受家庭的溫暖。

雖然童年沒有豐裕的物質生活，
但父母為生活拚搏的樣子，早早刻在心版上，
並成為督促自我進步的原動力！
這，才是此生最珍貴的禮物！

第1章 生在曾是臺灣「最窮的縣之最窮的鄉」

有這麼一句話形容雲林縣口湖鄉：「臺灣最窮的縣是雲林縣，雲林縣最窮的鄉是口湖鄉。」而我就是出生在這樣的窮鄉僻壤——雲林縣最南邊沿海的小鄉村，家裡離海邊大概四到五公里左右。這裡的冬天特別冷，夏天則非常熱，氣候狀況相當惡劣，因靠近海邊，土地鹽分很高，不利農作物生長，加上冬季吹東北季風所挾帶的大量飛砂，讓農作嚴重受損，因此，收成並不理想。

農忙時期，兼捕漁獲貼補家用

父親為了要貼補家用，即使在農忙時候，也要抽空去海邊捕魚捕蝦捕紅蟳等，拿到村子的市場賣。

通常一大早約三、四點，父親騎著腳踏車或走路出門，到距離家裡七、八公里的地方捕魚。由於會路過空軍投射炸彈的訓練地，必須趕在訓練開始前走過這段路，也要趁海水剛退潮時才能捕到最多的漁獲，所以大概四、五點就要到海邊，捕好漁獲之後拿到市場賣。一趟來回大概需要兩、三個小時，差不多六點回到家，再駕著牛車趕去田裡耕種。

當時，整個家鄉的居民差不多都是這樣辛苦艱難地過日子——以農事為主業，捕魚當副業。

為了讓貧瘠的土地也能有好的收成，需要花錢買肥料。臺灣在光復初期，種稻的肥料極為短缺，使得米價高漲，糧荒問題嚴重。民國三十七年時，政府頒布肥料配銷辦法，規定農民在稻米收成後，用部分稻穀換肥料，農民再用換來的肥料種番薯；另外一部分則當作地租、水租繳給農田水利會。當時實施三七五減租*，很多人的田是向水利局承租，除了繳地租，還有灌溉的水費要付，再加上肥料錢，這些負擔把大家壓得喘不過氣。

辛苦種稻卻無白米飯可吃

因為稻穀的收成不多，用來繳完這些租金後，根本所剩無幾，於是大家只能把番薯當成主食。說來也是諷刺，自己辛辛苦苦種植的稻米往往沒有得吃，一年能夠吃到米的機會，實在屈指可數，僅有在收成時會有一些零碎的稻穀，可拿來自己吃，但大概就這麼一袋吧，讓大家嘗嘗白米的味道而已。

住在這裡的居民幾乎以種田維生，而種田是個苦力活，農忙時，體力消耗大，為了有足夠的體力應付農事，自然就吃得多，大概一個人每頓要吃上七、八碗飯，像我的父親一頓得吃上兩、三碗，才有體力下田幹活。因此，這麼一袋米能讓一家人吃多久，也就可想而知。整個家鄉的生活環境就是這麼困頓，因而成為大家口中那個「最

註

＊原本農民將一半以上的收成都繳給地主，不過，民國四十年六月七日以總統令公布施行「耕地三七五減租條例」，規定佃農對地主繳納的地租，以全年收穫量的百分之三十七．五為上限，現有地租高於百分之三十七．五者須降至此標準，低於此標準者則不得提高。同時公布保障佃農耕作權的相關法律，包括規定要簽訂書面佃耕契約、延長契約期間、限制佃耕地的收回等。施行此條例後，多少有助改善佃農權益。

窮的鄉」。可是再困難的環境，一群人依然努力地生活！

靠天吃飯沒保障

務農的辛苦只有經歷過才知道！總是在天還沒亮時，就要下田工作；做到天黑，藉著月光當照明燈，繼續做，一直做到半夜才回家。隔天一大早，又要起身勞動，如此，日復一日，年復一年。尤其當時鄉下並沒有其他的產業發展，大家都只能靠務農養家。偏偏靠天吃飯是最沒有保障的一件事，收成不好時，回報與所付出的勞力往往難以等值，只能含淚看著一年的心血付諸東流。就算收成好，又得承受「穀賤傷農」的結果。總之，豐收歉收，都讓農民有說不出的苦。

務農需要體力，而且要耐得住曬日頭，特別是田地會吸收熱氣，再釋放出熱能，而使人的體感溫度更高，不耐長時間曬日頭的話，會被曬到暈頭轉向，不知東南西北。然而，看天吃飯，只能配合天象，不是被太陽曬，就是天一黑，得趕緊把稻穀、番薯簽收起來，避免被雨水淋濕。

在稻穀收成的過程中，最能感受到「鄉下人看天吃飯」的意義。為了保護糧食，鄉下人對於天氣的敏感度很高，特別是早年經常下西北雨，來得急、去得快，是西北雨的特色，只要見到天空突然烏雲密布，就會讓人感到很緊張，萬一稻穀讓雨水浸濕就不好了，必須趕快將作物收起，鋪上帆布，不讓雨水淋濕稻穀。哪怕人被淋得濕漉漉，作物絕對不能被雨淋。面對大自然的挑戰，我們只能赤裸裸地對抗，沒有在等穿好雨衣才去收作物的。

在契作中，一年分為春耕與秋耕。春耕在七月收成，但七月就怕颱風來，颱風一來，讓本來可以有六、七成的收成，可能就變得很慘，使得那一年的日子難過。所以，在颱風來臨前，必須要搶收作物，否則很容易讓心血全部付諸東流。稻子收割後，利用時間種番薯或雜糧，種來自己吃的。番薯收成後，九月則開始秋耕。一期約四個月的耕作期，到年底收成。一般來說，同樣的農地，春耕可以收穫十成，秋耕只剩八成。所以，利用空檔期輪流種植一些雜糧，可幫忙養地力，提高作物產量。這也是為何務農的人一年到頭都很忙碌的原因。

苦中作樂的農閒趣味

農閒時期，大家會利用晚上的時間學國術、練拳，這也是為何鄉下人去台北發展，大多會當流氓。因為武術根基深，有好武功傍身，一個人打五、六個也不是問題，而這些有功夫的人，到台北、三重謀生，若無法找到適合的工作，還能以此換得一口飯吃。

當時的農家，晚上還有到田裡「抓青蛙」的活動，做為彌補主食不足的副食品。除了抓青蛙，也抓老鼠，老鼠很大隻，肉質不錯，很適合拿來當加菜的副食品。因為有種麻竹筍，可以吸引螢火蟲聚集，把螢火蟲抓來去掉頭部、翅膀，炒一炒，也是一道味道不錯的菜。在主食不甚充足的情況下，農家會想辦法找其他的替代物來「加菜」，如：種雜糧、抓青蛙等。雖然生活困苦，但這樣過日子的方式，倒也算得上有趣，為童年時代增添不一樣的色彩。

收成時保護稻穀最重要

小學時，還經歷了八七水災*。記得水災後，田裡一片汪洋，池裡的魚蝦也被大水沖得四散各處，放眼望去，滿目瘡痍的慘狀，至今難忘！我被大伯交代去田裡撿電線，因為風雨把電線都吹斷了。撿的時候，可能有人剛好在另外一頭打開開關，電線漏電，使得我一碰就觸電，連忙趕快喊人關掉開關，不然，那時就被電死了。

當稻穀收成時，鋪在稻田旁的地上曝曬，要防止被偷，需要有人徹夜看顧，幾個兄弟負責輪班，沒體力下田耕作的我，經常被要求在夜裡守著稻穀。在鄉下農忙時，大人和小孩各有要負責的工作，沒人有閒著的權利。確認稻穀曬到軟硬適中的程度，再送到碾米場去賣。稻穀一定要徹底曬乾，曬得愈乾，價錢愈好，因此，整個過程一定要好好保護稻穀。

肚子痛多因寄生蟲而起

在鄉下，大家種田之外，還有種菜，習慣把糞便拿去當肥料施肥。若糞便中存有寄生蟲，沒有經過發酵處理就直接施用的話，很容易在人們吃菜的時候，順便把蟲吃進嘴裡。

小學時，我曾經吐出十幾隻蛔蟲，甚至還用手從嘴巴裡拉出長長的蛔蟲。那時候的鄉下小孩經常喊肚子痛，我不懂為什麼，後來才知道多半是寄生蟲在作怪。只要把蟲吐出來就沒事了，通常一年會吐個兩、三次，或是解便解出蛔蟲。可能是太習以為

註

＊民國四十八年八月七日至九日發生於臺灣中南部的嚴重水災。

常了，父母對這樣的狀況多不以為意，反正吐出來，肚子不痛就沒事了。至於從人的嘴巴吐出的蛔蟲怎麼處理？由養殖的雞鴨鵝吃掉，就這樣形成一個循環。

雖然村莊的人多以務農維生，生活清苦，但仍有些人是公務員，或者在水利會上班，他們可以吃到白米飯，生活條件算是比較好的；另外，在村莊做生意開柑仔店的生活也不錯。

我們家務農，本來狀況還能勉強撐持，只不過孩子多——父母生了三個女孩、八個男孩（我排行老七），食指浩繁，就靠父親一人養家，真的很吃力，加上發生了一些事，經濟自然變得更加拮据！

鄉下人多以牛車代步

在窮鄉僻壤種田的日子不好過，如果能做生意，生活就會好一點；或是外出工作，可能也有不錯的生活。只是當時與外界的訊息不通暢、交通不方便，交流並不密切。當時，北港算是離口湖鄉最近的都會區。沒有什麼私家轎車，出門最多就是騎腳踏車；從口湖到北港，只能倚靠一小時一班的北港客運往來兩地。想到台北，就得從北港轉車到嘉義，再換車北上。交通如此不便，自然導致資訊往來的速度相當緩慢。

即使騎腳踏車，崎嶇不平的路面讓車子不好騎，就連走路也不好走。對種田的鄉下人來說，更多時候是以牛車代步。牛車除了用來載運東西，也用來犁田；耕田則是用牛，不管是水田、旱田，都是用牛來耕田。牛分為水牛和黃牛，水牛耐操，所以一般農家多飼養水牛來耕田。不過，水牛會老，基本上，每三到五年要更換一次，就是把沒有力氣的老牛賣掉，換年輕的牛隻繼續耕田。

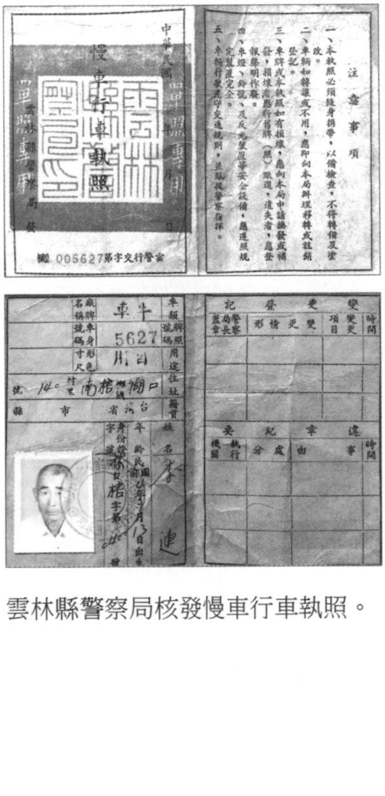

雲林縣警察局核發慢車行車執照。

牛隻是農民的「財神爺」

對農民來說，比起自己吃飽與否，更要在乎飼養的牛隻是否吃飽，因為牛才是家裡的經濟來源，一定要照護好「財神爺」的健康。如果牛隻的狀況不好，就無法好好協助生產，必須在七早八早牽著牛，走到二十公里以外的北港，貼點錢換隻健康的牛回來，確保「財神爺」的工作能量不受影響。說來有趣，那時所賺的錢主要就是花在牛隻上面，當「財神爺」的狀況好，才具有工作力，不只耕耘自家的田地，也能幫忙耕別家的田，賺取額外的收入，補貼家用。

要把生產力不佳的老牛換成年輕力壯的牛，必須把牛牽到北港的牛墟*鑑價。愈有力氣的牛愈值錢，但老牛也還是有殘餘價值，將汰換的老牛送去屠宰場，秤斤論兩賣肉。由於牛是農業社會的主要生產力，農夫對於牛莫不懷著感恩之心，所以在鄉下，大家不吃牛肉以表敬意。

養母豬生小豬，販售當副業

農家不只養牛耕作，也會養豬來賣，而且大多是養母豬，因為可以生小豬販售，利潤較高。為了生小豬，需要豬公來交配；當時有以為豬配種為業的，稱為「牽豬哥」。在母豬發情時，農家會請「牽豬哥」牽種豬來跟母豬交配，大概一次就能讓母豬受孕，比現在的試管嬰兒還厲害，我笑稱這是「自然性的人工授精」。千萬不要小看鄉下人的生活智慧，他們可能不懂什麼是發情期，然而，透過觀察母豬的行為，出現煩躁不安、到處衝撞的樣子，就知道這時候找種豬來交配，可說是百發百中，很容易生下小豬。

豬隻是秤重論斤販售，每晚十二點以前，一定要讓豬吃飽一點，否則十二點一過，買豬的人就會來秤重了。秤重之前，必須先把豬的排泄物清理掉，這樣做，肉質才會好吃，剩下的重量才有利買家。

居住環境差，不是極冷就是極熱

鄉下的經濟條件不好，吃得不好，居住環境自然也不會好，當時能有磚造房住已經很好了；一半磚造，一半土角厝算中等；最糟的是，全用茅草蓋的屋子。而我們家的屋子是混合了磚造、土角厝和茅草，不算是最糟，卻也未達中等程度。

屋子沒有冷氣，也沒有電扇，夏天熱得要命，冬天則冷得要死。颼颼冷風灌進屋內，除非被子熱呼呼，不然整個人會冷到皮皮挫。住在海邊的我們，特別能體會什麼是「寒風刺骨」的感覺。

註

＊早期的農業社會，牛墟是最重要的市集，據稱北港牛墟是臺灣現存歷史最久的牛市。

家裡沒有浴廁設備，洗澡不是在水井旁邊沖一沖，就是把水桶提到大廳就洗了，後來才慢慢有密閉的空間供做洗澡之用，但也還不是設備完善的浴廁。大小便就是在外面的茅坑（廁所的俗稱）解決，茅坑就是在地上挖一個大坑，架上簡單的木架，鋪上茅草而成。下雨天時，如廁後，糞水很容易濺出來而沾到臀部，連上廁所都讓人苦不堪言，對照現在的衛浴設備，沒有門、沒有沖水設備的簡易廁所，大概不是一般人所能想像的。

吃不好、睡不好，洗澡上廁所也是在相當簡陋的環境下完成，我的童年就是在經濟窮困、氣候惡劣的地方成長。當時，沒有鞋子可穿，也沒有拖鞋，到哪都是打赤腳。那個年代完全沒有幼稚園或托兒所，最好的托兒所就是在家裡跟雞鴨一起玩。活動範圍沒有離開過村子，就在這塊土地上爬著、走著，自然而然地長大了。

第2章 父親勤奮不懈，惕勵我要認真努力

父親是個艱苦人，七歲時就沒了爸爸。阿嬤再嫁給以抬轎為業的男人，生了一個女兒，住在隔壁，日子過得不算好，但繼阿公很認真辛苦工作，只是沒幾年的時間，積勞成疾，死在外地。父親與阿嬤、阿姑相依為命，靠自己的力量長大成人，之後，又養十個孩子，一肩扛起沉重的家庭責任。好不容易靠著幾分田，慢慢拚出兩甲地的田與兩間店面，辛苦程度不在話下。

白米飯再香再好吃，取代不了親人溫暖

後來，大哥與不熟的人合夥做生意，因生意失敗讓父親的努力瞬間歸零，全家

陷入困境，為了還債，把原本當成家庭副業所養的三、四隻豬賣了，一些電器也拿去賣掉，最後還連累親戚把房子拿去抵押，整個家才免於被查封的狀況。原本家境就不好，遭逢這番變故更是雪上加霜，生活變得更加惡劣困難。

在極為困苦的環境下，父親一個人要養那麼多孩子，有如千斤重擔，所以不得不將小弟送給別人養。按常理來說，想要把骨肉送養，無非是希望給孩子一個比較好的環境，不過，被生活家計壓到喘不過氣的父親，當下並無暇多想。其實收養弟弟的那家人，經濟狀況並沒有比我們家好多少，純粹是夫妻連生了好幾個女兒，需要一個男孩為他們傳宗接代。

看著不到半歲的弟弟被送走，我們這些哥哥姊姊嘴上沒說什麼，心卻像被刀子劃過一樣，留下一道永難癒合的傷疤。

本來我也要被住在附近的親戚領養，但當時四、五歲的我已略懂人事，明白日子再苦，也不願離開父母去過好一點的生活。即使知道讓這位沒有子女的親戚領養後，可以吃到白米飯，不用再吃番薯簽，還能上學讀書，但想到弟弟出生不久就被抱走，從此遠離父母和手足，就怎樣也不願離開父母。儘管留在家裡要跟著過苦日子，但日子再苦，還是能在親生父母的身邊，感受家庭的溫暖，這是再香再好吃的白米飯所不能取代的。

那時的我比較瘦小，臉看起來髒髒的，還掛著兩行鼻涕，親戚大概覺得這孩子怎麼髒兮兮的，一點都不討喜，加上來家裡接我時，我躲了起來，沒能順利接到小孩的親戚，明顯感受到我的百般抗拒，這才決定放棄領養。

人子心頭無止境蔓延的感慨

父母都在務農，兄長也跟著做。每天，大家早早就出門下田耕作，晚上很晚才回家，說真的，並沒有什麼時間照顧小孩。白天，我就待在家裡，跟飼養的雞鴨一起玩，可以說是跟著牠們一起成長。因為大人不在旁邊，臉髒了，沒有人幫著擦臉，衣服髒了，沒人幫著換乾淨的衣服，所以當時的鄰居常說：「在村子裡，只要看到臉黑麻麻、衣服髒兮兮的，不用問，就是『老額ㄟ子』。」每每想到此情此景，總是難過到說不出話，就算如今已年逾古稀、事業有成，依然抑制不住內心深處湧出心酸的感覺。

父母何嘗不想好好照顧孩子，偏偏礙於生活艱苦，不辛苦一點，要如何能讓一家子溫飽？可悲的是，即使很辛勤地付出，連孩子都顧不上，生活還是苦不堪言。

「老額ㄟ子」這樣的一句話，聽在耳裡，無疑是輕蔑多於熟稔，可是能怎麼辦？那個時候的我，完全無力反駁，只能默默地把這份輕蔑嚥下去。

父母親不在身邊照看，又正值小孩子拿到什麼就往嘴裡塞的年紀，我竟然連雞屎也拿來吃。其實年紀小的我根本不知道自己吃了什麼，還是後來長大常聽鄰居叔伯說：「你小時候是吃雞屎長大的。」的確，鄉下地方的孩子可以說是「辣薩呷、辣薩大」，卻也因為衛生條件不佳，造成鄉下孩子的死亡率較高，常常莫名其妙就死了。很慶幸自己雖然吃了雞屎鴨屎，仍能健康成長，甚至還成了醫師。

現在想想，那個年代用「自生自滅」來形容，一點也不為過，但沒辦法怪父母的能力不好，只有充滿身不由己的無奈。

父親雖然如願看到我穿上白袍行醫，卻又早在民國七十二年死於前列腺癌，沒能來得及分享我攀峰的榮耀，內心總是多所遺憾。那時的我才剛站穩腳步而已，還沒有足夠的能力讓他過上好日子，他就撒手人寰了。每當夜闌人靜，只要想到辛苦一生的父親便難以入眠，「樹欲靜而風不止，子欲養而親不待」的感慨，在人子的心頭上無止境地蔓延。

第3章 母親刻苦堅毅，驅策我的奮鬥力

母親是一位相當純樸的鄉下女孩，她原本住在離家約六、七公里的村落（口湖鄉湖北村），憑媒妁之言嫁給父親。婚後二、三年開始生兒育女，先後生了八個男孩、三個女孩。不只生養孩子，還要跟著父親務農，但在下田之前，除了煮飯給一家大小吃，還要忙著餵牛養豬飼雞鴨。到田裡忙到十一點，又要趕回家煮飯，然後再匆匆忙忙回田裡工作，一直做到天色昏暗才回家煮晚飯。

母親有如轉不停的陀螺

為了家計，母親就像一顆轉個不停的陀螺，永無停歇之時，所以在照顧小孩的

生活起居顯得力不從心。

自我有記憶以來，洗澡似乎都是自己來，母親沒有在幫忙的，因而臉是黑的、身體是黑的，衣服也是黑的，所謂的「三黑」彷彿就是李家小孩的標記。然而，這樣的狀況實在不能怪母親，忙於農事和家務的她，能讓孩子有三頓飯可吃已經很不錯了！

小時候的我，每天早上睜開眼，就看著她在家庭與田地奔波，想要跟她撒個嬌都是奢望；長大的我，每每從外地回家，還是很難和她說上幾句話，因為母親的日子依然忙碌不堪。

忍氣吞聲從不訴苦

在我眼裡，母親不僅辛苦，還活得很委屈，因為鄉下充斥著「男為上、女為下」的尊卑氛圍，父親對奶奶很孝順，有時母親對奶奶說話稍有頂撞之意，就被父親打在地上唉唉叫。人都被打到門邊了，父親仍然沒有停手之意，還是小孩的我看著很心疼。

早年，父親的脾氣真的很火爆。有一次，他從田裡回到家，因為肚子很餓，想要吃到的是溫度剛剛好入口的飯菜，可是母親才剛把番薯簽煮好，端上桌時仍熱氣騰騰的。

飢腸轆轆的他吃了一口，大概是溫度高到令他難以下嚥，一氣之下，就把整鍋番薯簽倒掉，讓母親還要重煮。其實這些現象在那個男尊女卑的時代極為常見，包括吃飯時，男人先吃，再來換小孩上桌，最後才輪到女人吃剩菜殘羹。

所以，我很欽佩母親，在那樣的環境下，照顧那麼多的孩子，還要忍受父親的壞脾氣。當時，女人被老公打，通常會回娘家住幾天，之後老公再去把人接回來。可是母親很勇敢，她從來都沒有為此回過娘家，也不會找鄰居訴苦，只有自己不斷默默忍耐。可能是個性使然，讓她總能以成熟的態度處事，但我佩服的是母親的耐性與毅力。

看著母親吞下所有的委屈，仍是孩子的我很不忍心，卻又無能為力為母親做點什麼。不過，內心逐漸醞釀出一股莫名的力量，可能是因為在這種辛苦的環境下長大，讓我之後讀醫學院、踏出社會面對困難時，總能抱持著超乎常人的毅力，並強烈地驅策自己一定要奮鬥以拚出好成績。

我想，能有這番堅強的信念，相信是源自於小時候在艱困環境中成長所致，了解不拚、不認真，人生就沒有機會成功，只能再次複製之前所過的貧困生活。

與父母相處的時間多在國小階段之前，初、高中的求學時期，只有在週末返家探望父母，順便幫忙做點農事，就像個過客來來去去。每次回家總是看到父母依舊在田裡辛勤工作，忙到很晚才回家，內心百般不捨。

除了父母務農，其他兄弟姊妹也分別在家幫忙或到外地工作貼補家用。由於鄉下地方可以做工的機會不多，有的兄長在農忙時期去高雄、台南或台中幫忙收割，賺一點錢貼補家用。只是當時一天的工錢不多，扣掉生活費，能拿回家的極為有限，對改善家庭小有幫助，但不多就是了。主要還是靠父母親打拚，讓整個家得以撐持著。

大家忙了一天，晚上聚在客廳聊天。或許兒女中只有我一人走讀書的路，沒有讀書的他們，除了關心吃飯睡覺外，也不知道要問我什麼才好，自然無法有太全面的關心，倒是會擔心我沒錢，偶爾塞個十元、二十元給我用。雖然沒能明顯感受父母看到在外地念書的我，有什麼特別開心的感覺，但我相信口頭上不曾有任何表示的他們，心裡一定有「孩子會讀書很不錯」的欣慰感。

我是多麼想讓忙碌一輩子的母親，能在後半生過上好日子。無奈造化弄人，母親罹患阿茲海默症，退化程度驚人，連自理能力都早早喪失，處處需要子女照顧的她，哪能享受什麼生活，更不要說帶母親四處旅遊。病情拖磨了母親最後十幾年的人生，在兄弟姊妹輪流照顧下，母親於民國八十二年離開人世。

當我終於有能力讓母親過點好日子時，她卻無福享受，這可以說是個人心中最引以為憾的事情。

父母身教是成功的資產

我的父母很窮，即使讓子女過著僅能溫飽的生活，也無損他們在子女心中的地位。沒有受過教育的父母，固然說不出什麼人生大道理，卻用行動給了子女最好的身教——刻苦耐勞、勤奮不懈，而這也是我日後能成功的最大資產！在惡劣的環境中成長，非我所願，但我依然衷心感謝父母，畢竟沒有他們，就不會有我的存在！

回想父母在世的點點滴滴，揮之不去的辛苦模樣就歷歷在目，不禁淚眼矇矓，模糊中，彷彿看到他們慈祥地對我微笑，讓身為人子的我，時時刻刻不忘自我惕勵，一定要認真努力，掙出一片天！

令人子驕傲的是，父母人窮心不窮，因為當他們看到比自己更窮的人，會主動將所剩無幾的番薯分送給對方。而這樣的待人處世之道，也贏得村里鄰居的敬重，成為子女此生所要努力學習的典範。

第4章 逆境，是自我茁壯的另類滋養

兒時生活的情景，一直烙印在腦海中，或許是自家的經濟狀況真的很糟，糟到才四、五歲的我也能深刻感受。這大概是人們所說，「生在貧窮家庭的小孩比一般家庭的孩子更容易感受到壓力」！

債主總在過年時登門討債

平常的日子就不說了，過年的明顯差異更是讓人想要忘記都很難。大家都很期待過年，我卻從小就怕過年。人家過年在分紅包，我們家沒有；別的小孩拿著紅包去柑仔店買鞭炮、買糖果、買尪仔標，我們家小孩只有看人家玩的份；別家孩子過新年穿新衣，我們家孩子依然穿著破舊的衣服。雖然覺得奇怪，但是又不敢問大人「為什麼我們沒有」，甚至連「我也要」都說不出口。

沒新衣、沒新鞋的年就算了，甚至慢慢地察覺每到過年時，總有債主上門討債。只是討債歸討債，即使大人知道「欠錢別欠過年」的禁忌，但就是沒錢可還，連債主都覺得很無奈，也只好讓我們繼續拖欠。

債從哪裡來？原來是兄弟有人吃番薯簽吃到受不了，就去柑仔店賒帳買東西吃，欠了帳；或是父母買油買鹽買酒，也會賒帳，累積到快過年時，老闆就來討債，討不到，明年再來，一年討一次債似乎成了彼此的默契。

還好在鄉下，村莊不大，大家都認識彼此，若有外人來村子找人，講住址還不一定能找到人，直接說名字還比較快找到，也就是說，誰家發生什麼事，很快就會傳遍整個村莊，尤其村民彼此多有親戚關係，小孩又常在一起玩尪仔標，所以欠債的、討債的，根本都是認識的人，也都知道彼此的狀況。不像現在的討債集團，討不到錢，就做出一些很可怕的事逼人還債。

母親自製炊粿創造年味

然而，過年終究是一年的大日子，特別在鄉下，不論平日生活再怎麼困苦，年還是要過的！父母仍想辦法為孩子「創造」年味，就是母親會炊粿給我們吃，這是過年才有的享受！加上一定會拜拜，有拜拜意味能吃到雞肉、魚肉，比起平常總是有所不同，至少能在這時候吃一些特別的食物，不用再吃番薯簽。

日子是很苦，但我們一點也不怨懟父母，因為我們家的生活就是這麼困苦！即使就住在市集附近，平常也很少去逛，隨便看看買買免不了要花錢，哪怕只是小錢，都超出了我們的能力，欲望完完全全被貧窮所限制。

知道家裡沒有錢，雖然自己還是小孩子，也是有想幫父母賺錢的心。看到別人賣李仔賺錢，想要如法炮製，就跟母親拿了一塊錢去買李仔要來賣，但是最後賣不出就不了了之。

吃到不敢再吃的番薯簽

看著不少現代人把番薯當作養生食物，讓我這個自小受環境所逼，不得不天天吃番薯簽的人，不禁有著今非昔比的感慨！如果把番薯以手工去皮刨絲，粗細如同細竹籤，再煮來吃，味道不錯；但為了延長保存時間，把番薯簽拿去陽光下曬成乾再吃，就很難吃了。雖然可久放，但味道會臭，臭了就不好吃。

我曾經問父親：「為什麼我們不吃番薯，要吃番薯簽？父親回我：「傻孩子，番薯簽消化慢，耐餓，做工時，可以撐久一點的時間，如果吃番薯，一兩個小時就消化了，肚子容易餓。」當時的我，聽不懂這個道理，成為醫師後，才明白父親的用心。的確，番薯簽真的不好消化，所以能耐餓。

一直吃番薯簽讓人生膩也生厭！有一次，工作疲累的三哥吃番薯簽吃到腹脹難耐，不想再吃的他，一氣之下，用力把碗放在桌上，人就出去了。只不過生氣歸生氣，再怎麼不想吃，番薯簽依然是我們家的主食。

還有菜脯也是深受現代人喜歡的古早味，菜脯蛋更是成為臺灣料理代表菜色之一。對比現在的價值，早年的菜脯根本不要錢，都是用自己種的蘿蔔以鹽醃漬，鹹鹹的味道拿來配飯吃，很下飯，這樣可以省下其他的菜餚，完全與現在被當成名菜的際遇大不同！

當時所吃的鹹魚，誰能想到現在也是名菜之一。一大早捕獲的新鮮魚在市場沒賣完，再拿到村莊用便宜的價格賣，大家買回去後，用鹽醃漬、曬乾成鹹魚，在沒有冰箱的年代，這樣可長期保存食物。雖然不好吃，倒也是貧窮家庭湊合著配飯吃的菜。

以番薯簽當主食，配菜都是自製的菜脯、鹹魚與芥菜乾，加上我們住得靠近海邊，還能捕蚵仔曬乾來吃，只是新鮮的蚵仔好吃，鹹鹹的蚵乾又是不一樣的味道了。為什麼要這麼鹹？畢竟是用來配番薯簽吃三餐的，鹹鹹的味道，吃個幾口就能「撐」一頓飯。

家裡若有客人來，還是會用白米飯招待。母親煮飯時，上層用白米飯，下層仍是番薯簽。鄉下的用餐習慣是，有客人來，先上桌吃，吃完換孩子，最後才輪到女人家用餐。母親很厲害，幾個客人要吃多少白米飯，總是能把量抓得很準，客人都剛剛好把上層的白米飯吃完，等到小孩上桌吃飯時，就正好裝番薯簽來吃，一點都不用肖想趁著有客人來家裡時，大家能夠順便吃好一點的白米飯。

偶爾還是有能吃好一點的機會，譬如生病的時候能吃白米飯、虱目魚。所以，如果母親去市場買虱目魚，大家就知道「你家有人生病了」。雖然紅蟳也是漁獲，但捕來是要賣的；有養雞養鴨，也不是拿來自己吃，是要養大拿去市場賣。除非雞鴨生病了，看起來總是要打瞌睡的樣子，就是所稱的「禽流感」。我們只有在這時候才有機會吃到雞鴨，因為賣不出去。所以孩子們一看到雞鴨生病，都會覺得很開心，表示「可以加菜了」。

【第二部】

辛苦與幸福並存的求學生活

為了四元學費，
才小一的年紀就必須在被老師罰站與父親賣牛之間做取捨！
因為家境貧困，
書包和衣服是米袋做成的、便當裝的是番薯簽，
受盡同學的嘲笑，為了維護自尊，
學校廁所成了自己的餐廳與書房。

年紀雖小，卻已對未來的發展勾勒出藍圖。
在老師的鼓勵與兄長的支持下，
小學畢業後，堅持繼續踏上升學之路，
期望讓自己走出與上一代不一樣的人生。
憑藉自己的苦讀，
考上中山醫專，順利拿到當醫師的入場券。

第5章 含淚忍受訕笑的小學點滴

隨著年紀增長，到了要讀小學的時候。讀書要交學費，一學期的學費約三十幾元。我讀的是文光國民學校（今為文光國民小學），距離家裡大約三公里，跟《汪洋中的一條船》的主角鄭豐喜同一所國小；他是住在隔壁的後厝村，我則住在楦梧庄（分為梧北村、梧南村與水井村等三個村落）。

為了四元學費，差點賣掉賴以維生的牛

當時多數人上學都有鞋可穿，只有少數人無鞋可穿。直到初中，我都是那群少數人之一。光著腳走在石頭路上，無論天熱或天冷，都是一種折磨。夏天氣溫高，在陽

光的照射下，石頭路燙到會讓腳起水泡；冬天又冷得「甲冷筍」（臺語發音，意指冷得發抖），身體不由自主地顫抖，腳板無法平貼於地，必須弓著腳才能走路。

別的同學是背書包，我則是用米袋當書包。小學第一年沒特別的事，升上小二，碰到了要求嚴格的老師，有一次我交不出四元學費，老師說：「既然你交不出，就到教室後面罰站，不能坐下來，否則就是回家跟父親拿四元補交，再坐下來上課。」

為了這四元學費，我特地跑回家。原本父親早早就應牽著一隻剛飼養的牛出門下田，可是當天不知怎麼了，已經九點多卻還沒出門。一看到我回家跟他拿錢，父親竟然回我：「我沒錢，要不然你把這隻牛拿去賣了……」人們常用「往事如煙，隨風飄散」，形容印象愈來愈模糊的往事，但我知道不論過了多少年，這件事都不會被淡忘，更不要說釋懷，當日景象至今依舊歷歷在目，而且只要一想到，眼淚就不受控制地流下來。

雖然當時年紀小，卻知道事情的輕重。學費交不出，頂多不要讀書了；一旦把牛賣掉，一家人也不用生活了，我們就靠牛載運稻穀、犁田，才有錢賺來維持家計啊！沒有牛，就什麼都沒有了。真的不能為了繳自己的學費，而把家裡賴以為生的牛賣掉。我只能繼續在教室後面站著上課，前後大概站了一個月，才被老師允許回到座位上課。後來，這筆學費還是沒有交，不是不想交，而是實在沒有錢可交。說也奇怪，三年級之後的老師就不再要求我繳學費了。

廁所是書房，也是餐廳

升上三、四年級後，老師的要求變成寫功課。由於家裡的電燈只在吃飯時才打開，平常沒在開燈，所以必須利用有光線的時候寫。夏天白晝較長，下課回家趕快寫就沒問題；但到了冬天白晝短，下午大約五點多，天就黑了，回家往往無法順利寫功課。儘管最後還是能把功課寫完，只是比起夏天困難多了。

考量回到家後，不僅沒有電燈讓我讀書，還要幫忙做工，因此，我會利用在校的下課時間寫作業。多數同學在下課時間玩耍，偶爾也會揪我一起玩，但我都會把握下課十分鐘，有時還特地跑到廁所讀書。在這裡，可以彌補晚上無法讀書的問題，也能保持安靜不受打擾，因而逐漸養成下課跑到廁所邊蹲著讀書的習慣。等上課鐘聲響起，再回到教室上課。不是我愛待在廁所，而是必須把所有的課業都在學校完成，否則回到家根本無法念書、寫作業。

讀小學時還有件事一直擱在心上，就是班上要去遠足、準備便當時，同學們帶的都是白米飯，只有我帶的是番薯簽。雖然我的家境不好，但也不想讓別的同學看不起。自尊心很強的我，為了不讓同學看到我的便當，所以從不在人前吃便當，而是跑到廁所去吃，就不用擔心打開便當盒時，被別人看到裡頭的番薯簽。

學校廁所就像是我的書房，也是我的餐廳。為何我能在廁所讀書、吃飯？因為家裡的環境很差，學校廁所反而比我家的更乾淨，在那兒吃飯、讀書又有何不可。在惡劣困苦的環境中成長，除了會找出讓自己生存的方式，也順勢一點一滴累積出奮發向上的力量。

生氣不如爭氣，鬥氣不如鬥志

在孩子的世界中，對於家境不好的同學，總是習慣嘲笑以對。小學時期，我沒有像樣的衣服可穿，身上穿的衣服都是拿白色的米袋、肥料袋，請親戚幫忙縫製而成。由於沒得換，所以必須穿很久的衣服上總是布滿補丁，特別是後面有個大補丁。在小四、小五時，剛好臺灣社會推出黑白電視，同學就笑我：「來看喔，來看喔，李茂盛的後面有黑白電視喔！」即使這樣的話很傷我的自尊，但也不能說同學這樣做不對，畢竟家裡貧窮是事實，而這也不是父母的原罪，我只能含淚默默接受同學的嘲笑。無論同學怎麼嘲弄，我從沒想過要回嗆或生氣，該說小時候就懂得「生氣不如爭氣，鬥氣不如鬥志」嗎？或許是吧！

沒有白米飯便當可吃，沒有漂亮的衣服可穿，但幸好成績還不錯，都是班上前五名，被嘲笑的只是物質條件不如人而已。不過，老師也沒因為成績不錯而喜歡我這個學生。因為母親忙，沒有時間好好洗衣服，讓我整個人看起來黑黑髒髒的樣子，以一般老師看待學生的標準，自然很難討其歡心。每回看到老師對我的無奈表情，自己也知道是怎麼回事，一切盡在不言中，就只能靜靜地獨自承受。

農家小孩沒有假日

身為農家小孩，分擔家務是必然！下課回家吃完晚飯後，父親就休

文光國民學校第三十八屆畢業照。

息了，翌日一大早才能下田工作。而牛也要跟著在四、五點出門耕田，為了讓牛有體力耕耘，出發前，在凌晨三、四點要餵食，我們小孩必須七早八早起床去牛棚餵牛。有時牛隻也會因為疲累而不想吃草，但為了隔天有體力做工，我們得進行強迫餵食，這時候的牛就會咬人，因此小心不被牛咬到是很重要的自保之道。由於牛都關在暗房，蚊子很多，為了讓牛順利進食，還要幫忙打蚊子；忙完這些農事，才能去上學。

一般小孩到了週六、日都可以放假，但我們家的孩子不能休息，必須到田裡幫忙割稻或割草，把雜草割了才能讓稻子有好的生長。水田有水蛭會咬人，一被咬到，皮膚就破掉，又癢又痛，兩條腿很不舒服。

年紀小的孩子負責割草，長到很長的草會把人割傷，可說是非常痛苦的工作。我的小腿肚到現在還留著三、四公分的疤痕，就是當時被草割傷的紀念。那時候沒有藥膏，而是父親用草藥敷傷口，好在當時沒有破傷風，不然就一命嗚呼了。不割草的話，大人犁田，小孩在一旁要撿番薯，沒撿起來的話，就會被別人撿走。

與家中兄弟的任勞任怨相比，我就好像是那個不願意幫忙農事的「逃兵」，只是再怎麼不想做，仍得利用星期六下午和星期天加減幫忙做。

大哥支持與老師鼓勵，決定升初中

升上五、六年級後，得開始準備考初中了。家裡沒有錢，不免令人有些遲疑是否應該繼續升學。不過，兄弟都支持我繼續讀書，所以進入學校的輔導班。當時學校分為一般班和輔導班，一般班就是不再繼續升學，輔導班則是準備要升學，老師會加強課業輔導。

對於我選擇升學一事，父親沒有意見，倒是離家在外當學徒的大哥，憑著與外界接觸的經驗，認為讀書才有未來，他主張我繼續升學。學校方面，五、六年級的導師吳良德，從中國大陸的師範學校畢業，來到臺灣在鄉下學校教書，他了解我的處境，對我相當照顧，他說：「鄉下沒有什麼就業機會，你若在這裡，會影響一生的發展。」這些話讓我受益良多，他鼓勵我畢業後去外面發展，而我也正有此意。老師很有心，他想讓我日後有更好的發展，所以很認真幫我加強課業；也知道家裡沒錢，從來不收我的補習費。

因為有這位老師，我才更有信心朝理想前進。還是小學生的我，腦海中已經為未來勾勒出藍圖。

勇敢追尋行醫之道，感念師恩四十載

那個年代，不論大人、小孩，只要是肚子痛，就吃點草藥，沒死算運氣好。每次看到同學在學校肚子痛個半死，被老師送回家，家長多是這樣處理。生病沒能得到適當的醫療照護，對鄉下人來說好像是宿命，可是我不想被這樣的宿命所束縛，很希望自己當醫師，提供醫療照顧、幫助生病的鄉親早日康復；不知不覺地，這個想法深植心中變成了志願。立下這樣的心願，想的不是賺錢，而是能照顧鄉親。

雖然醫師的地位崇高，當時鄉下流傳的價值觀卻是「第一賣冰，第二做醫生」，兩種行業都能賺大錢，可是賣冰成本低，而且穩賺不賠；比起醫師，賣冰更賺。記得作文課寫「我的志願」時，我寫下「我要當醫生」，被班上同學嘲笑很久，他們覺得這是天方夜譚。的確，對那時的他們來說，這樣的願望就像天方夜譚一樣，不太可能成真，但是在我的心裡，卻明明白白知道「沒有不可能」！我相信，只要願意努力，總有一天一定能實現自己的理想。

李茂盛教授與母親、二哥兒子合影。

這個心願後來傳到村子裡，村人也笑我癡人說夢。不過，吳良德老師卻鼓勵我：「李茂盛，實現這個願望是有困難，但可以達成。」就憑著老師這句話，我勇敢朝行醫之路飛奔而去。直到現在，仍對老師充滿無盡的感激之意。

大學畢業至今四十餘年了，每年都會寄送禮物給老師以表感恩，寄到老師都覺得不好意思，要我別再寄禮物給他了，但我仍堅持要寄。要不是當年有老師這句鼓勵我的話，或許今天的醫界就沒有我的存在。

第6章 幸有兄長扶持的初中歲月

那個年代，多數的鄉下孩子讀到小學畢業後就不再升學，而是投入各行各業當學徒。所謂「師父領進門，修行在個人」，之後的成績就看個人的努力有多少。當然也有少數家庭經濟能力較好的，小學畢業後就到北港念初中、高中，但僅有很少的人可以讀到大學。畢竟鄉下地方的知識、資訊與都會地區有很大的差距，連讀農工商校的人都很少。百分之九十九的人，不是留在家鄉繼續種田，就是到北港、嘉義當學徒。

讀書才有未來！大哥支持升學

像我的兄長們就是去嘉義當學徒，有學做齒模，也有學做鐵牛車的。什麼是鐵牛車呢？原本農村是以牛車為主要運輸工具，慢慢發展到以機械引擎為動力的拼裝車。機械化的引擎取代牛的角色，為了與純牛力有所區別，農民就在「牛車」前加上「鐵」字，做為機械化動力的代稱。鐵牛車之後，出現了三輪車，再進步到轎車，然後發展到以火車為主要交通工具。

以當時的狀況來說，想考上好學校確實有困難，因為城鄉差距帶來的資訊落差，讓住在鄉下的我起步落後甚多。幸運的是，我考初中的成績算是考得不錯，上第三志願——嘉義縣立玉山初級中學*，跟第一志願就差兩分而已。大家考的分數相當接近，差不多兩題的分數。

考上歸考上，要不要去就讀又是一回事。到了決定是否繼續讀書的關鍵時刻，個人當然是希望能繼續升學，可是考量到家境，想要讀書的期盼卻又變得遙不可及。尤其看到父親很認真工作，無奈就是無法多賺一點錢，每到開學要繳學費時，神情就很

註

*嘉義第二所縣立中學，成立於民國四十九年，因校址位於嘉義市玉山路而命名。

凝重，因為實在沒有多餘的錢讓我繳學費。表面上，父母對孩子的照顧不多，但內心依舊關心著孩子讀書的狀況。記得我考初中時，父親沒特別說過什麼，最多就是「書是你自己要讀的，能讀就讀，讀不了就回來種田」。其他人知道我要參加升學考試，雖不鼓勵，卻也不反對，還好有大哥支持我繼續升學！

大哥的成績很好，總是考第一名，可惜他想讀書卻不被允許。因為大哥讀書的話，田裡的活就沒人做了。擔心沒人做工的二姊，常到教室把想讀書的大哥拉去種田；大哥不從，二姊就會動手把人打出教室。儘管大哥還是有回到教室上課，卻只讀到小學畢業，就去嘉義做生意了。二姊也算是會讀書的，有完成小學學業，其他兄弟姊妹也是讀到小學畢業就未再升學，家裡只有我一人繼續讀書。

見過世面的大哥知道只有讀書才有未來，很鼓勵我繼續升學。但讀書要錢啊，沒錢怎麼交學費？一旦面臨到錢的問題，真的讓父親備感煩惱。平時養家的錢都不夠了，並沒有多餘的錢供孩子念書。所以，大哥要我住在他那兒，由他做工來供我讀書。當時大哥自己的生活也不好過，但他仍不惜跟人借錢支持我念書，讓我得以順利完成初中教育。

在讀高中與師專之間猶豫

在交通不便的情況下，若是通勤，我必須從家裡騎腳踏車到車站，搭客運到北港，再從北港換車到嘉義市。所幸能住在大哥家，大嫂對我也很好，當我是她自己的孩子一樣對待，照顧三餐。至於讀書，當然就得靠自己了！

當時的初中不屬義務教育，我能通過考試，進入初中就讀，比起不少小學同學畢業就不再升學，我將要走上不一樣的人生之路。或許是自身的學業成績表現還不錯，雖然是從鄉下到都市讀書，但我從不覺得自己是鄉下人而低人一等。初中生活算是平淡度過，學校依成績分班，成績好和成績不好的各在一班。幸運地，我被分在升學班，考高中時，有百分之八十到九十的同學考上嘉義中學，好像沒有人考不上學校。

嘉中在當年算是很不錯的學校，匯聚雲嘉地區的優秀學生，稱得上是「全臺十大名校」，甚至擁有「南嘉中，北建中」的讚譽。至於臺南的頂尖學生則就讀南一中，高屏地區的好學生也多聚集在南一中，而不是高雄中學。就升學率來看，嘉中略勝雄中一籌。直到高雄市升格為院轄市後，雄中的排名才上升。臺北知名的學校就是北一女、建中，當時的知名高中分布狀況大致如此。

李茂盛教授初中出遊照。

讀完初中三年要考高中時，難免又想到家境不好，是不是應該選擇繼續讀書這條路？那時考上了嘉義師範專科學校*，最大的好處是畢業就有工作，就學期間不僅免學費，每個月還可領零用金，不用靠家人資助。說實在的，這些優勢的確讓我大為動心，一度打算要去就讀。

其實那個年代的師專並不好考，甚至比嘉義中學還難考！以當時農村社會的價值觀而言，大多偏向希望孩子讀嘉義師專，一是免學費，二是出社會就有教職工作，不像大學畢業後想找工作，還得四處拜託人。偏偏鄉下人就是缺少背景，更不容易找到工作，若是讀了師專，這些煩惱將不存在。

不過，大哥鼓勵我讀嘉義中學，他說：「你讀師專，以後就當老師而已，對你的發展沒什麼幫助，就繼續讀高中吧！」自己再想想，讀高中也不是不可以，就想拚拚看。父親雖然沒有能力供我念書，幸運的是，還有兄弟願意幫助，一人出一點，加上自己的努力，於是繼續往升學之路邁進。

註

*改制為「國立嘉義師範學院」，後來於民國八十九年二月一日與「國立嘉義技術學院」合併為「國立嘉義大學」。

第7章 高中成績引起父親的關心

高中時期，家境還是一樣窮困，這好像是一道無法解決的難題。每次回家，看到家裡的困境，還有哥哥家的窘境，內心就不斷吶喊：「我一定要努力打拚！」因為我的家庭真的沒辦法提供任何資源，只能靠自己爭氣！

對鄉下囝仔而言，奮鬥沒有第二個方法，不是學功夫，就是讀書。進了嘉中之後，對自己的未來有更明確的努力方向，必須往前邁進，才能有成功的機會，不再複製父母的務農人生！

忍住飢餓，讀書為重

就讀嘉中期間，繼續住在大哥家。學校距離大哥家比較遠，必須騎腳踏車到校，可是沒錢買好的腳踏車，只能將就騎著一臺經常會落鏈的車子。有時為了修車，手難免沾到黑油，弄得滿手黑黑的，而車子總要修個三、四遍才能繼續騎。記得路程中有段山坡路*，車子騎不上去，只好下車用牽的走。看似麻煩，不過也不以為意，畢竟能念書已經是一件幸福的事！

哥哥家的環境比較嘈雜，我怕吵，必須另外找地方讀書。通常早上五點起床，先到隔壁的垂楊國小（當時以棒球聞名），大概讀個兩小時的書，再到嘉中上課。放學後，我選擇留在學校自習到晚上九點才回家，到家之後再吃晚飯。之所以不在學校吃晚飯，是因為沒錢，肚子再怎麼餓，也必須忍著，一切以認真讀書為重，期許自己能考出好成績。

父親登門送紅蟳表謝意

大概是我的成績不錯吧，父親也漸漸關心起我的未來。以前從不過問成績的他，有一陣子經常問我的成績如何。雖然他不了解整體狀況，卻也想知道我的學習情形。

可見父親還是在意我的成績，也看得出他對我的好成績感到挺開心的，他說：「看看哪位老師對你比較好，我們拿紅蟳去送老師。」這是父親表達謝意的方式。

那時有感於作文成績不太理想，便主動請問國文老師是否願意幫我補救。國文老師是外省人，國學造詣很高，知道我的作文不好，當我跟他說：「不然，我寫了作文請老師改。」老師一口允諾，並特別用心幫我批改作文。在老師的指導下，我從中慢慢掌握寫作文的技巧，自然也看到了進步的成績。因此，當父親提出要送紅蟳給老師的想法，我就跟他說：「國文老師都會幫我改作文，原本國文成績不好，在他的指導下，成績有所進步……」

為了感謝國文老師的教導，父親特地抓了兩、三隻紅蟳，專程帶到嘉義市區送給老師。沒想到這位外省籍老師後來告訴我，他不會處理，才解開草繩要拿去煮，竟被活跳跳的紅蟳咬了一口，一時之間也愣住了，乾脆把紅蟳給丟了。我聽了覺得好笑，跟老師說：「老師、老師，紅蟳一隻五百元，兩隻一千元。」老師聽了嚇一跳，「那麼多錢喔？」

註

*嘉中師生暱稱「嘉中坡」，九十二年五月改為「好漢坡」。

而我一直不敢跟父親說「老師不會處理紅蟳」這件事，畢竟那是他感謝老師的一片心意。父親每天早上四、五點去海邊捕蝦抓蟳，再拿到市場賣，但那天捕抓的漁獲就沒拿到市場賣，而是在星期天一大早搭三、四個鐘頭的車到嘉義，專程送去給國文老師。對於照顧我的老師，特別送紅蟳以表達謝意，即使嘴上不曾說過什麼，卻讓我深刻感受到父親對我的關心。

第一次感受到父親對升學的關切

比起初中，高中的記憶比較清晰，因為要開始準備考大學了。本來一直覺得父親不太關心我的學業，可是有一次他拿著我的身分證去問人：「這孩子考不考得上大學？」當時鄉下人大多念完國小就投入工作，很少人繼續念初中、高中，更不要說讀大學了。或許在父親心中，已經默默燃起我能成為家中第一個讀大學的期望。對方聽父親說了我的成績表現，回答：「你這個孩子不錯喔，在嘉中能讀到第四名，讀醫學院有希望。」

我這才知道父親沒有不關心我，不是我所以為他抱著「能讀就讀，不能讀就回來種田」的漠不關心，而是他不知該如何對這個唯一在讀書的孩子表達關心。幸好自己成績不錯，才激起他對我是否考得上大學產生了好奇心。

都會學校常見社經地位不錯的父母去拜託老師特別照顧孩子。鄉下學校不同，不論學生是來自高收入家庭，或是經濟弱勢家庭，老師對所有的學生都一視同仁，同學得到老師公平的對待，只要不是隨便亂來，老師都很盡責教導、照顧，不必擔心要補習才有好成績。課堂上，大家專心學習；課後，則各自努力複習。

高中同學之間的交流很少是為了玩樂，頂多偶爾郊遊而已；倒是與老師的互動較多，除了國文老師特別幫我改作文，還有數學老師覺得我的數學能力不錯，對我有所期望；英文老師也對我很好，現在人在美國。感念這些老師對我的照顧，至今仍與他們保持聯繫。

時代悲劇激發政治意識

高中三年，老師教得好，同學相處的狀況也不錯。平常專注讀書的我，假日還是偶爾會跟同學一起去郊遊、烤肉，有時則是嘉中與嘉女的班際聯誼。當時，嘉義有名的風景點是位在阿里山公路起點的「天長地久」吊橋、臺南白河的關仔嶺等地，都曾留下青春的足跡。年輕歲月的快樂真的很簡單，大家靠著騎腳踏車，一天來回，活動不必花錢，只要帶一些餐點或到定點烤肉，就能玩得很盡興了。這也算是「青春不留白」，證明自己不是一個只會讀書的書呆子！

高中時期的我，不愛講話、個性溫和、不與人爭。可能是給人不擅口舌、表達能力較差的印象吧，同學幫我取了「古意的」綽號。但即使如此，我也開始有自己的想法，加上學校的學風自由開放，對於國家意識、臺灣意識的議題，慢慢有一些意見。那時同學會去買黨外雜誌來看，我也會借來閱讀，還有陸續聽到關於二二八事件的點點滴滴，知道嘉義是受到影響很大的地區，剛好我住在嘉義高農*附近，特別有感。

在二二八事件中，嘉農的學生有人讀了毛澤東思想的書被抓到，但找不到發起人，於是把全班的學生抓去嘉義車站槍斃。那是一個時代的悲劇事件，而我由此事件對於國家社會意識有了不同的看法。

二二八事件發生在民國三十六年，之後，從三十八年五月二十日開始，至八十年六月三日廢除《戡亂時期檢肅匪諜條例》為止，臺灣處於所謂的「白色恐怖」時期。高三時期，有個同學可能不知藏了什麼東西被抓去關，到現在仍然下落不明。受二二八事件影響，「省籍情節」更是成了一個難解的心結，有些本省人對外省人存有仇視的心態。若有人用臺語問路，你用國語回答，就會被打，曾有位教官就是這樣莫名被打的；而我被問路時，總是很自然流利地用臺語回答，並不會被怎麼樣，絲毫沒有感到任何的恐懼。當時，我總是讀到很晚才離開學校，從不曾害怕過這些事會發生在自己身上。

看著求學過程中陸續發生一些「白色恐怖」與「省籍情節」相關的事件，自己的政治意識逐漸被啟發，沒有人教你，一切就是自然而然地發生。

我不知道嘉中現在的狀況如何，但那時已是一所校風開放、言論自由的學校，想讀書的就自己讀書，不想讀書的也沒人管。要讀的讀，不讀的也不會干擾同學，要留校讀書也是自己的事，學校規定開放自習到晚上九點，在這之前離校就好。不只是我這樣，所有同學也都一樣，與現代父母對於孩子的管教較強勢截然不同。當時沒有父母開車載孩子上學的，不像現在的高中生，不少是讓父母送上學、接下課的。

註

＊臺灣省立嘉義示範高級農業職業學校，已於民國八十九年二月一日與「國立嘉義師範學院」合併為「國立嘉義大學」。

第8章 立志讀書，走出不一樣的人生

儘管求學之路有家人相挺、師長相助，還算平順，但要說升學沒壓力是騙人的。念初中，還不覺得有什麼升學壓力，當時只知道要考初中，沒有特別努力就順利考上了，過程平穩卻也平淡。但上了高中，面臨考大學的關卡，慢慢感受到壓力愈來愈大，雖然嘉義是比較鄉下型的都市，還是存有升學壓力。

而大學有好有壞，不是你想讀哪就讀哪，如果沒有考上好學校，畢業求職可能也不容易找到工作，更糟的是，也有可能考不上大學。深知想要達到怎樣的目標，相對必須付出怎樣的努力！我一定要比一般人更努力，才能走出與上一代不一樣的人生。

讀書是自己能掌握的道路

尤其想到以前做工或種田的時候，覺得種田很累，並不適合我。小學四年級幫忙農事時，荷鋤頭傷到肩膀的筋骨，會弄成這樣，主要是當時年紀小，筋骨發育還不成熟，不堪長年承受鋤頭翻土的沉重力道，進而造成肩膀受傷所致。直到現在，站立時無法如常人一般挺直，兩邊的肩膀也不能平衡。

務農真的很辛苦，小腿也曾在那時弄傷；耕作時，手肘會被雜草割傷。天氣再熱也無法休息，晚上還要在月光下耕作，農人的辛苦不是一般人所能想像！別人還在睡覺，你就必須起床工作，而且是日以繼夜，偏偏那麼辛苦工作卻還賺不了多少錢。

我覺得自己的體能沒那麼好，在耕作這條路，拿體力跟人比，我就像一個失敗者。反觀讀書這條路，我有能力控管，同時有機會變成一個成功者。就在奮鬥有成功的機會和已注定失敗的兩條路，自己做了評估——我要回到以前種田的生活嗎？還是走讀書這條路？特別是那時身體已經受傷了，不宜再繼續走務農這條路；而讀書是只要靠自己努力，就有機會成功，我沒有理由不走這條路。

醫學系是唯一選擇

高中時期立志，可說是我人生的轉捩點，也養成了打拚的性子。在沒有人逼迫的情況下，勤奮自律地早也讀書、晚也讀書，所有努力都是為了實現自己的信念——一定要滿懷鬥志，才能贏得躋身成功的機會，脫離兒時困苦的環境！畢竟想要從困難的環境中脫離，只有讀書才是唯一的道路，沒有第二條路，而這也是我的人生必須要走的路。既然讀了高中，考醫學院的醫學系就是唯一的選擇。

決心愈來愈清晰的同時，更加讓我感受到非努力不可的壓力，於是養成一定要努力拚搏的鬥志。選丙組，就是為了能實現小時候立下當醫師的心願。為了實現這個心願，唯有用絲毫不能懈怠的心情進行自我督促。

其實，我考進嘉中的成績只落在中段班，卻很早就知道自己一定要比別人更加努力用功，未來才有希望。初中時還有點懵懂，沒特別想要去補習，就幸運考上嘉中。在嘉中的第一年成績普通，升高二時，學業成績開始變好，拚到全校排名第四名，再到第二名。

高三分班再分成甲組、丙組和社會組（包括乙組與丁組），成績好的同學多選擇甲組或丙組。丙組當時有兩個選擇，不是當醫師，就是種田，選丙組的當然是要拚醫學院，其他就選社會組。當年同學們的家長都很尊重孩子的選擇，我的同學大多是自由選擇升學志願，不像現在許多學生是在父母的期待和壓力下，選擇了可能與自身興趣不合的志願就讀。

企盼從醫來翻轉家境

那個年代，鄉下父母大多不鼓勵孩子選社會組，因為擔心讀文法商科系沒有一技之長，日後不好找工作。不過，對文法商有興趣的孩子還是會選擇讀社會組。至於讀醫學系畢業可以當醫師，選讀甲組至少當工程師。即使父母對孩子有所期待，還是會尊重孩子的選擇。尤其鄉下的父母忙於生計，較不會緊盯孩子的課業成績；孩子也有「未來的一切要靠自己」的自覺，決定讀哪個科系早有定見。

選組固然以興趣為重，但不得不正視的現實是：選組的關鍵在於數理成績，因此，數理不好的同學多傾向讀社會組。綜觀來看，在嘉中，選擇甲、丙組的多過乙、丁組。高一高二不分組，在高三時，我因為成績不錯，自然選擇了丙組。

丙組涵蓋農學院和醫學院，農學院的科系大多是我不想讀的，而且畢業後難找工作。至於醫學院，有醫學系、牙醫系、藥學系等等。那時的牙醫系還是被大家看不起的科系，連藥學系的分數都比牙醫系高。可是藥學系出來當藥師，跟其他工作一樣，也就是一份工作而已，所以醫學系才是我追求的目標。

選讀醫學系，並不是因為我喜歡當醫師，而是只有這條路才能翻轉兒時貧困的家境。猶記小學寫作文「我的志願」，立志當醫師，決心要用奮鬥的人生改寫困苦的生活，高一到高三更是確立了以行醫為人生發展方向，因此，選組不忘兒時初衷，而這又必須透過考試達成，唯有成績夠好，才能擠進醫學院的窄門。

嘉中的學風自由，你要讀什麼都是你的自由。當時六個班級約一百八十名學生，依大學聯考科目分為甲乙丙丁組，老師們都很用心教學。嘉中為何一直能保持優秀的升學率？一切都是秉持傳統——以完備的硬體設備加上優秀的師資陣容，提供良好的學習環境。雖然嘉中的升學率不是全國最好，可是教出的學生考上醫學系的人數非常多，我們那班大概有三十來位同學目前都在醫界行醫，可說是表現滿優秀的一班！

努力想考進窄門中的窄門

當年要考上大學不容易，跟現在的高錄取率很不一樣。那時，嘉中升大學的錄取率差不多是百分之五十三左右，但如果讀的是北港高中，考上公私立大學的錄取率僅約百分之一。放眼當時，全臺升學率能超過百分之五十的高中，不到十所。即使是臺中二中，升大學錄取率不過百分之二十幾，而建中約有百分之六十多，一女中也是百分之六十多，二女中（中山女高）則為百分之四十八、四十九，師大附中為百分之五十左右。

早年的大學有如一道窄門，醫學系更是窄門中的窄門。全國只有五間醫學院（另有未參加大學聯招的國防醫學院），而醫學系大約一年只錄取六、七百名學生，集中在臺大、北醫、高醫、中國醫與中山醫這五間，全國有十萬多名考生要爭取這六、七百個名額，相當辛苦，不像現在大概有一千兩、三百個名額，也多了好幾間醫學院，學生們還可以跨考理工科，未必都要擠進醫學系。

此外，不是名校的學生也難如願進入醫學系，即使是名校，也要成績夠好才行。如果把六、七百個名額分配給十所高中名校，平均每間學校只有六十幾名才有機會，想想光嘉中一屆就有一千多名學生，不是前六十幾名，根本沒有機會。

同時，考生並不只有應屆畢業生，還有重考生，而且連續重考好幾年的大有人在，就知道醫學系這道窄門有多窄了，要考上著實有相當的困難度，而且還得靠點機運。因此，一定要很努力才可能上得了醫學院，畢竟這十萬名考生來自全臺各地最優秀的學校，與臺北相比，嘉義只能算鄉下地區，唯有比別人更努力，否則醫學系永遠是遙不可及的夢想。

當時的大學聯考制度，是在考試之前先填志願，跟後來先考再填志願的方式不同。我的志願是這樣填的：第一志願是臺大醫學系，再來是北醫醫學系、高醫醫學系，其他兩所（中國醫、中山醫）就沒選。我想，最壞的狀況應該有高醫可讀。原本憑藉自信只填這三個志願，後來是同學在旁鼓吹：「既然要讀醫學系，不如把這兩個志願也填一填。」心想這樣也好，才再加上中國醫與中山醫。

不料牙痛攪局，成績未如人意

沒想到，考試前一、兩個月竟然發生牙齒痛的狀況！「牙痛不是病，痛起來要人命」，說得一點也沒錯，那時痛到根本無法讀書，只能讓當牙科密醫的哥哥幫忙處理牙痛問題。不能說治療的方式不好，只是也沒能完全治癒，使得牙痛的不適大大影響了聯考複習進度。

譬如文科的國文、三民主義和生物就沒有完成複習。國文是考基礎程度的，影響還不大，但屬於有背有分數的三民主義一定要念，不然沒分數。無奈在牙齒痛到無法念書，未能完成複習進度的情況下，只考了六十分，一般水準要考個九十分以上，光是這三十分的差距徹底拉開了我與高醫的距離。而生物也該是有讀就有分數的科目，由於來不及複習，只能靠基礎能力選擇重點，針對課本上有圖的地方予以細讀，還好考得不錯。倒是數學考出全國排名第十名的高分，最後是靠英文和數學拉分數，不然很可能落榜。

英文是基本能力，靠著平常的苦讀努力，總能考個八、九十分。至於數學，本來就很有興趣。不是自誇，而是我花了很多時間勤做數學題目，具有能夠編參考書的水準，由自己命題、解題都不是問題。可惜那年的數學題目偏簡單，大家的分數差距不大，雖然是全國第十名高分，但沒能拉開與其他人分數的差距。最後，就只考上中山醫專而已。

現在回想起來，其實不覺得升學考試有多難，傻傻地就考上了初中、嘉中，至於之後的醫學系，儘管不是志願中的學校，也還是沾上了邊，勉強算是順利達標。或許是內心要認真打拚的信念，不斷驅使自己比別人更加賣力讀書，才能在升學路上一路過關斬將。

【第三部】

不甘願中
踏上習醫之路

考大學前受牙痛所累，
最終沒能考上自己滿意的學校醫學系，
不得已選擇接受現實，卻也讓自己重新審視人生。
我相信只要比別人加倍付出努力，
即使逆境，也有機會轉成順境！

就讀中山醫專期間，心無旁騖地認真讀書，
利用課餘時間去兒科診所觀摩，從中燃起行醫的熱情，
更加確定這就是未來所要走的路。

來自貧窮家庭的我，
曾經目睹家人與親戚受疾病所苦，
不是無法從醫療中得到協助，就是為了治病而必須散盡家財，
讓我更懂得視病猶親的重要！
對於自己能順利完成學業，
最要感謝的人是兄長與大嫂。

第9章 在兒科診所燃起行醫的熱情

雖然如願考上醫學系，卻對分數落在中山醫專的結果感到很不滿意，一度懷疑自己「就只能考這樣嗎？」甚至連半夜作夢都夢到自己去重考，就知道心裡有多麼不甘！不過，這大概就是人生吧，只能不屈服於環境與現實，為達目的而不斷努力！原本預估自己至少能考上高醫，誰料得到後來受牙痛所苦，只考上自己原本不想填的志願。幾番思量，還是認命地去學校報到，開始為當醫師而做準備。

一旦確定選擇之後，就只能義無反顧地往這條路前進。即使幾度在半夜因為不甘心而夢到重考，仍然決定接受現實。尤其在適應環境後，也就一路走下去了。

雖不如人意，卻是老天最好的安排

後來想想，幸好讀的是中山醫！因當年的中山醫是五年制的醫專時代*，只要讀五年就好，不用像其他醫學系要讀七年。

在經濟能力不佳的現實下，省下兩年的時間，也代表能夠更早自食其力。真可以說「萬般皆是命，半點不由人」。有時候，**你以為是不好的結果，或許是老天最好的安排！**

我更相信，就算身處逆境，也能在比別人加倍付出努力的加持下，將逆境轉變成順境！

進入中山醫就讀後，當務之急是找家教工作，多少賺一點錢。雖然還是倚靠哥哥資助大部分的學費、生活費，但總是不無小補。

在兒科診所觀摩體悟

入學後，開始用心觀察、探討生命的起源，希望對之後的行醫之路有所幫助。在那個時代，臺灣盛行的是診所醫療，大家生病較常去診所就醫，所以在課餘時間到一家小兒科診所觀摩，幫助自己慢慢釐清未來的行醫方向與作為。

那家小兒科診所除了小孩以外，也幫一些大人看診。在病人的就醫過程，可見醫護人員所付出的關懷；當然，我對坐在主治檯的醫師更是充滿了羨慕，透過妥善的治療，逐步幫助病人解決痛苦。鄉下地方有不少生病的人穿著拖鞋、嚼著檳榔，在家人的攙扶下走進醫院，看得出心情很緊張，可是經過治療後，走出醫院的模樣就不再像剛走進來的忐忑不安。

為什麼就醫前後有如此大的差別？因為醫師的治療給了病人與家屬希望啊！一次又一次地看到病人身體康復、心情變輕鬆，從中燃起了對行醫的熱情，愈來愈清楚這條行醫之路，應該就是自己所嚮往的那條大道。

註

＊「中山」是以牙科專科學校起家，歷經增設醫科，一九六二年改名為「中山醫學專科學校」；一九七七年四月升格為學院，改名為「中山醫學院」；二〇〇一年七月正式改制為「中山醫學大學」。

在這些感觸之外，也深深感受到那個年代，大家對醫師都抱持相當的尊重。醫師所講的每一句話，都令人深信不疑，相信醫師所做的每一個醫療處置，都是基於幫助病人趕快康復的用心。也因此逐漸感覺到自己所要擔負的責任極為重大，因而對自身懷抱更大的期許。**醫師不只用專業治療病人的疾病，也要用愛心照顧病人的心情，才能解決病人來自肉身的病痛與心情上的不安。**

窮人面對疾病的悲歌年代

當時不像現在有健保，所有看病的費用都需自付，有些病人必須典當家產、變賣田地，才能治病。貧窮至極的家庭和病人總會為求生存而與生命搏鬥，但往往又無能為力，這不是戲劇的情節，事實上，我家就經歷過這樣的狀況。

從小一起長大的表兄，在我就讀高中時生病，為了要醫治他的骨髓炎，家人把所有的田地都賣掉，病況依然不見起色。才二十歲的年輕人因生病而無法工作，只能躺在家裡。本來還有一間房子，後來迫於生計，不僅賣掉，甚至淪為三級貧戶，必須仰賴長輩們去打工，才能維持整個家庭生活。由此想見當時的人一生病，對家庭而言，是多麼沉重的負擔啊！

以現在的醫療水準來看，治療骨髓炎不是問題，但依照當時身在鄉下的環境，骨髓炎沒辦法得到很好的醫療照顧，於是年紀輕輕的病患幾乎成了殘廢之人。

窮人面對疾病的無奈悲歌，經常在我從小居住的村莊上演，不管看多少次，心裡都只有一種感覺，就是不忍，因而在心中種下立志行醫的種籽。回想兒時居住的村莊僅有一位醫師，這位醫師守著故鄉，對一些疾病的診治能力還算不錯，可惜對於需要救治的窮人也無能為力。所以我希望能當醫師，醫治這些窮人，讓他們能夠得到應有的醫療照護，不要出現必須靠賣田地才有辦法救一個人的景況。

第10章 親人離世，激勵我行醫路上視病猶親

醫療能將病人治癒，值得慶幸；若醫不好，可能連性命都難保。以前的醫療在設備方面仍有許多不足之處，相對病人所要付出的花費很大，因此，醫師不僅治療疾病，減少病人承受的痛苦與壓力，還必須抱持「視病猶親」的情懷看診才是。畢竟病人真的很辛苦，醫者要把病患所承受的痛苦，當作是自己的痛苦來解決。

高二那年，悲送四哥不甘願地離開

會有這樣的感觸，主要來自遭逢兄長生病的經歷。四哥因肚子痛，經相關檢查確認是胃癌。當時四哥的求生意志很強，住在外科病房等著開刀，我們一家人也願意耗

盡所有錢財來醫治他。無奈的是，四哥已是癌症末期，收治他的醫師認為開刀也無濟於事了。曾想換家醫院試試看能否有救治的希望，但家裡實在窮困，無力送他到更好的醫院接受治療。

碰到這樣的狀況，病人多是離開醫院回家，無助地等待生命走到盡頭。一旁的我看了難過無比，想著如果能幫哥哥一把的話，他就不會那麼辛苦面對病魔的摧殘，這是身為弟弟所能做的事情。只可惜，那時候的我還沒有這樣的能力。

四哥回到家裡後，為了想要延續生命，開始吃一些草藥、到處問神，但病情依舊沒有好轉，好幾次吵著要去醫院開刀。但是這刀開下去，一是讓家裡沒錢，二是開了也沒用，雙重的無奈讓大家的心情很沉重，只能眼睜睜看著四哥的病情不斷惡化，最後，萬分不捨地看著他不甘願離開這個世界。那年，我讀高二。

當時真的又氣又恨自己沒有能力減輕四哥的痛苦，他就像一個溺水的人，需要一根樹枝援救，可是竟然沒人有能力救他。我立志當醫師，卻又還未成為有能力救他的醫師。如果我有能力解救四哥的病痛，他又怎麼會這麼年輕就躺在那邊呢？這種事與願違的無奈幾乎把自己給整個吞噬，待擦乾眼淚並恢復理智後，內心更加確定要成為救人的醫師。

短暫生命中唯一的新衣，也是壽衣

四哥是一個相當乖巧的小孩，不曾讀過小學，十二、三歲就在田裡工作，一直跟著父親務農。每天早上四、五點離家到田裡工作，直到晚上七、八點才回來，非常地辛苦，總是默默埋頭苦幹，日夜操勞打拚，為了這個家庭不斷付出，毫無怨言。其他兄長認為，四哥是過度操勞而積勞成疾，導致死亡，所以不免對爸媽有一些埋怨，「這個孩子是被你們搞死的」。四哥的離去讓全家人處在低氣壓的狀態，持續好長一段時間都揮之不去。

依照鄉下辦後事的習俗，往生者的大體放在大廳，用長簾隔著，家人在簾外燒金紙，讓他離開。停靈的那段時間，心裡很苦，只要人在大廳看到四哥的靈柩，眼淚就像斷了線的珍珠，完全不聽使喚地掉落下來。衷心希望四哥能夠回到自己的身邊，卻又清楚知道這是不可能的事，畢竟當時還是高中生，沒有辦法成為醫師，不然四哥怎麼會在他青春正盛時，卻永遠離開我們呢？

只要一想到四哥從生下來，就未曾享受過當小孩的權利，他沒有穿過任何的新衣，身上的衣服都是人家穿過的，或是撿人家不要的來穿，一生唯一的一件新衣服，也是最後的一件，就是穿入殮的那一件。他也未曾穿過一雙好的鞋子，即使是往生的時候，腳上也只是套上木屐而已。

這番境遇怎不讓人鼻酸難過？四哥的死，一度讓家人處於崩潰的情緒邊緣，直到今天，我依然難以接受四哥就這樣結束了一生！四哥僅在人世間待上二十幾年，不只過著極為清苦的日子，最終還要忍受病魔的折騰。說到四哥的境遇，激動的情緒頓時湧上心頭，久久難以平復。

不諱言自己最初的行醫志向是基於能賺錢的念頭，然而，先後看到親戚、四哥重病纏身，不是為了治療而必須傾家蕩產，就是想要被醫治卻又無法如願，讓我對於行醫的目的有了不一樣的想法。送走四哥的同時，內心暗自期許自己在未來行醫時，不僅要救治患者，更要用視病猶親的態度，把患者及其家屬都當作是自己的親人。

於是，**在讀醫學院的階段，內心逐漸燃起「成為醫師不是為了要賺錢，而是要救人」的信念，督促自己往救人的方向邁進，而這也是我日後創立醫院的宗旨！**

第11章

用心專注於醫學課程

為了能成為幫病人解決各式病痛的醫師，踏入醫學領域的我，對課業投注相當多的時間與心力。

大一、大二是接受醫學基礎教育的階段，記得上解剖課，大家要背很多的東西，尤其是用拉丁文背每塊骨頭的名稱、功能（現在改為英文），並解釋骨頭所在的位置，這是醫學系很重要的一門課，為了考試順利過關，必須把每一根骨頭背得清清楚楚。剛開始，下課後還要把骨頭帶回家，將整個位置圖背下來，可說是每天晚上都跟人類骨頭在一起，但內心完全沒有害怕之意，純粹是極為自然的學習過程。

從解剖學習尊重，付出愛與關懷

教解剖學的老師是蔡滋浬教授，他是杜聰明教授的學生，本來是位開業醫師，後來轉向從事基礎醫學，是當時臺灣首屈一指的解剖學教授。他要求我們背骨頭的名稱，然後考試，考不過就一直考，老師的目的是讓我們能牢牢熟記，有同學因此考了三次才能過關。可能我很會背書吧，當時考一次就過關了。

之後上大體解剖的課程，也許自己笨笨的，不知什麼是害怕。照著老師教的，將大體老師解剖後，先剝除皮膚，把肌肉、骨頭、神經、血管一一分離挑出，對照教科書《*Sobotta: Atlas of Human Anatomy*》逐一確認每個器官的部位、每一根神經、每一條肌肉、每一根骨頭。

解剖學是醫學系相當重要的一門課。對於捐出遺體的大體老師，我們稱為「解剖老師」，進行解剖時，不用正臉面對他，以表我們對他的最大尊敬。因為有他們的奉獻，才能讓我們學習，了解人體的組織與構造，打下紮實的基礎，並利用所學而能救治更多的患者。

當時，我們是一組八個人負責一具大體老師，每個人負責一個區塊的部位，再共享所學。課程前後約四個月的時間，每天都要與解剖老師在一起，利用這段時間，完成解剖與認識。由於人體男女有別，如果自己的解剖老師是男性，要了解女性的身體結構，必須去看另外一組的成果，才能分辨出男女的結構與變化差異。

這四個月所學習的內容是奠定醫學領域的基礎，透過解剖老師的「身教」，不僅讓我們了解理論與實際的不同，也讓醫學生領略到一個人為了醫學進步，願意無私、無悔地奉獻軀體，成為解剖老師，讓我們不只習得醫學知識，包含人文關懷與奉獻精神，更因此了解到生命的本質。這樣的大愛引領著我們從基礎醫學，逐步進入臨床醫學，發揮專業的同時，也能對生命付出愛與關懷。

解剖課程結束後，我們會為解剖老師舉辦公祭，感謝他們遺愛人間，讓我們獲得醫學知識，並祝福他們在天上繼續當大家的良師，引導世界走向光明。

無暇也沒錢從事休閒娛樂

整個二年級可說是課業最繁忙的時候，加上醫專的修業時間較短，我並沒有將課後時間花在休閒娛樂上。因為家庭環境的關係，對於部分同學的課後活動——打麻將，對我不具誘惑力，也就沒有參與。至於舞會，畢竟是當時很普通的課後活動，倒是有觀摩過一、兩次；其他像郊遊、夜間登山則偶有參與。

只不過礙於家境困難，自認沒有多餘的時間和金錢經常參加這些活動。其實大部分學生都必須忙於繁重的課業，像我在三、四年級還利用晚上去外科診所幫忙，實在沒有多餘時間耗費在休閒活動上。

那時有些同學來自醫生世家，當然也有部分是像我這樣的鄉下孩子。在鄉下小孩的眼裡，家境富裕的同學開轎車是不得了的事情，畢竟當時還是騎腳踏車、騎摩托車的年代，看著他們開車載女朋友上下課，一定會羡慕，卻也僅止於羡慕而已。有錢同學和我們鄉下孩子的社交活動就像兩個世界，他們會參加舞會這類高級社交活動，不然就是打麻將；鄉下孩子相對過著比較平淡的生活，偶爾吃個小吃就很滿足了。

第12章 外科兼差奠定基本功

三年級那年，不忍六哥為了資助我而日夜辛苦操勞，經同學介紹，開始利用晚上在臺中第一外科診所值班並當助手，負責人吳醫師白天在醫院服務，晚上在開業診所執業。他開刀時，我負責當助手拉勾；術後，處理病人的照護問題。在這裡，一方面學習臨床經驗，一方面是有免費宿舍可住，能夠省一大筆錢。

在醫師養成教育中，孕育充滿愛的行醫理念

當時，每天早上七、八點要去學校上課，而吳醫師的刀不少，而且多是大刀，常常開刀開到半夜兩、三點，對體力的消耗不小。然而在這裡工作，不僅解決了部分

經濟問題，更能學習不少外科基本功，如：手術、綁線、縫合、傷口照護等，雖然辛苦，但也是有好處的。就這樣，一直做到畢業才離開，前後大約三年。

在外科診所見習時，看到病人花了很多錢治療疾病，對醫師抱持完全的信賴，促使我體認到自身責任的重大，因此更要好好地學習，才能夠對得起病人的託付。也就是在這段醫師養成教育中，透過與病人的相處應對過程，慢慢孕育出充滿愛的行醫理念。有人說，醫學倫理是教育，但**我認為，醫學倫理應該在日常中養成，自己正是透過與病人相處的點點滴滴，形成了強烈的醫學倫理概念**。

展開醫院實習生涯

大五時，開始到醫院實習，參與病人的治療。醫學生實習是一個全科性的臨床訓練，基本上，每一科都要去，內外婦兒科走一遭，還要再選擇一些小科，如：眼科、放射科或是耳鼻喉科等。那時候的實習醫師已經可以照顧病人、幫忙開處方箋等，其中，抽血可說是重頭戲，當時的制度是抽血全由實習醫師包辦（現在倒是不一定）。至於打針，肌肉注射由護理人員處理，打點滴（靜脈注射）則是實習醫師負責。有時碰到病人的血管很細，很不好抽，總要抽好幾次才抽得到；點滴也有比較難打的，也是得要打幾次才能成功。還有病歷的書寫，也是實習醫師的工作。

說到打點滴，其實自己並不陌生，因為三年級在外科診所打工就開始練習了，所以正式到醫院實習已有相當程度的熟悉，算是滿快就能把針打上血管。不過，在不同的科還是有不一樣的狀況，例如在收治較多老人的科別，因為老人血管比較硬，不僅不好打，常常打上去後很容易漏針，就得再重打一次。有的老人則因經常打針，又更不好打。打點滴最困難的挑戰是小孩子，尤其是嬰兒，四肢的血管都不明顯，通常打點滴的下針部位在頭皮下的淺靜脈，由於血管很細，不小心就破掉，必須重新再來。所以，大家看到要幫孩子打針莫不感到緊張害怕。

特別關心家境不好的患者

說來有趣，儘管後來選擇了婦產科，但在婦產科實習的記憶卻很模糊。實習一年下來，重要的科別都走過一輪，大部分是處理一般的疾病，多數都可由自己進行治療與用藥的處置，外科則有做到縫合工作，急診室則以急救技能為主，透過基礎的醫療訓練，對於簡單的疾病處置和診斷邏輯，已具有一定的能力，足以讓我們應付各科一般簡單的病例。

由於自己出身於貧困家庭，碰到家境很窮的病人，特別是住院的患者，不少需要靠賣田地才能籌措醫藥費來醫院接受治療，看著這些人的境遇就好像看到自身的家人、親戚一般，總是會特別的關心與照顧。印象很深刻的是，有個窮困的病人腎臟出問題，導致腎功能衰竭，最後要靠洗腎維持生命，整個家族為了救治病人，把田地都賣光了，這跟我的親戚所面臨的情況相同，只是一大筆錢花下去，最後還是沒能挽回病人的生命。病人的孩子為此感到懊惱，而身為醫師的我，無法將病人從鬼門關拉回，心情也不好受。

另外，有個長期飽受糖尿病之苦的病人，最後必須整個截肢。截肢後，通常失去的殘肢仍會疼痛及感覺較敏感，在等傷口癒合的階段，對病人而言，可說是一段痛苦又辛苦的歷程，有時還會出血，我們每天必須幫他換藥、翻身，做這些事會讓他覺得很不舒服，那時的止痛藥物不像現在這麼有效果，在清醒的狀況下換藥，總是讓他痛到又吼又叫。

為搶救生命，疑似感染B肝

我認為，像這類的病人需要特別去照顧，好讓他感到舒服一點。只不過經常要幫這位病人換藥，加上病人一不舒服就吼叫的反應，這讓有些醫師覺得很麻煩而出現不甚友善的態度。可能我是來自鄉下的孩子吧，比較任勞任怨，所以只要一聽到他吼叫，我就會去看他；即使一天叫個五、六次，就算狀況不好處理，我依舊面帶笑容幫他換藥、翻身。這個病人大概住了兩、三個月才出院，他很感謝我對他的照顧。而這樣的回饋，正是對我所堅持做的一切給予最大的肯定。

在小兒科實習時，醫療設備不像現在這般齊全，當時有個小孩發生危急狀況，我趕緊實行口對口人工呼吸，做CPR。換作現在，我不會這樣做，畢竟這類接觸性急救作為有其風險。後來孩子是搶救回來了，卻也因為他有B肝的緣故，讓接受住院醫師訓練第三年的我得了B型肝炎（應該是這樣被傳染的吧？不得而知，只是就那麼一次做口對口人工呼吸），為此，還住院了一個星期。

帶引以為傲的兒子拜訪鄰居

實習的過程中，經常會返家探望父母。雖然當時還只是實習醫師，但父親不免想測試一下我的實力，只要村子有人生病，就會讓我去看一下，研究病情。父親會這樣做，應該是有一個當醫師的兒子讓他感到很高興，平常總有人去請教他，所以只要我一回家，他就會帶我去看患者，說是「問我比神明還好」。

那個年代的鄉下人，生病不是先看醫師，而是先問神；神明看不好，才去就醫。而我去看他們，當然比神明還好。對於我從事醫師工作，父親雖未將歡喜之情表現在臉上，但從他帶我四處探訪生病的鄰居、親戚，讓我提供醫療建議，能感受到他以我為傲的喜悅。

即使還在實習，但我對內外、婦兒科的疾病都有相當的了解，尤其我還利用課餘時間在第一外科當了兩年的助手，看了不少疑難雜症，對於內科、外科疾病的了解算是透澈，臨床基礎上也有一定的程度，因而能解決父親帶我到處「看診」的患者問題。我也從中更加感受到習醫真的能對社會、對鄉里有所貢獻，也看得出父親對我的重視，想要知道我的醫術到什麼程度，因此用這樣的方式來關心我的學習狀況。

第13章 無疾而終的戀情，淬鍊成美國醫師執照

就讀大四期間，風行考美國醫師執照（USMLE），考上之後，就有機會去美國行醫。當時的我也參加了考試，而且第一次就考上。能順利一次就考上，不得不提一段插曲。

投入感情卻不被當一回事

大三時，看著六哥當齒模工的密醫作為，基於報恩的心情，本想追中山牙醫系一個女生當女朋友，希望她以後可以順便幫幫六哥，不要再從事密醫診療了，但後來沒有成功。

原本想用來報答六哥的恩情，最後自己卻投入了感情。只是她很少跟我約會，就算每週寫一次情書給對方，她總是久久才回一封。由於大五要到醫院實習，在四年級學期快結束時，我們約在校門口見面，然後她騎摩托車，我騎著腳踏車，一路跟著到她家附近談話。

記得那是有點冷的十二月，她媽媽請我進到家裡吃飯。餐後，問我：「女兒現在在讀書，你來做什麼？」話說得很含蓄，而我也聽懂了意思，雖然不想放棄，但終究要做個了結。於是我又寫了一封信給對方，「如果妳不回我的信，以後我們就不要來往了。」前後兩年寫了兩、三百封的情書給對方，而她的回信都只是寥寥數語，從這樣的回應，多少也看得出這段感情可能會無疾而終，或許是對方看不起自己吧！

轉化愛情動力，拚出美國醫師執照

最後我下定決心，若在我考上美國醫師執照前，沒收到回音的話，就結束這段感情。在信裡，我將等候的期限（實習醫院分發名單公布）明確告知對方。同時，內心以「我一定要做給妳看，讓妳知道我其實很有能力，妳不接受我的追求，是妳的損失」期許自己！就這樣，我全心投入準備美國醫師執照的考試，而結果也如我所願。

這段耕耘了一、兩年的感情雖然無疾而終，卻也激勵了我，認真拚搏取得美國醫師執照與通過臺灣醫師國家考試。進而讓我意識到，人生必須更加努力奮鬥，讓她看到我的成績與成就。當時心裡想著：「既然妳對我的努力付出沒有感受，一切就到此為止。」通過考試後，我就沒再寫信給對方了。

其實我知道女孩有個鄰居就讀中國醫藥學院*，長相英俊、家境富裕。或許她媽媽中意的是那位鄰居男生。不過世事難料，沒想到那位鄰居後來成為我的好朋友，而那個女孩嫁的也不是鄰居男生，而是我的一位學長、耳鼻喉科醫師，我跟她從那次之後都沒再見過面。

美國醫師執照考試不算難，卻也不是那麼容易，不讀書還是考不上。那時為了讓女孩看得起我，我努力讀書。當初想要考美國醫師執照，一方面是美金值錢，另一方面肇因於越戰發生，美國醫師人力缺乏。說起來，想交女朋友也有好處，追求不成，我就拚出成就給妳看！把愛情的力量轉化成上進的動力，成了我奮鬥人生中的重要環節。如今回顧這段年少歲月的感情，只能說一切都是緣分。沉寂半年後，跟現在的太太開始交往。大五去中山附醫實習，她是中山附醫的護理人員，大約交往兩、三年，在我擔任住院醫師時，兩人完成了終身大事。

留在臺灣發展，回報兄弟恩情

取得美國醫師執照後，本來打算前往美國行醫，又考慮到自己一旦離開臺灣，家裡兄弟們的生活該怎麼辦？念書期間接受他們很多扶持與幫忙，一定要有所回饋。再三思考後，我選擇不出國，而是留在臺灣發展；當時若飛往美國，再回國的機會就微乎其微，更遑論回報兄弟的恩情。

回首大學時代，自己很少與同學講話，真正和同學講比較多的話是在畢業後；隨著自己在工作上有突出表現，才慢慢和同學有多一點聊天機會。從他們的口中，我才了解自身就讀大學時的心理狀況——來自鄉下的我進到高深的醫學殿堂，必須要付出更多努力，才不致落於人後，因而將大部分時間專注在學習之上。

註

＊二〇〇三年八月改制為「中國醫藥大學」。

第14章 學業有成，感激兄嫂恩情

礙於家境狀況很差，幾位兄長都無法讀書。而我從小將家裡的種種困境看在眼裡，特別是父母的辛苦，在在告訴了我，必須要走不一樣的路，而這條不一樣的路就是讀書，才能避免複製出相同的人生，也才有機會脫離這樣極度貧困的家境，否則就落入惡性循環中。幸運的我，得到大哥的鼓勵與支持。

大哥自顧不暇仍提供吃住

當時家裡其他人知道我要參加升學考試，雖不鼓勵，卻也不反對。只有在外工作的大哥清楚知道，唯有讀書才能翻轉人生，挺身而出鼓勵我繼續升學。

大哥的頭腦不錯，做生意卻始終不太順，這行失敗就換另一行，狀況很不穩定，但他依然樂觀進取。只是想要把生意做大的心過於強烈，十七、八歲時做稻米期貨生意＊，結果被人騙了，使得整個家被查封，就連豬槽也貼上封條。本來在鄉下有兩間店面，都為了渡過難關而賣掉，也讓家裡的經濟陷入危機。

大哥做生意不賺錢，住處環境也不好，是用搭建的，下大雨時會漏水，要拿好多盆子在家裡到處接水，可用「外面下大雨，屋內下小雨」來形容，但至少還是一個能住的地方！在嘉義讀書的那幾年，大哥提供我吃住，學費則靠其他兄弟資助，幸好讀的是公立學校，學費不算太貴。那時，我放學回家會幫忙教侄兒讀書、寫功課。

高二時，一場颱風來襲，讓大哥破舊的家差點解體，因為用嵌入的屋頂很容易被掀開，需要我們往下拉，否則整個家會被掀起來。每當風咻咻吹來時，我們就要用盡所有的力量拉住屋頂，用石頭綁住固定，整晚都無法入睡，必須和颱風作戰。記得那晚大家從九點作戰到隔天早上九點左右，一起保護屋頂不被掀翻吹走。

註

＊與現在的「期貨」有所不同，是指在稻作未收成前即被一筆價錢認購，若收成好，稻穀交易價格比認購的價錢來得高，就有獲利的空間；反之，收成不佳，現貨價格低於認購價格，就是賠錢。

難忘白米飯的幸福滋味

即便大哥家的居住品質不佳，依然有讓我感到幸福的事——吃到白米飯，一直吃番薯簽的我，覺得「米怎麼這麼好吃，沒吃過這樣好吃的飯」。他們吃一碗就飽了，我總要吃上三、四碗才飽。只是吃到第二碗就覺得不好意思了，因為大嫂沒有煮那麼多飯，我也不能因為肚子餓就要多吃一點。畢竟白米不便宜，怎能讓寄人籬下的自己因食量大，而成為他們的負擔呢！所以不得不學著儘量忍耐，總在半餓半飽之間結束晚餐。

後來才明白自己胃口為何那麼大，原因是先前吃番薯簽不好消化，停留在胃裡的時間久而把胃愈撐愈大了。就像從事農務的父親，若吃白米飯要吃上一升才會飽。大家看小說寫著：力大無窮的人，要吃多少飯才會飽，這是真的！只不過在物資匱乏的年代，貧困家庭大多吃不起白米飯，只能以曬乾的番薯簽果腹，讓肚子覺得有飽足感，好支撐長時間的下田做工。

長嫂如母，照顧無微不至

初、高中時期，約有六、七年時間住在大哥家，全靠大嫂的悉心關照。大嫂對我的照顧有如兒子一般，為我打點好所有生活起居，可說是無微不至。也是從那時起，我的服裝儀容有了改變，開始有乾淨的衣服可穿。畢竟嘉義市也算是個都會區，衣著方面仍需注意一些才是。

在我心裡，此生最感激的除了母親，就是大嫂，她對我展現了「長嫂如母」的風範，而我也把大嫂當作母親一樣敬重。當上醫師後，不時會拿錢給大嫂，回報早年對我的照顧之恩。

後來大嫂生重病，又碰上大哥的房子被拍賣，我不忍生病的大嫂還要承受搬遷之苦，於是拿錢幫忙把房子買回，讓大嫂一家能夠繼續安心居住，不要再承受遷徙之苦了。之後，侄兒的太太無法懷孕，到我創辦的醫院做試管嬰兒，也沒有跟她收費，這些都是感念大嫂視我如子的回饋。我們鄉下人雖然過得不富裕，卻始終記得受人恩惠，不能不回報的道理。

大嫂去天國已經好一陣子了，可是一想起大嫂在那些年照顧我的點點滴滴，無法抑制的難過之情就化成淚水在眼眶打轉。當年那種自顧不暇的環境下，大嫂依然對我用心照顧，讓我順利完成初、高中的學業，這樣的幸運怎不令我永生難忘？我告訴自己，有能力時，一定要努力回報大嫂的恩情！也基於大嫂的這份恩情，在我的奮鬥人生中，始終抱持著不讓大嫂失望的自我期許。出社會後，受人恩惠，同樣誓言回報。

六哥不惜以命換錢幫繳學費

求學生涯中，除了受到大哥、大嫂的幫忙，六哥也協助我很多。其實六哥的經濟狀況並不好，身體狀況也不佳，還有氣喘病史。早年在家裡，母親不捨得他做粗重的工作，於是去學做齒模。

當六哥看到考上大學的我絲毫沒有喜悅之情，只有不知道六千五百元的學費從何而來的煩惱，沒什麼錢的他立刻決定幫我付大學學費。除了持續做齒模、假牙工作維生，他白天還到鐵路局做整治軌道的粗工，晚上就去打牌抽頭的地方，一方面在人數不夠時湊一腳，另一方面幫忙倒茶、準備瓜子，賺一點錢。原本就患有氣喘的六哥，在菸味瀰漫的地方吸了不少二手菸，六十多歲時整個肺部都壞了，最後吐血而亡。

我分析六哥的死因，一切都是為了讓我念書，他想盡辦法賺錢幫我繳學費，不論是齒模工、機電工或油行的工作，再辛苦都不怕，即使傷身也在所不惜！特別是去白河的油行工作，工作時必須用嘴巴吸油，才能把底部的油抽乾淨，可是油會進到肺部，對肺部早已造成傷害；後來的二手菸影響，就像是壓垮肺部健康的最後一根稻草。

六哥來中山附醫檢查身體時，看到肺部都沒有了功能，連走路都會喘，甚至到後來吐血，來不及搶救，人就走了。我能進大學讀書，可以說是六哥用命換來的！我能不認真嗎？如果我不認真，如何對得起六哥的苦心與犧牲？只有盡力做好，才能對得起手足對我的栽培！

對於六哥賣命般的辛苦付出，除了滿懷感謝、感恩之情，更多的是心疼不捨。即使現在想起六哥當年的付出，依然忍不住熱淚盈眶；想要與人分享這份難能可貴的手足之情，卻又因為傷心而哽咽到說不出話來。這樣的恩情，是怎樣也報答不完的。值得欣慰的是，六哥雖然曾是牙科密醫，他的兒子李彝邦現今已成為牙科專科醫師，服務於慈濟醫院。

盡心照顧晚輩以回報手足恩情

父母沒有能力栽培我讀書，但我很幸運能擁有這些好手足。即使他們自身能力也不算好，卻仍願意盡力為我付出，大哥、大嫂的恩情與六哥的栽培，都是鞭策我往奮鬥之路前進的力量，否則我如何能翻轉家庭的困境？又如何回報手足與大嫂的恩情？

不成功，哪有能力照顧家族的後代子孫？

擔任住院醫師第二年，中山附醫曾派我去臺南代診兩週，領到約七、八萬元的薪水，我將這筆錢拿給大哥。大哥對我的照顧之情，只能用錢回報，尤其他的經濟狀況不佳，金錢正是最實際的回饋。那時我有大約六千元的固定薪水，日子勉強過得去，一旦有額外收入就交給大哥。對於我這個小弟懂得知恩圖報，大哥也備感開心。

在我有能力賺錢後，總是盡力照顧手足的下一代，沒錢的，我給錢；要讀書的，我幫忙找學校，像二哥的兒子（李宗炎）從雲林虎尾的國中畢業，考上臺中衛道中學，讀書期間住在我家，由我供應生活費、學費，讀到大學畢業；一如當年，兄弟們對我的照顧。我盡力栽培侄兒們讀書，好好學習，侄兒也很爭氣地當上律師。看到侄兒們有所成就，我也感到很開心。因為戮力追求成功，累積照顧後代的能力與實力，正是當年立下奮鬥的志向之一。多年後，我真的做到了當初的承諾，出錢出力協助兄長的孩子成長茁壯，有問題就幫忙解決。

辛勞的父母、困頓的童年與手足的支持，默默成了鞭策我堅強奮鬥的力量，一路走來，總感受到不斷被滾滾洪流往前推，完全不能有絲毫鬆懈。

【第四部】

堅忍學習的臨床歲月

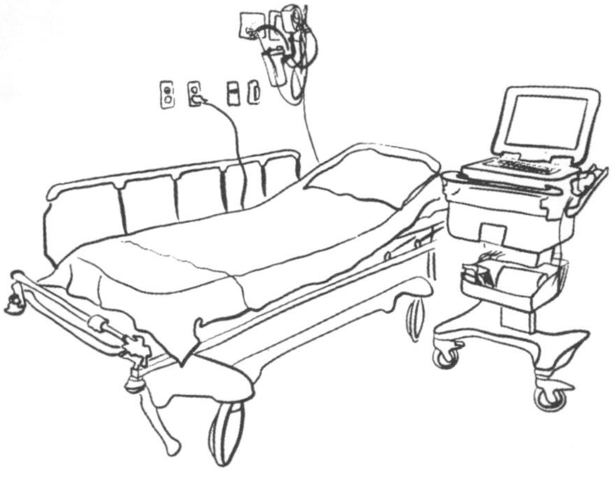

為了能早日改善家庭的經濟狀況，
不能免俗地「向錢看」，
選擇了大家搶破頭的婦產科。
但真正開始臨床工作，
卻又體會到基礎學習必須踏實的重要，
毅然捨棄月薪較高的訓練醫院，
重返中山附醫。

雖然沒日沒夜地在醫院工作，
但絲毫不以為苦，
只希望自己能培養出堅強的實力，
為攀峰蓄積能量！
同時，更期待自己能揚名顯親，
盡孝道之極致！

第15章 以利為始的選擇

實習結束後，開始攸關一生的選擇——以喜歡的專科做為未來行醫的奮鬥戰場！大家都在思考如何在熱門的內、外、婦、兒四大科當中做選擇，這也是最令人煩惱的時刻。

成績好才能優先選科

其中，婦產科是許多人的首選，原因有二：一是婦產科要接生，看到小生命誕生是喜事，令人開心且充滿希望；二是能夠賺比較多的錢，尤其訓練過程比起其他科別來得短。雖然內科、外科、小兒科與婦產科都是四年完成住院醫師訓練，但婦產科完成四年訓練後，就可獨立接生、開刀，而且收入相對較高。行醫固然需要懷抱愛心，只不過很多人選婦產科是著眼於收入較高，利益當前，難免受到誘惑。

老實說，我最初選擇婦產科的確是看在收入高的份上。內外婦兒四大科都是賺錢的科別，可是當年的婦產科比其他專科更容易賺到錢，主要是當時還沒有健保制度*，許多醫療項目必須自費，生產也是一樣，剖腹產的費用又高出自然產甚多。加上當時的生產數相當多*，因而吸引不少醫學系畢業生投身婦產科，使得婦產科變得炙手可熱。即使中山附醫在規模上比不上其他大醫院，婦產科住院醫師依然滿招。

在「向錢看」的潮流之下，我也不能免俗地想以婦產科做為日後發展的主戰場。因為我的人生不只要力爭上游，也想要多賺一點錢，才有機會改善家裡的困境。只不過婦產科並非你想選就選，實在有太多人想當婦產科醫師，因此選科的時候，是依據學習成績的總分計算，總分高的才能優先選科。也就是說，在校成績優異者才有優先選擇的資格！

當年，婦產科的學習環境不多，中山婦產科大概就八、九床的規模，發展並不算成熟，一度猶豫是要留下來，還是到別處發展。本來有意去臺中榮總，但中榮規定收兩名住院醫師，卻又額外收了兩名，稱為「extra」。正式員額的住院醫師可領月薪六千元，extra的只有三千元，還要兩個人均分，也就是一人一千五百元，這樣的薪水對當時的我來說，根本難以應付基本生活所需，所以就未將中榮納入考量。

基礎學習要扎實，才能成為好醫師

後來去了省立嘉義醫院*，因為待遇比較好，一個月有一萬元。可是才待一個月，因個性不合就決定離開。起初基於收入不錯才選擇嘉義醫院，但其實內心仍潛藏著學習的欲望，希望在臨床之外，還能有研究工作。不過，那裡完全是獨立作業，沒有主治醫師帶住院醫師的教學制度，想要學東西很難，即使是基礎的也沒人可教。

註

*健保制度自民國八十四年開始實施。

*民國六十七年至七十一年的出生數都超過四十萬人，六十八年更超過四十二萬人。如今的新生兒數目攔腰砍半再打折，民國一一〇年出生數為十五萬三千八百二十人。

*現已改制為「衛生福利部嘉義醫院」。

那時抱持的想法是，基礎學習若不夠扎實，是無法成為好醫師的！中山附醫不是最優，但起碼具備基礎的教學制度，能夠讓我循序漸進、一步步學習成長。特別是考量自己沒有任何家世背景、社會關係，更需要鍛鍊實力傍身以做為發展後盾。幾經思考，還是決定回到中山附設醫院婦產科當住院醫師。

回到中山附醫，算是人生中幾個很重要的決定之一，更是影響日後發展的轉捩點。當年若繼續留在嘉義醫院，就算當到主任，再來自行開業，賺一點錢，人生也就這麼過了。但我深知人生的視野不該這麼被侷限，一般的開業醫師非我所想所願，也不是光以賺錢為目的就滿足了。或許這條路能走得很順暢，可以解決我眼前的經濟問題，卻也框限了前景發展，難以成為懷抱理想前進、濟世助人的醫師。

開業醫師做好接生、開刀、看病的工作，就能賺到錢；工作結束後，也不用為病人牽掛而影響生活品質。雖然這是當初選擇婦產科的想法，卻不完全符合我的行醫願心。我的志向具有宏觀性，所學的醫療知識技術若只是為了滿足開業醫師所需，又如何能幫助自己實現攀上頂峰的目標！

第16章 餓肚子仍堅持精進的住院醫師

基於想要追求更長遠的發展，我毅然決然捨下月薪一萬元的嘉義醫院工作，重新回到月薪只有一千五百元的中山附醫，繼續過著清苦的生活。

忍耐飢餓，堅持以學習為重

然而這樣的困苦，卻也激發我不認輸的鬥志——如果不夠好，就無法有所成就，為了前方的目標，願意不計薪水多寡，眼前的艱苦只是過渡期，從小就備嘗艱辛的我，又怎會在乎再苦個幾年！就這樣，我寧願繼續忍耐飢餓，即使肚子吃不飽，做沒酬勞的工作，仍然打拚奮鬥，就怕學得不夠，還到別的地方學，希望豐富臨床經驗，並不忘時時督促自己要讀書。

披上白袍成為醫師，在外人眼裡看起來很風光，但試問：一個月只領一千五百元要怎麼過日子？其實根本連三餐都吃不飽。首先扣掉房租五百元（後來調到六百元），剩下九百元。那時的自助餐一頓是五十元，一天兩餐要一百元，再加早餐二十元，一個月就要三千六百元，可是手頭只有九百元……而且這樣的日子要過上一年，必須懂得精打細算才有辦法過活。

幸好學校附近有不少便宜的店家，我找了二中附近的一家，很多做工的人在這邊用餐，一餐二十元，有兩、三樣菜，飯可以吃到飽。或許是工作相當忙碌吧，不知不覺中，一年就這樣過去了。

第二年的薪水調漲，終於不用再計較「一餐五十元太貴，只能吃二十元一頓飯」的問題了。現在回想起來，住院醫師第一年生活真的很辛苦，一天只能吃兩頓，完全吃不飽。早餐幾乎沒吃，偶爾吃麵包果腹，否則難有力氣從事勞心又勞力的醫療工作。肚子再怎麼餓，還是要硬撐著，加上自己已從學校畢業，不能再說「我現在都沒錢」而向大哥伸手要錢。當時完全沒有後援，再苦也要靠自己頂著。

有時想想，人生還真是微妙，就算身為人人稱羨的醫師，為了省錢，也只能跟著工人吃一樣的餐食，沒有階級之分。

兼差難學東西，專心在醫院精進

那時的醫院制度允許醫師在外面兼差看診，雖然我的經濟狀況不好，卻也沒想到外面兼職。的確，到外面兼差對改善自身經濟大有幫助，但我堅持在醫院多學點東西，把基礎打好，所以沒像其他人一樣搶著到外面兼診，因為心裡很清楚「要成功，不該是這樣做的」，甚至暗自高興，「你們都不在，東西就讓我學，我沒有錢，可是我能學到很多」。如果只想多賺錢，一開始留在嘉義醫院就好了。

沒錢的我，確實在這一年學了很多東西，無形中為日後的行醫生涯打下堅實的基礎。當時也沒有預想只要忍耐一年，之後的經濟狀況就會隨之改善，暫時忍上這一年沒有問題。倒是經常自我喊話：「無論這一年有多艱苦，我都要認真打拚！」

第17章 與眾不同的行醫之道

從決定離開嘉義醫院，回到中山附醫服務開始，即注定我要走與眾不同的路。還記得嘉義醫院的同事對我回中山附醫的決定不以為然，說：「李醫師，你要走的路很不一樣！」這一年過得確實極為艱難，吃不飽，工作又多，可是這份辛苦是有回報的！雖然後來的發展與我當初想要當醫師的念頭並不完全相同，但抱持一顆認真努力的心永遠不變。

每個突破點，都可能是邁向成功的入場券

人生的路有很多條，走一條較為困難的路，過程看似辛苦，其實成功機會更多，

成就也會更大；反之，走簡單的路，不難也不辛苦，卻沒有成就感可言，更不要說追求什麼目標。畢竟大家都走相同的路，無形中充滿更多的競爭者，即使可能脫穎而出，但機會總是不大。所以，**在奮鬥的過程中，一定要走一條艱困的道路，處處充滿突破的機會；每一次的突破點，都可能成為你邁向成功的入場券！**

回首過往人生，充滿很多看似容易成功的機會，例如：國中畢業報考師專，畢業後當老師，很快就能改善家中的經濟；留在嘉義醫院，早早就能領高薪。兩條路都是很好走的路，更像是一種誘惑，只是我始終堅持走困難的路。

其實選讀中山醫專的同時，一度想去讀全公費補助的中興大學農業教育學系，畢業後也能直接當老師。不過，秉持當醫師的初心，仍然選擇了中山醫專。在中山附醫任職兩、三年後，前輩或同事大多陸續在外兼診，我仍舊堅持留在醫院接受正規的學習，畢竟正規與非正規的學習混在一起，會讓自己的方向出現混淆，反而讓路途變得更崎嶇。所以，我必須不受誘惑，不斷拒絕外面的診所想把手術讓我開的好意。只要沒有欠錢，賺不了大錢也沒關係，日子都還是能過的。

具備開刀本事，更閱讀文獻增進實力

我一直很堅持自己的看法與作法，也很清楚要走在正確的道路上，並將有限的時間做有效的運用。畢竟賺錢與學習不能兼得，只能選擇一項，而我對自己的期許與唯一選擇就是學東西！因此，一直到總醫師階段，我都堅守在崗位上，婉拒了不少在外兼差的邀約。

那時兼差一個晚上所開的刀，可以拿到好幾萬元，一個禮拜下來，大約就是中山附醫一個月的薪水。說不心動是騙人的，然而我明白：**我要的不是眼前的近利，而是要像練武功一樣，必須先把馬步蹲好，打下的功夫底子才能夠扎扎實實，也才能練出蓋世武功**。成功沒有一蹴可幾，唯有一步一步地走穩，一路向前邁進，即使沿途有再多的誘惑，只要心志夠堅定，自然能不受誘惑所影響。

與內科要讀書的氛圍相比，當時的婦產科並不太注重讀書，普遍觀念認為外科醫師只要會開刀，不太需要讀書，而婦產科雖兼具內科與外科的特質，卻又比較偏向接生、開刀，對讀書的要求並不高。而我希望自己除了具備開刀的本事，也要藉由閱讀文獻、醫學期刊論文，不僅印證臨床觀察所見，也能與時俱進，跟上醫療趨勢，以累積更堅強的實力。

第18章 住院醫師訓練所肩負的使命

接生，是婦產科的基本入門功，醫院對於產科的訓練多集中在住院醫師第一年，因為是門手工技術活，必須不斷地從實作中訓練自己的技巧。

當時，中山附醫的病人不像現在這麼多，每一位來醫院待產、生產的產婦，都是我們所要陪伴與照顧的對象。不只要照護媽媽，也要關照還沒生下的胎兒，透過掌握胎兒的心跳狀況，以及產婦的宮縮頻率，並把宮縮的頻率詳細記錄在病歷上，還有搭配內診檢查子宮頸開的程度，以這些資訊做為判斷的依據，評估這位產婦能不能順利生產。要是發生沒有辦法順利生產的狀況，就要持續照顧到能夠生產為止，這樣才算完成一個個案。

訓練扎實，才能從容因應挑戰

住院醫師的訓練過程必須很扎實，才能面對日後行醫的各式挑戰。關於病人的治療，住院醫師一定要從頭到尾，逐步完成個案的照顧；如果病人需要緊急剖腹生產，就要趕快為緊急剖腹做術前準備。由於當時的整體新生兒出生個數不算少，即使中山附醫的病人不算多，但經過三年的累積磨練，大概在第四年擔任住院醫師時，也開始有獨立進行醫療處置的能力了，不論是自然產、剖腹產的接生工作，我都能夠獨當一面，也慢慢有自己的病人要照顧。

回想住院醫師訓練到總醫師期間，所碰過的困難個案不算少，印象比較深刻的個案有產後大出血，也有連體嬰……

擔任住院醫師第三年，為了搶救一名產後大出血而瀕臨死亡的患者，不眠不休地照顧三天三夜，即使沒有我的班，我也睡在醫院裡，隨時守著產婦以便因應狀況。患者先後輸了很多血還是無法讓血壓穩定，非親非故的我，當時腦中就只有一個想法——救活她！

那時雖然還不是主治醫師，經驗或許不足，可是我有滿腔的熱血。為了照顧這位產後大出血而休克的產婦，我選擇用寸步不離的方式守護她，甚至在急救系統不發達、插管技術不普及的當下，必須以口對口呼吸挽救其生命，讓瀕臨死亡的她得以重生，我也毫不猶豫地俯身施救。哪怕患者未必會記得是我救了她的命，但我不遺餘力的照顧，甚至奮不顧身，即無愧於醫者救治病人的責任。

擔任總醫師時，從外院轉過來一名無法順利生產的孕婦，因為接生的醫師不知道產婦懷的是連體嬰，只知道一直都拉不出寶寶來……才緊急轉診過來。接手時，我看了一下，發現兩個胎兒的身體連在一起，才知道是連體嬰，但是送過來時胎兒已經死掉了，於是我耐心地、慢慢地把死胎拉出來，才讓連體嬰「生」下來。

連體嬰發生的機率很低，尤其在超音波檢查還不普及時更難發現。甚至不到分娩時，根本不會知道胎兒到底是什麼樣的狀況。至於產後大出血的情況雖不算少見，卻也因為是無法預期的意外，產科醫師莫不視為夢魘，只要行醫時間夠久，總是有機會碰到。而這也是婦產科充滿挑戰之處，順利的時候，一切就像水到渠成一般，什麼都再自然不過，一旦碰到產婦生產不順的種種狀況，一定要能當機立斷，在最短的時間做出最好的決定，儘量讓母胎都能平安，並力求將傷害降到最低。

教學用心嚴謹，獲得後輩感謝

當總醫師的時候，所有因婦產科疾病來掛急診的病人都由我會診，幾乎等同二十四小時在醫院值班。半夜突發的接生工作更是有如家常便飯，而且一晚可能來上好幾次。接生完了以後，還來不及假寐，又有下一位產婦準備要生了。不管晚上醒來接生幾次，都沒有白天補眠這件事，只要天一亮，就要開始繼續工作。

早上先主持morning meeting（晨報），盯著住院醫師、實習醫師將前一天的個案提出報告，再來處理科內大小事，忙得不可開交。此外，總醫師還要負責教學工作，而我的教學態度非常嚴謹，曾經有一個實習生，因為病歷寫得不完整，我隨手將他寫的病歷從四樓丟到一樓，再叫他去撿回來。看得出學生當下有一種憤怒的情緒，覺得這個老師太嚴格……只見他緊握著拳頭，可能很想出拳打我吧？

不過這個學生後來很感謝我，因為以教學嚴格著稱的我，讓他們確實學到東西，並順利考上國考，後來在其他醫院完成住院醫師訓練，都能發揮所長。這幾年，我們都還有保持聯絡，他們都說很感謝我當年的嚴格。

不只學生會怕我，就連護理人員看到我也是嚇得要死。嚴格，是我教導後輩秉持的一貫風格，但我不只嚴以律人，自我要求也很高，畢竟得先要求自己有東西，才能再傳授給學生。

盡力照護患者、努力吸收新知、不斷鑽研精進技術，按部就班地為基礎扎根，就是我接受住院醫師訓練時所肩負的使命！現在有老師教我，我若不好好學習，等以後沒有老師從旁教導，萬一碰到特殊狀況，該如何是好。因此，必須把握這段時間的每一個學習機會。只要老師要上刀，找我當手術的助手，絕不推卻，就算是下班時間，我也不願錯過難得的學習機會。

老師所教的是基本功，但是要把基本功發揮得更好，必須更加努力去分析病人的狀況，才有辦法精益求精，獲得更多的知識、改善既有的治療方式，進而更加純熟地運用各種治療方式，讓病人有更多的治癒機會。整個行醫過程就是這樣不斷循環，讓我的醫療能量能夠攀向高峰。今天的我，能夠擁有成功的豐碩成果，除了持續精進治療方式，還有積極從事研究。

對病人的照顧勝過自己小孩

當年的住院醫師可說是二十四小時都在值班（名副其實的「住院醫師」），照顧住院病人並接生，訓練過程雖然比較辛苦，卻也無比扎實。那段時間為了照顧病人，即使自己已經有了第一個小孩（現任茂盛醫院執行長李俊逸醫師），但人都待在醫院，幾乎沒有回過家。不像現在的住院醫師納入勞基法的適用對象，規範住院醫師輪班制者每班不超過十三小時，非輪班制以每日正常工作時間不超過十小時為原則。

頗讓我感慨的是，現在的學生一到下班時間就真的下班了。同時期的我，即使下班也繼續做，哪怕大半夜要開刀，也完全配合。我所在乎的是：要把握學習的機會、有沒有把事情做好？在我的學習過程中，秉持百分之百努力學習的信念，人生要成功，一定要歷經不斷努力奮鬥，方能有成功的機會。我就是從最困難的地方開始，一步步往上走。

住院醫師時期，父親大約每隔一、兩個月來臺中看我一次，畢竟有個當醫師的兒子，讓他感到無上光榮。每一次的見面，我都能感受到他對我寄予厚望，希望我能有更大的成就，光宗耀祖！隨著收入增加，我對父母親盡孝不再是只有心而已，也能以最實際的方式回報，讓辛苦一世的父母能過上好日子。當然，我更期待自己能揚名顯親，盡到孝道之極致！

第19章 全心投入！累積醫療實力不停歇

完成住院醫師訓練後，順利升為主治醫師。我深知不斷累積的臨床經驗，能夠幫助更多病人，所以總是全心全意照護患者的病況。如果碰上一些治療不順利的病人，我會自省為什麼這個病人沒有很快地恢復，需要做哪些療程改善。如此一來，下次再遇到同樣病況的患者，就能提供更完善的治療，讓她少受一點痛苦或者更快地恢復。這樣的過程一再反覆進行，無形中累積更多經驗，讓我更能掌握治療的訣竅。

拚搏事業的初衷，企盼兒女諒解

為什麼我從住院醫師開始，一路到總醫師、主治醫師，每個階段都用盡全力在拚搏？理由很簡單，就是為了習得專精的醫療技術；唯有積極努力學習以擁有堅強的醫療實力，才有辦法為日後的創業鋪路，並讓家庭獲得比較好的經濟資源。**想達成目標，一定要比別人更努力充實所學，這是我唯一的信念，也是追求成功的不二法門。**

醫療界沒有所謂的「天才」，不管在學習、治療方面，每個人都要心無旁騖地將一切做到最好，才有攻頂的資格，我就是這樣一路走來的。一向求好心切的我，以拚事業為重，幾乎把百分之百的時間投資在病人身上，自然疏忽了對家庭的照顧，家庭和小孩的大小事全由太太一手打理。坦白說，我跟兒女相處的時間真的相當少，偶爾會陪伴他們玩一下，但不超過所有時間的百分之十。雖然有所遺憾，卻不後悔做這樣的選擇，只希望孩子們能理解爸爸必須這麼做的理由。

對一個來自窮鄉僻壤的農家小孩來說，要在競爭激烈的社會闖出一番成績，沒有第二個選擇，唯有靠自己努力、比別人更加精進才行！因此，在家庭與工作之間，我義無反顧地選擇了工作。我非常感謝妻子的體諒與包容，才能讓自己專心全力投注在工作上。

如今也當了爸爸的兒子曾對我說：「我現在有小孩了，不像你以前都沒有陪我，我要花時間多陪我的小孩。」我回道：「好啊，我同意你的作法。」或許有人會認為：「病人又不是只有你這位醫師可治療，而孩子卻只有你這個父親。」這話說得也有道理。然而，我相信自己所付出的努力和用心，會讓病人覺得「只有這位醫師能解決我的問題」。

答應接生，使命必達

在我當主治醫師的時候，已有產婦指定我接生*，因此經常在半夜前往醫院接生後，再回家睡覺。有時連睡在我旁邊的太太，都不知道我曾經去過醫院，總在看到我換下沾滿血漬或羊水的衣服，才知道原來我在半夜去醫院接生了。

我對患者抱持的服務信念是：「我答應的事，我就要做得到。」既然答應要幫人家接生，無論如何，我都一定會到醫院協助完成。在醫師還是絕對權威的年代，我早早就意識到培養醫病關係的重要性，這是能夠讓個人行醫能量慢慢累積成長的關鍵，而我也開始身體力行。

註

*當時並沒有誰產檢誰接生的規定，而是由當日值班醫師負責接生。但產婦大多希望由產檢醫師接生，藉由產檢培養彼此的信任，可說是生產時的助力。

為了信守承諾，即使是三更半夜，或者假日帶小孩出遊，只要接到通知，我都會趕回醫院。當婦產科醫師的兒女一定都會有這樣的經驗——明明爸爸帶大家出去玩，半路卻臨時接到產婦要生了的通知，必須「拋下」家人，即刻趕回醫院，之後再會合；也可能一家人就此打道回府。

有一次，我和家人去鹿谷吃鱒魚，菜才剛上桌，臨時接到產婦要生的電話，只能讓太太和小孩繼續在餐廳吃，我先獨自開車回去接生。之後，她們再搭別人的車回臺中。甚至有的時候，一家大小才準備要出門，卻在接到通知後，旅程直接喊卡，期盼好久的孩子就只能眼巴巴地看著爸爸匆忙開車趕去醫院。

不過自己再怎麼努力，還是必須要有自知之明。那時的中山附醫並不是一間規模很大的醫院，個案數還沒那麼多，以產科來說，大概只有一、二十床，雖屬地區醫院的規模，但有些地區醫院的規模還是比中山附醫更大。個案數不多，代表所能學到的臨床經驗也相對有限。基於想學習更多、累積更厚實醫療經驗的我，決定申請到臺大醫院接受外訓。

【第五部】

前往臺大精進所學

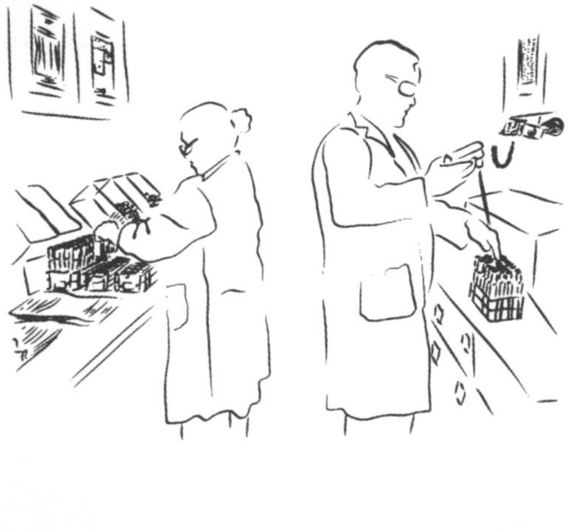

即使升任主治醫師，
內心依然覺得空虛。
正好有機會可至臺大進行為期一年的訓練，
主要接受內分泌醫學權威——
李鎡堯教授的指導。

雖然一度因無法實際進行臨床治療而覺得苦悶，
卻也在臺大老師不藏私的教導下，
完成人生中的第一篇論文、精進各式手術的技巧，
滿滿的收穫超出原本預期。

更在貴人徐千田教授的引薦下，
開啟海外進修的大門！
這段豐富的學習歷程，
自然成了奮鬥人生的一個轉折點！

第20章 臺大研修醫師訓練

因為有來自中華醫藥研究基金會使用庚子賠款*提供的學習機會，讓我能到臺大醫院受訓，接受生殖醫學（當時稱「內分泌醫學」）權威——李鎡堯教授的指導。李教授於民國五十六年榮獲美國婦產科學院的優秀論文獎，為臺灣第一位獲此榮譽者，五十七年創設臺灣第一所「內分泌學實驗室」，從事腦下垂體荷爾蒙生物活力測定，並以氣相層頻譜測定性類固醇荷爾蒙提供臨床服務。

政府提供進修機會

庚子賠款除了用於清華大學校務，也透過「中華醫藥基金會」培訓臺灣醫療領域的醫師，資助研究進修的費用。戰後的臺灣在醫療水準的表現還相當落後，只有臺大一枝獨秀，其他醫院就沒有那麼強。當時的醫療體系有三大系統：一是省立醫療系統（後為衛生福利部部立醫院），二是大學醫院附設醫院系統，三是軍醫院系統。

政府為了提升這三大系統的醫療水準，由學校評估送哪個學生接受訓練，進修途徑有二：一是送到國外進修，二是送往臺大再造訓練；而大部分是將醫師送到臺大接受訓練。我就是受惠於這樣的制度，在第一年主治醫師後，前往臺大進行為期一年的訓練。

接受次專科訓練

進修制度是選派醫學基礎訓練已有一定程度的醫師，到臺大進行次專科的訓練，相當於現在的Fellow（研修醫師）這個層級。這與一般住院醫師的訓練不同，凡是符合評鑑的教學醫院都能招收住院醫師，但次專科的訓練則必須在教授級的醫師指導下進行，就不是所有教學醫院可提供的訓練。

由於私立醫院的師資沒那麼多，培養一般的醫師沒有問題，但更精深的次專科醫師就無法自行培訓，勢必要到臺大訓練。在臺大完成訓練後，才會再派到國外進修，這是當時醫療體系的進修制度。以臺大的醫師而言，則是擔任主治醫師一段時間後，再派到國外去受訓；而省立醫院和私立醫院的體制，必須先到臺大進行次專科訓練。

註

＊滿清政府因八國聯軍之役慘敗而有庚子賠款，美國將所得庚子賠款的半數退還給中國，指定用於教育，如：一九〇九年起，每年選派一百名留學生赴美學習；一九一一年初成立清華留美預備學校（一九一二年十月十七日，清華學堂更名為清華學校，為清華大學前身）。之後有第二次退款，美國政府委託由美中兩國人士組成「中華教育文化基金會」（簡稱「中華基金會」）管理退款。中華教育文化基金會用退還的賠款興辦文教事業，一九二九年後，庚子賠款的大部功用轉而資助清華大學設校之所需。一九四九年，清華大學在臺復校，即是使用中華教育文化基金會代管庚子賠款的紅利或孳息，直至今時今日，清大每年仍收到庚子賠款支票。

第21章

選擇內分泌醫學為次專科

之所以選擇內分泌領域進行再訓練，是因為早期婦產科沒有細分次專科，而我對內分泌醫學極有興趣——內分泌是真實存在卻又看不到的東西，需要藉由討論、學習、讀書，去了解當中的運作機轉。為什麼月經會不規則？箇中原因必須從荷爾蒙的檢測得知分泌狀況，不過當時還沒有荷爾蒙檢測，就得靠推敲，說明白一點，就是要用猜的。但即使是猜的，也不是天馬行空毫無根據，而是需要具有相當的學理基礎。對於愛讀書的我，往這一領域發展，可說是適才適性的選擇！

運用內分泌醫學的基本知識進行治療

其實國外已有很多這方面的基礎研究，並運用在動物試驗上。當時，美國的醫療比較先進，能透過核子醫學的檢測，知道月經不規則的原因為何。但臺灣的核子醫學僅在剛起步階段*，我們只能從國外已有的測試研究報告、論文來推敲。

針對月經不規則的內分泌研究是這麼進行的，先從腦下垂體對卵巢造成影響，卵巢再影響到子宮的月經來潮，就是從內分泌系統推敲出造成病人月經不規律的原因，因為卵巢不規則排卵，可能會造成排卵功能不良，所以排卵功能異常可能造成不孕，這樣的推論就釐出一個因果關係。在沒有核醫檢測的狀況下，必須要靠內分泌醫學的基本知識，利用荷爾蒙治療幫助病人改善月經不規則的問題。

註

*臺大醫院於民國四十三年成立同位素實驗室，臺北榮民總醫院於民國五十九年設立核子醫學中心，三軍總醫院則在民國六十一年成立核子醫學中心。

再者，月經不規則的患者容易有不孕的問題，臨床上會用藥物加以控制，如：排卵藥物、打排卵針的針劑，這兩種藥已經運用在臺灣臨床醫療上，可用來控制病患有正確的排卵週期，以提高患者的懷孕機會。

對不少婦產科醫師來說，內分泌是一項很陌生的領域。若沒有在這個領域研究，就不懂如何打排卵針、怎麼吃排卵藥，只知道排卵藥在第五天吃，然後就會排卵。看似會使用藥物，卻不知道這樣用的原因，對於治療難免有隔靴搔癢的感覺。所以必須去了解為什麼要這樣用，才是重點，也才能確實引導排卵。

然而，即使有排卵，患者還是無法懷孕，怎麼辦？我們就會選擇做人工受孕，以現在的技術而言，可透過人工受孕（也稱人工授精，簡稱ＩＵＩ），是指將精子經過洗滌處理後，挑選活動力強的精子進行受精。不過，當時的人工受孕還沒有洗滌精蟲處理的技術，而是將精蟲抽出來之後，從女性的陰道注入到子宮頸或是子宮裡。主要是那時的儀器還沒有那麼發達，所以沒有進行洗精蟲的步驟，而是在取精後，就注入女性的子宮頸，做所謂的「人工受孕」。不可諱言的，當時的治療比較表淺，畢竟試管嬰兒的技術還在摸索中。

檢查不孕是否為輸卵管阻塞所致

不孕症患者的問題較為複雜，一般婦產科醫師碰到，由於不懂得怎麼處理，大概就是吃吃排卵藥、打排卵針，但無濟於事。於是就會轉介給我們進行研究、檢查，找出其問題所在。通常會透過X光檢查輸卵管（現稱為「子宮輸卵管攝影」）是否通暢，有些人因輸卵管阻塞，精卵無法相遇而造成不孕。

當時以X光檢查輸卵管還不普遍，而是用以下三種方式檢查：

第一種採用通氣測試，稱為「輸卵管通氣測試」（Rubin test），利用一臺空氣機將空氣（二氧化碳）經由導管從子宮頸灌入子宮和輸卵管內，若暢通的話，可用聽診器於下腹部兩側聽到有空氣通過的聲音，好像腸道蠕動發出的聲音一樣。不過檢查後，因二氧化碳會刺激肋下神經，病人會出現肩膀疼痛情形。

第二種是用灌水的方式檢查，稱為「輸卵管通水測試」（hydrotubation of oviduct），把生理食鹽水從子宮頸灌到子宮，確認輸卵管是否阻塞。

第三種檢查是進行同房測試，就是在夫妻同房後約兩小時，從子宮頸抽出子宮頸黏液標本，檢查精子的數目及精子穿透子宮頸黏液的能力，確認有沒有互相排斥的問題。目前同房測試的檢查仍繼續沿用，而輸卵管通氣測試與通水測試則已被輸卵管攝影取代，「Rubin test」之名早被人淡忘，演變成歷史名詞了。

在臺大學習這幾種比較簡單的檢測方式，但主要還是針對排卵的控制。另外，也做一些染色體的檢測，檢查染色體是否有問題。那時，有一些陰陽人沒有月經，就要從染色體檢查和荷爾蒙的變化，確認有沒有問題。檢測出是屬於哪一種陰陽人後，再視情況幫忙做人工陰道。還會檢查子宮內膜，看著床有沒有問題，藉由採集子宮內膜的組織檢視病人的黃體功能是否充足。雖然當時也能抽血檢驗血液中黃體素濃度，評估黃體的功能充足與否，但總是有所不足。

放射免疫分析確實掌握激素濃度

隨著核子醫學檢測日益興起，放射免疫分析（Radioimmunoassay, RIA）以敏感度高、特異性強、精密度高，在醫學檢驗中的運用相當廣泛，常用於測定各種激素，包括：濾泡刺激素（FSH）、黃體化激素（LH）、泌乳激素（PRL）與雌激素（Estrogen，又稱動情激素）等，都能以抽血進行放射免疫分析。自此，對激素的濃度慢慢較能有所掌握，不再像早期僅能以推測方式找出可能因素，而能以具體檢測確認狀況。於是，不孕症的醫學開始有了內分泌醫學的介入。

儘管放射免疫分析已經引進臺灣了，但中山附醫並沒有檢測設備。事實上，許多醫院也都無此設備，因為屬於核子醫學的領域，當時除了臺大、北榮與三總，其他醫院大概都沒有這個設備*。

原本我們對這些內容不懂，先用猜的，之後才慢慢有檢測方式給一個答案。還記得那個時候的懷孕試驗，不像現在買支驗孕棒或到醫院檢測這麼方便，臺大的作法是將檢體（尿液或血清）注射到青蛙身上，再看牠有沒有產卵，就知道是否懷孕。

更早的時候，懷孕測試若不是用青蛙測試，就是要靠內診。以現在眼光看來，是很落伍的方式。更不要說當時臺灣在核子醫學的發展速度，與國外相比，存在極為明顯的落差。

註

*放射性同位素的放射性物質對人體有一定的危害性，因此，放射性同位素實驗室的運作須接受原能會的監督，操作人員須經過特殊訓練。

臺大案例多，透過多方學習獲得啟發

臺大醫院，可說是臺灣醫學領域的最高殿堂！求診者來自四面八方，有各式各樣的病例可供學習，進而得到特殊的啟發！而我所跟隨學習的李鎡堯教授，病患最多，讓我更容易了解內分泌異常產生的問題。例如：沒有月經的病人該如何治療呢？有些沒有月經的病人，是下視丘出了問題，本身又沒有嗅覺，所以黃體化激素（ＬＨ）與濾泡刺激素（ＦＳＨ）的分泌濃度很低，因而無法調控卵巢功能。雖然這病人沒有月經，不過還是會排卵。因此靠打排卵針，還是能幫助她懷孕。同時藉由幫特殊的病人看診，開始建立基本的交流。

那時候，開始了荷爾蒙的藥物，可打人類停經後性腺激素（Human menopausal gonadotropins, HMG），當時只有這一種藥，是為刺激濾泡排卵和卵巢黃體產生黃體素。不過還無法精準觀測卵泡發育情況，只能稍微看一下，檢測方式跟不上治療方式時，就只能土法煉鋼，慢慢幫助病人懷孕。

無法直接接觸臨床，令人感到苦悶

在臺大固然能夠看到更多的案例，然而，不是直接接觸臨床，很多狀況無法實際看到，只能靠自己去想像。每天到臺大上班，白天就只能待在研究室看書，就像不能上戰場打仗的軍人，這樣的生活令我感到苦悶。

後來，李鎡堯教授對我說：「不然，你去做子宮內膜切片研究，去看有沒有黃體功能缺乏的問題，用內膜的狀況，如：排卵日是何時、適合的著床期，去判斷病人有沒有黃體功能的缺陷。」用病理的層次去處理。而這些病人經過我們的分析，確實有找到一些答案。

即使可做像是簡單的同房測試、濾泡追蹤、內膜測量，但那時候的臺大在生殖醫學實驗室也還沒有那麼完整，處於比較簡易的狀況，剛開始也沒有很多東西可供學習，所以覺得有些鬱悶。將這一年時間投資在這裡，到底能夠學習到多少東西，不免也對自己打了個問號。

尤其在內分泌醫學這個領域，還沒有檢驗試劑，一切都要靠讀書，加上收集病人不易，研究進展很慢，非常辛苦，可說是讓人感到最無聊的地方。可是我一直堅信，就算無聊，還是要繼續下去；不想覺得無聊的話，倒是可以主動找工作來做。

第22章 掌握見習機會，提升開刀技術

現今，各大醫學中心都發展出各自的特色醫療，但在醫療尚未普及之時，所有最好的技術都在臺大醫院。相形之下，中山附醫在一些技術的表現仍有所不足，包括：子宮手術、剖腹產，還有子宮頸癌開刀，都還沒有做得很好。由於自認訓練還不足，因此在臺大受訓期間，只要一有時間，我就會跟教授學習開刀。之後回到中山附醫，將在臺大所學慢慢教給後輩，也讓自己的技術提升到更好的境界。

見習婦癌權威手術，建立師生情誼

那時候，每位婦產科醫師都希望能開婦癌手術，因為能開婦癌手術代表是當時最

具權威性的醫師。專門做子宮頸癌手術的徐千田教授，正是子宮頸癌病人最多的婦產科名醫，曾經幫蔣夫人宋美齡女士開過刀，不僅在國內擁有高知名度，也是享譽國際的子宮頸癌手術權威，技冠全亞洲，先後到新加坡與其他國家幫忙開刀，東南亞各地許多重要官員的夫人都是徐千田教授的病人。原本在中興醫院服務的徐教授，後來自行開業，以子宮頸癌手術為診所主要醫療項目。

說起我跟徐教授的淵源，是在擔任總醫師的時候，當時的主任鐘坤井教授曾邀請徐千田教授來中山附醫指導婦癌手術。當次手術是我幫他拉勾，大概表現還不錯，徐教授對中山附醫留下了不錯的印象，愛屋及烏，也很愛護我，就這樣，我與徐教授結下了不解之緣。

在臺大受訓期間，白天在醫院學習，晚上除了看書，並沒有其他事情，於是我主動要求去徐教授的診所觀摩他的子宮頸癌手術，他也應允讓我晚上去診所見習。當時，有一位學長黃三桂在那邊當助手，他是我在中山附醫的學長，對我很好，在臺北那段時間也給了我很多的指導。後來，黃學長朝醫療行政發展，最後當到衛福部健保署署長，於二〇一六年退休。

推薦赴賓大進修，難忘知遇之恩

徐教授特別樂於提拔年輕人，我除了在他的門下學習開刀技術，也與他建立了很不錯的師生情誼。他知道我有志從事生殖醫學，打算推薦我到國外繼續做研究。由於徐教授曾赴賓州大學進修，他希望我去那邊進行生殖醫學的研究。

那時候的賓州大學（賓夕法尼亞大學，簡稱「賓州大學」或「賓大」），是全世界排名第五的大學，與哈佛、耶魯等七所美國頂尖大學同屬傲視群倫的常春藤盟校成員。有許多美國和國際學術獎項得主即出自賓大，光是諾貝爾醫學獎得主就有兩、三位，是很適合接受訓練的學術殿堂。

適逢賓州大學的不孕科主任GACICA教授來臺灣演講，徐教授帶著我跟他見面並一起用餐，席間，徐教授很熱心向GACICA教授介紹我，希望能引薦我去那邊進修。GACICA教授拿著我的資料返美。不久後，即來信同意我去賓大從事學術研究。

我能有機會去賓大進修，一切都要感謝徐教授的居中牽線，畢竟那時的中山附醫還只是一間小醫院，大部分的老師都沒有出過國，幾乎沒有國外進修的資歷。當年比較常出國的多為臺大的醫師，其他醫院的醫師幾乎只留在臺灣學習。

非常幸運地，在徐教授的介紹之下，認識賓大的GACICA教授，也讓我獲得前往賓大進修一年的良機，開啟另一個人生轉捩點。徐教授可說是我生命中的大貴人，對於這份知遇之恩，永生難忘！

這份機緣讓我真切體會到「**做人要愈努力，愈拚命，愈有機會**」，由於我的努力打拚，連晚上的時間都不休息，而是繼續再學習，一切表現都看在徐教授眼裡，於是給了我這樣的機會。如果當時的我不夠認真努力，也就沒有去賓大學習的機會。**自助而後人助，機會要靠自己努力爭取而來，絕不會平白無故從天上掉落**。

觀摩大師教學，精進手術技巧

在院外跟著徐千田教授學習子宮頸癌手術，同時也跟院內的婦科醫師學習婦科手術技術。臺大醫院在許多婦科手術的表現，可說是居於執牛耳的地位，傲視全國，極為困難的個案都集中於臺大執行手術。

能跟隨李卓然教授的刀，是我的另一個幸運！他是臺大醫院開婦科手術相當有名的教授（與徐千田教授並稱「臺灣子宮頸癌手術兩大天王」），大家都希望能躋身李教授名下學習子宮頸癌根除手術。基於我在中山附醫已經當上主治醫師，因此在看過他整個手術之後，就知道怎麼去修正之前的手術技巧。

以前在中山附醫可能要開上兩個小時的刀，經過見習李卓然教授的手術後，再稍加調整並改善，子宮切除手術由兩小時變成大概只需一小時；至於開子宮肌瘤本來要輸血，從臺大受訓回來，失血量就變成不到三十CC；不僅開刀速度變快，而且不用輸血。連剖腹產的技術都有所提升，不得不說因訓練過程的個案數比較少，影響了經驗值的累積，本來須歷時一個小時的手術，還要輸血，在我傳承了大師的技術並加以改良，進步到大概三十分鐘即可完成。接生只需要原來的一半時間，同時也不用再輸血了，無形中，提高了病人的醫療品質。

雖然自己一直很有心努力精進，卻也自知過往的學習仍有許多進步空間。就在觀摩臺大這幾位老師的教學之後，慢慢自我調整臨床個案的處理技能。即使礙於規定，我只能在旁邊觀看，但畢竟已當到主治醫師，有些臨床技術看了就知道怎麼做，尤其是抓到眉角（臺語，意指關鍵要領）後就可以做得好。先前在中山附醫欠缺高人指導，因此未能抓到那個眉角而沒辦法處理得很好。

拜臺大醫院老師們的高超技術、個案又多之賜，讓我在技能學習上的速度相當快。不禁想起牛頓的名言：「如果我能看得更遠，那是因為站在巨人的肩膀上。」

短短一年，將婦癌手術、子宮切除和陰道修復都學得相當完整，也有能力把中山附醫臨床手術的缺點全部加以改善。待受訓結束回到中山附醫，就能把這次進修所學到的技術再教給學生。

第23章

臺大院長親自指導論文寫作

為期一年的受訓時間，即便很多時候覺得苦悶，仍提醒自己要堅持下去，一旦中途離開，難免讓人留下「你沒耐心」的印象。何況訓練回去後還要教學生，若沒有新的內容，不僅無法教學，也讓這一年的進修顯得沒有價值。因此，我持續主動找些自身還欠缺的東西學習，特別是寫論文。之前在中山附醫，完全沒有寫論文的訓練，記得當時是拜託謝豐舟教授給予指導。

產科超音波大師提供論文主題

謝豐舟教授是產科超音波的大師，在當時非常有名，他將超音波引導做羊膜穿刺、抽取臍帶血、絨毛取樣及取卵，並成為制定高齡產婦接受羊膜穿刺政策的重要推手。當時，我跟他說：「您有什麼題材要寫論文？讓我幫您吧。」於是謝教授很熱心地拿「子宮頸閉鎖不全」的題目給我寫。

那時，我剛好在中山附醫當助教，規定助教要升講師的話，必須發表一篇論文才行，因此就在謝豐舟教授的指導之下，將臺大醫院子宮頸閉鎖的病人治療臨床成果做整理和研究，並寫成論文。論文內容將重複流產、早產的個案，經過子宮頸環紮術的處理，有百分之八十五是可以成功生下小孩的案例，做了詳盡的整理。後來，這篇論文刊登在臺灣婦產科醫學會雜誌。

在院長指導下完成人生第一篇論文

這篇論文別具意義。首先，它是我的第一篇論文，我就是由此開始學習怎麼寫論文的，因過去在中山附醫沒有人寫過論文，自然沒有老師能給予指導。再者，第一篇論文就能得到臺大醫院魏炳炎院長的親自指導，該說是三生有幸。還記得魏院長為人相當嚴肅，連臺大醫院的醫師看到他，都會怕到不敢跟他講話，而我卻能在論文撰寫上獲得魏院長的指導，這樣的幸運竟然降臨在我這個來自外院的代訓醫師，著實有受寵若驚之感。

魏院長可是大有來頭，他的哥哥也曾擔任過臺大醫院的院長，即第三任的魏火曜院長。在醫學界，兄弟同為醫師，多不可勝數，但先後擔任臺大醫院院長，則少如鳳毛麟角。魏院長自東京帝國大學醫學科畢業，進入東京帝國大學醫學部擔任副手，在日據時代，一個臺灣人能有這樣的成績，非常不簡單。一九四九年八月，受臺大傅斯年校長之聘，接任臺灣大學醫學院婦產科主任，為婦產科的發展做了好的規劃；一九七二年，升任臺大醫院院長。我在臺大受訓的時候，他已不是婦產科主任，而是擔任院長一職。

當時，中山附醫沒有一位醫師會寫論文，我自然也不會寫。魏院長大概對中山附醫的學習環境有所了解，因此特別要我到他家接受論文指導。只是讓我不解的是，臺大院內沒有人的論文被他修改那麼多次，但我的一篇論文竟前前後後被要求到院長家改了十幾次。猶記魏院長不厭其煩地改了又改，即使我認為寫得差不多了，但魏院長又要我再修改。好不容易再次完成後，卻又被要求再改回原來的內容，就這麼反反覆覆好幾次。

在修改的過程中，我發現每次都因注入一些不同的思考模式，而必須改變自己的思維，進而調整寫作內容。可能是一直不斷地改，連自己都改到很煩，幾乎耗盡了所有耐心，幾度萌生想要放棄的念頭，但又覺得魏炳炎院長是東京帝大畢業的，回國後擔任臺大第一任婦產科主任多年，栽培過的學生很多，經驗相當豐富，我認為他這麼做一定有其理由。可能是我的論文寫得不好，也可能是他想栽培我怎麼寫出一篇好的論文，並成為帶動中山附醫寫論文的種子人員……究竟原因為何，大概只有「愛之深，責之切」的魏院長知道。而我所要做的，就是耐住性子把論文完成。

衷心感謝魏炳炎院長當年的用心良苦，貴為臺灣醫界龍頭——臺大醫院的院長，完全沒有門戶之見，對我這個從中山附醫派去受訓的醫師照顧有加，後來還讓我升等成為講師，他的每一個要求，都令我深刻感受到魏院長是一位懷抱著使命感培育後進的前輩。

魏院長不僅關注臺大的院務發展，更為了提升整個臺灣醫學教育的水準而盡心奉獻，希望醫學進步可以遍地開花，特別是中山附醫在那時算是一片荒地，他想要在這片荒蕪的農田裡種下一棵樹，然後慢慢成長茁壯，進而影響、帶動整個生態改變。

來自塾底醫學院，龍頭醫院院長寄予厚望

回想我的人生奮鬥歷程中，這篇幾經波折、終於完成符合魏院長所期望的論文，占有相當重要的地位！而在數度想放棄的過程中，我意識到：當年的中山附醫是所有

醫學院排名最後的學校，而且還是專科，所以很多人都看不起我。

但即使我畢業於醫學院排名最後的學校，依然能獲得魏院長的論文指導，這對我來說意義非凡，應該視為很榮幸之事！我想，魏院長應該是希望未來的我能在中山附醫成為獨當一面的教授，所以對來自埜底醫學院的我，極為用心指導且要求相當嚴格。這讓我體悟到，很多事情要耐得住性子面對，不能因為覺得煩就輕言放棄，而我也慶幸自己的個性很耐磨，雖然覺得煩卻還是忍住，並能堅持到最後。

時至今日，我仍然對魏院長的大公無私充滿無限感謝。這番培養人才的概念，直到我自己為人師表後，更是有特別的體會，也覺得這才是教育的精神。

這段歷程自然成了奮鬥人生的一個轉折點，就是「我有一定要完成的目標，就非完成不可」！這個轉折點很重要，畢竟當時中山附醫的醫師沒人寫過論文，也從不知道如何寫。而我學習到怎麼書寫，能從零到有完成這篇論文，耗心費時，卻也奠定了自己在日後寫論文、做研究很重要的基礎。從日後多次被其他論文引用的情況來看，可說是極其珍貴的成果。同時因為有了這篇「不鳴則已，一鳴驚人」的論文，才能讓我在後來成為「最年輕的教授」！

第24章 經歷全方位升級，學習版圖更完整

綜觀外派到臺大受訓的一年，看似短暫，卻也漫長。因為一度感到無聊、無趣，而有度日如年的感受，幾乎打算要提早離開，但又抱持只要勤於奮鬥並堅持，一定可達成人生目標的態度，以至於後來所學到的比我預期的還要更多。

受教於「現代產科學之父」，精進產科基礎能力

細數進修成績，我不只完成了人生中的第一篇論文，也運用臺大經驗在中山附醫做一些改革，包括：婦科手術、肌瘤手術、剖腹產手術，都能以更好的手術品質治療病患，且在更短時間內完成，減少患者的負擔，也加速術後的恢復狀況。

值得一提的是，當時也受教於產科相當有名的陳哲堯教授。專精超音波操作與判讀的他，首先引進醫用超音波於產科學的診斷，觀察胎兒發育狀況，並引進全臺第一部胎兒監測器（fetal monitor），以此監測胎兒是否處在危險狀況，有必須立即進行手術的危急性。此兩項利器降低不少婦女在懷孕、生產所面臨的風險，陳教授對產科的貢獻卓著，因而被譽為「現代產科學之父」。

雖然我主要跟李鎡堯教授的門診，但在不用跟診時，陳教授讓我進入他的團隊，跟其他人一起學習如何操作超音波、怎麼判讀胎兒監視器觀測的數據，讓我精進產科的基礎能力，也造就我之後在中山附醫教學生操作超音波的能力，這份學習成果為一年的受訓更添充實感。

原本我預期只做生殖醫學這一塊，只是當時的醫學檢驗試劑、技術都還沒有到位，能學的東西並不多，但至少打下了基礎。從研究員醫師的角度來看，可能稍嫌不足，不過在寫論文、婦癌手術、產科診斷與手術都有所精進。凡是以前住院醫師訓練不足之處，都利用在臺大進修的日子充分學習，反而讓婦產科領域的學習版圖更加完整，收穫滿滿的成就感，將原本藏在心中的苦悶一掃而空。

「看」不僅是學習方式，更在學習思考

基於「研究員醫師」的身分規定，只能讓我用「看」的方式學習。用看的和自己動手做的存有相當差距，很少人會耗上一年的時間進行「看」的學習。但事實上，「看」也能學習到很多東西，譬如：這些東西有各種不同的變化，如果耐心不夠，「單純用看的」是熬不過一年的。自己要突破心理障礙，才能體悟：**「看」不只是一種學習方式，更在於學習思考；看完要會自己想，要會自己做判斷**。我自己後來當教授，指導過很多學生，有些學生認為用看的學不到東西，就離開了。

然而能「看」一年，也著實不容易！當你在那邊只是一個旁觀者的角色，要怎麼發揮旁觀者這個角色的價值，就是一門學問。大部分的醫師到臺大受訓為期三個月，三個月後，很多人就看到生厭而離開，像我這種比較笨的才會願意花上一年時間。事實上，臺大醫院有如一座寶山，只要有心，絕不會空手而回。

無視「鍍金」言論，真心學習本事為要

不得不說在充實學習的背後，也有令人感慨之處。那時候的臺大住院醫師，不少人對我們這些外院去受訓的醫師抱持輕視態度，都戲稱是要來「鍍金」，那種感覺就

好像在說我們之後要用臺大醫師的資歷去騙人似的。期間，經常可聽到住院醫師私下用「就是來搵豆油的啊」、「以後拿這臺大當招牌」來評論，我就算聽了不開心，卻也只能任他們說。

不可否認地，以前的確有很多人這樣做，從很多開業醫有「臺大某某研究醫師」的資歷便可一窺究竟。然而，我不會將他們的輕視眼光當作一回事，因為我是真心要來學本事的！無視這些評語，只在乎自己要學到什麼，盡力用心讓所學更為扎實，為奮鬥人生奠定成功的基礎。

或許體內充滿不服輸、不想被看扁的DNA吧！凡是老師們要求的工作，哪怕再辛苦、再危險，我都任勞任怨地接下工作，就像我並未學習放射線療法，但老師要我去執行放鐳錠（Ra-226）的工作，二話不說，就跟著大家一起做。

鐳錠放射線是當時治療子宮頸癌的主要方式，這是用手術方法將鐳錠放置在腫瘤內或附近，讓腫瘤本身接受較高的輻射劑量，而腫瘤周圍的正常組織則接受較低的輻射劑量。執行療程時，負責的醫療人員都必須做好防護措施，若一個不小心暴露在輻射線中，就很容易得癌症。

對於如此具風險的任務，大家都感到很害怕，甚至很多醫師不願意執行這份工作。而我是去臺大學習的，即使知道有危險性，也願意跟大家一起平均分擔工作。所幸後來改由機器操作，不再使用人力，減少人員暴露在輻射線的風險中。畢竟時代在進步，將危險辛苦的事務改由機器代勞是必然趨勢。

宛如經歷全方位升級，蛻變成學養更豐富的主治醫師

不只學專業知識和技能，連他們的晨會都給了我從旁學習的機會。由於中山附醫的訓練比較不完整，怎麼教導下一代的醫師進行晨會、病例討論都不是那麼完備。因為回到中山附醫後，我一定會負責教學工作，因此很早就參加他們七點半開始的晨會，還有中午的病例討論會，去了解醫學教育如何教導學生的架構與運作模式。一個準備承擔教授的工作者，有責任要建立中山附醫的教學系統，能藉機學習龍頭醫院的運作方式，回去後再慢慢建立一樣的架構，期望能逐步拉近與龍頭醫院的差距。

到臺大受訓之前，雖然已是主治醫師，內心卻總覺得空虛。然而，經過臺大一年的磨練後，不僅奠定婦科開刀的手術基礎、培養了寫論文的能力，也學習不孕症治療的療程，整個人宛如歷經一次全方位的升級，自認蛻變成一個學養更為豐富的主治醫師。以前所受的基礎訓練，當個開業醫師大概綽綽有餘，但要承擔能夠教導學生的老

師，能力則明顯不足。那時對開業醫師的要求，只要會接生和切除子宮就好，其他複雜困難的案例，就轉診給大醫院處理，不會也沒關係。

然而，我一直很清楚自己所要追求的目標，持續為自身能力加值、升級不停歇，也相信達成目標指日可待！

第25章 結識優秀同業，難忘快樂時光

當時，往返臺中、臺北是搭乘國光號，禮拜一早上去臺北，禮拜五下午再回臺中，從受訓開始到結束未曾間斷過。每週這樣在兩地奔波，說不辛苦是騙人的，有時感到無聊也是真心話，但受訓完成獲得了豐碩成果，在人生的轉折發展中發揮助攻力量，這也是我在日後能成為教授的關鍵能力。如果不曾做過這些努力和達到要求的話，可能就沒辦法成為教育部認定的教授。

學術殿堂中的輕鬆交流

走進臺大這座學術殿堂，跟著醫界權威學習專業知識，我是懷抱著如履薄冰的心

情而來；而在實際相處後，覺得教授們都很平易近人。我知道跟教授們保持良好關係很重要，因為我希望將自己所學貢獻給中山附醫的學生，其中一部分就是仰賴他們到中山附醫給予學生技術層面及學術研究的指導。因此，我儘量把握這段時間與教授們建立友好關係，偶爾陪他們小酌，有時暢談到半夜，才回臺大配置的宿舍睡覺。我的酒品應該還不錯，就算喝得很醉，也只會想睡覺而已，不會鬧事。

同時，我也難忘在臺大受訓階段所結交的朋友，如：楊友仕醫師、何弘能醫師與劉志鴻醫師。楊友仕醫師的個性相當豪爽，當時擔任總醫師的他，心胸寬闊，對我們這些外院去受訓的醫師一視同仁，作法相當令人敬佩，大家都很尊敬他的為人。

當年大家相處得很愉快，一起值班之外，偶爾抽空聚聚小酌，放鬆心情。若我沒有去徐千田教授診所觀摩的話，大家會約到萬華龍山寺旁的夜市喝酒、聊天；那時也沒有什麼錢，只能在攤子吃吃，喝喝黑麥酒、啤酒或烏梅酒。現在回憶起來，真的是一段有趣的生活，也可能是我在整個學習過程中最快樂的時光，甚至可說是人生中難以磨滅的一段記憶。

記得有一次，我被大夥灌醉了，然後必須從臺北搭國光號客運回到臺中。由於喝了不少，難免有尿意，可是國光號客運沒有廁所可上，又不能請司機臨時停車讓我解決尿急，但實在是憋不住了，只見司機拿一個塑膠袋給我，要我就地解決。當時坐旁邊的是一個女生，於是拜託她：「妳不要看這裡。」也顧不得什麼面子問題，真的「就地解決」了。當時覺得很糗很糗，如今憶起，卻成了證明自己也曾有過年輕不羈的時候。

戮力帶領臺灣生殖醫學揚名國際

因為一起學習，讓我這樣一位來自中山附醫的外訓醫師，有幸能與系出名門的臺大醫師們共聚一堂。當時大家都還年輕，很自然地在忙碌工作之餘相約小酌，無形之中培養出如兄弟般的情誼；回歸到專業上，既互相砥礪，又各自努力。誰也沒想到，我們這四位後來都成了臺灣生殖醫學界的領導者。

細數大家在醫學界的成就發展：何弘能醫師曾任臺大醫院的院長，退休後，擔任臺北醫學大學暨附屬機構體系總顧問，同時也是臺灣人體生物資料庫學會理事長；楊友仕醫師為臺大醫院婦產部主任，如今擔任輔大醫院婦女醫療副院長；劉志鴻醫師則到成功大學醫學院開疆闢土，擔任婦產部主任，至今依然在臨床上貢獻所學。每一位都散發耀眼的光芒，也是後進學習的標竿。

【第六部】

赴美進修，學習完整的試管嬰兒技術返臺

感謝貴人徐千田教授的牽成，
讓自己終於踏上美國賓州的土地，
展開一年的海外進修之旅。
光是想研究主題，就花了三個月時間，
終於訂出一個少有人做的題目，
執行上雖有諸多困難，
卻更能接近試管嬰兒團隊的核心。

為了趕上進度，即使是假日也獨自守在實驗室，
更是不錯過每一場會議或大師演講，
拚命學習，無非是希望能全盤掌握療程，
有能力解決各式問題，以拉近自己與成功的距離。
最後，在返國前，
把握時間觀摩美國知名的生殖中心，
吸取精華，為這趟進修旅程畫上完美句點！

第26章 隻身踏上異鄉，展開進修旅程

在徐千田教授的引薦下，認識賓州大學的GACICA教授，並獲得到賓大進修一年的機會。賓州大學有兩所，一所是公立，一所是私立。公立的是Pennsylvania State University，私立的則是University of Pennsylvania，屬於美國常春藤聯盟的私立名校之一，基礎醫學相當強，我就是在這個校區進修研究。

幸獲醫院資助旅費，順利啟程

美國有很多知名大學各有不同發展強項，賓州大學有三大強項，在醫學部分，其一是染色體的檢測，曾榮獲諾貝爾獎，其二是生殖醫學；商業部分，則是以全美商學

院排名第一的華頓商學院（Wharton School）聞名。

有志從事生殖醫學的我，雖然獲得赴賓大進修的機會，籌措留學費用卻是緊接著必須面對的現實問題。幸運的是，中山附醫剛好要推動人才培育計畫，希望優秀的醫師能夠出國進修。周明仁董事長（中山牙醫專科學校創辦人周汝川博士的兒子）找我去談，而我正好也要向他報告赴賓大進修的事情，他欣然同意我前往國外進修，學成後再回中山附醫服務。

這趟進修必須準備臺幣一百二十萬元，依照當時的匯率四十比一計算，約美金三萬元。機票由醫院負擔，再來就是支付醫療險、房租，算下來每個月大概只有二千美金左右可用；房租大概是每個月三、四百美元，一輛車子大約五、六千美元，畢竟在美國，沒有車子是沒有辦法工作的。付完這些費用後就所剩無幾了，可以想見這段出國進修的日子將會過得相當辛苦。

礙於家裡經濟狀況並不好，無法攜家帶眷，因此先把太太和一子一女留在臺灣，獨自赴美進修，看當地狀況如何，再考慮接妻兒過去。就這樣，一個人提著旅行袋踏上異國土地，當地沒有認識的朋友，自然人地生疏，加上語言能力又止於一般會話，理應感到恐慌，但心裡又不覺得害怕，大概預期這趟學習之旅將成為日後攀峰的最大能量來源，滿心雀躍的期待取代了初入異鄉的恐懼。

一九八四年八月，我隻身從臺灣搭機到紐約，再轉國內班機到賓州費城。當時GACICA教授來接機，與我僅有一面之緣的他，把我送到位於賓大園區的希爾頓酒店（The Inn at Penn, a Hilton Hotel），至此，已經非常感激他的協助，之後一切就靠自己打理了。

面對一天收費兩百美元的希爾頓酒店，根本不是身上只帶三萬美金的我所能負擔，因此必須趕快找賓州大學的臺灣同學會幫忙介紹住所。

異鄉生活穩定，先接妻兒赴美團聚

入學時，必須先到教務處報到。職員跟我說，可以選擇附近的International Plaza，這是專門提供外國留學生居住的寄宿飯店，屬於簡易型的居住空間，一人睡一個小房間，一、二十人共用浴室，費用較便宜，一個月大約四百美元。於是我先住在那邊，再慢慢跟臺灣的留學生熟稔。

那時我的英文不是很流利，幸好有臺灣留學生協會幫我處理一些問題，而且他們有車，我在假日跟著大夥參加一些留學生聯誼會的活動，就在這群人的照顧下，逐漸適應美國的生活。在美國生活，沒車寸步難行，後來也在他們的介紹下，買了一輛車子當代步工具。

在賓大進修期間，由於不習慣吃西餐，有時中午會走出實驗室，到校園買餐車販售的中式料理果腹。剛去的時候，還有睡午覺的習慣，後來也漸漸克服。住在國際學舍（Internation House），慢慢結識一些留學生，也逐漸適應當地的生活。

大約半年後，再將太太和兒子接到美國團聚，礙於經濟能力，女兒仍留在臺灣請岳母照顧。我們一家三口在賓大附近的社區租屋，並就近找了一所社區幼稚園讓兒子就讀。

第27章 鍛鍊自學能力，激發思考潛能

為了要研究什麼主題？如何進行？我跟教授、研究人員展開長時間的溝通。美國的研究氛圍與臺灣不同，必須自己先想好要做的題目，再來進行討論，於是我先在圖書館花了三個月讀書，整理後擬出計畫，才與指導教授討論研究主題。

未依教授期望，堅持自訂研究主題

其實這三個月過得是苦不堪言！不僅要適應當地的生活，也要找到研究的方向，整個人好像兩頭燒的蠟燭。而且當時的我根本沒有方向可言，不知如何是好，簡直是心亂如麻。術業有專攻，對臨床醫師而言，要做研究必須跨過很大的門檻，跨得過才

有機會生存，跨不過就只能被淘汰。我必須思考如何跨過這道門檻，爭取繼續生存的機會，於是加倍認真找很多的資料跟教授討論。

本來教授希望我以乳癌做為研究主題，如果照他的意思去做，後續進行當然會比較容易，因為實驗設計都有資料可依循。不過，考量自身未來的發展，我並未依循教授的期望，而是跟教授表達：「我要做和生殖醫學相關的顆粒細胞、內分泌荷爾蒙的研究。」此話一出，注定是要自己想題目，至於所有的實驗設計，當然全都要靠自己。過程中自是困難重重，但我有信心憑藉自身的毅力，一定能夠克服萬般困難。

同時認為這樣的堅持是對的！想學什麼必須由自己定位，再和教授討論。儘管教授並不支持我做這個題目，我卻深刻體悟到，必須勇敢克服困難才能達到自己想要的成功，而不是跟著大家走一樣的路。在與教授溝通的過程中，即使當中有折衷之道，我依舊擇善固執地按照理想進行，因為我很清楚自己要做什麼。經過幾番討論，最後教授也同意我的作法。

不怕研究起頭難，一切靠自己摸索

關於試管嬰兒的發展，英國的劍橋大學（University of Cambridge）已於一九七八年七月二十五日誕生全球第一個試管嬰兒；美國諾福克總醫院（Sentara Norfolk General Hospital）則於一九八一年十二月二十八日誕生美國第一個試管嬰兒。不少國家對於試管嬰兒的研究正如火如荼地展開，在賓大也有成功的研究。

因此，我開始思索研究是否可與試管嬰兒的課題有所關聯？但這也成為相當大的難題，包括整個技術的建立都必須靠自己，特別是對外籍學生來說，光是語言要能與大家溝通就不是件容易的事，畢竟自身的英語基礎沒那麼強，跟我一起研究的同學分別來自巴西、義大利與日本，除了日本籍同學的英語能力跟我差不多，巴西和義大利同學的英語溝通能力都比我強。看著義大利同學憑藉英文好的優勢，總是能夠優先拿到檢體，我只能暗自羨慕。

我認為，細胞培養和胚胎培養是一樣的，我做細胞培養的實驗，又有內分泌做基礎，算是具有完整的生殖醫學概念。但不知為何這一塊卻少有人投入研究，可參考的論文很少，完全要靠自己去摸索，走來勢必很辛苦，包括如何泡製培養液、用天秤量藥劑的使用量，常常耗了一天還沒有什麼成果，覺得很沮喪。

不過我知道這個主題可能是帶著我攀上頂峰的絕佳機會！如果就此放棄，人生很難再有一樣的機緣。萬事起頭難，面對一開始的種種困難，只能咬牙撐住才行。還好困難總是會在努力克服後，不只煙消雲散，甚至露出曙光。隨著研究成果愈來愈清晰，更是自豪當初所做的決定相當正確。

不是教你怎麼做，而是教你思考如何做

事後回想教授為何給我三個月的時間思考研究題目？原來他是要訓練我自學的能力，潛能才有機會爆發。如果他直接教我怎麼做，那麼，我將失去思考能力。很感謝當年教授的用心，讓我有時間找問題、思考問題，激發出自己的潛能，奠定日後發展試管嬰兒的巨大能量。

即使面臨有些技術無法突破的時候，我也知道要如何去找出方法處理，也因此，可在困難中突破重圍，這也是我的生殖中心一直能朝向發展新技術前進，讓成功率提高，解決許多自各地而來的不孕症患者的問題。這些人在他處無法解決的問題，都能在我這兒得到解決。

美國人的訓練強調：不是教你怎麼做，而是教你去想該怎麼做，這也讓我有了不一樣的體悟，人生不只要奮鬥，還有遇到困難知道要怎麼克服，做得到關關難過、關關過，才不枉費人生走這一遭！

這一趟美國學習之旅為我打下更厚實的研究基礎，因為遇到很多困難，光是「如何研究」就讓我受益良多，尤其我並非做研究出身的，連操作也完全沒有受過訓練，經驗值是零。從零開始的我，首先要學會操作器械，再辛苦也要咬牙做下去，這樣才能做我想做的細胞培養。

第28章

一手包辦實驗室工作，珍貴經驗化為成功關鍵

既然堅持要研究與試管嬰兒相關的主題，很多想法都要靠自己去釐清。記得還是醫學系學生的時候，覺得「細胞培養」是一門很偉大的學問，誰從事細胞培養就被認為「很勇」。

從周邊切入核心，全盤掌握療程

事實上，醫學研究的第一道關卡就是細胞培養，而細胞培養與胚胎培養就好像是鄰居，細胞培養做得好，胚胎培養也就能做得好。最後，我訂出的研究主題是「卵子的顆粒細胞與荷爾蒙的關係」，乍看好像是試管嬰兒的周邊領域，然而做這個主題才

能讓我進入試管嬰兒中心，因為要拿檢體必須進入採卵室收集，等待過程就能看到如何進行採卵。

採用這種迂迴作法其實是有原因的。雖然前往賓大的目的是學習試管，但我不像臺大或長庚的團隊只觀摩怎麼進行試管療程，還想確實了解周邊作業如何運作。為了讓檢體運送不致受到外在的不良影響，直接在採卵室外等待，拿到檢體後可立即去實驗室進行培養。如此一來，等同進入了團隊作業的核心。

採卵的作業時間大約從早上六、七點就開始了，那時的試管嬰兒研究剛好在萌芽時期，很多人都需要拿檢體做實驗，按規定都要排隊。有時因為手術延遲而要等待，為了能順利拿到顆粒細胞，任何狀況都只能完全配合。就在等待的過程中，我「看」到了採卵技術，也「看」到了植入技術。即便只是從旁觀摩而已，當時的我已是主治醫師，只要看一下，就等於把技術學到了。

拿檢體好像是小事，其實大有學問！除了趁機學習採卵與植入的技術，也能與大家建立不錯的關係，更可藉此參加試管嬰兒的討論會，以我所做的研究與實驗結果，與團隊進行意見交流，幫助我更加了解試管嬰兒的處理流程與眉角。

完全靠自己！珍貴的實驗室工作訓練

在賓大，讓我對於試管嬰兒建立了初步的見解與概念，特別是實驗室的訓練極為可貴，包括細胞培養的培養液要如何泡製，都要我自己處理。細胞培養的培養液與胚胎培養的培養液有相同的方向，只是藥物的使用不一樣，還有事先要算放幾顆細胞，才知道影響有多大……

技術部分最困難的是培養顆粒細胞，觀察所分泌的動情素、黃體素等荷爾蒙，還有男性荷爾蒙的種種變化，則是實驗的重點。透過每兩天換一次培養液（與胚胎培養相同），從中測量荷爾蒙分泌的狀況。怎麼換培養液？該如何測量荷爾蒙的分泌狀況？又要如何建立各種荷爾蒙的量化？不像現在抽了病人的血後，送去實驗室檢驗，醫師等著看報告就好。

那時的作法是，實驗室有機器給你用，自行負責跑出結果，至於怎麼跑出自己要的結果，得先去學技術；用哪些藥物會讓哪些荷爾蒙的數值增加或減少，每一個數字都得靠自己量測出來，教授沒有在幫忙的，他最多是跟你討論要如何改善實驗的設計。在實驗室，所有工作必須由自己完成，先前在臺灣的臨床醫師訓練完全沒有做過這些工作，自然是從頭開始學習。

一開始，實驗進行得很不順利，幾乎都以失敗收場，舉凡細胞培養不好或受到汙染，全部重新再來；進行放射線測量時，控制不好讓細胞中的物質受到破壞，數值改變太大使得實驗結果不準確，進而影響了卵子的相關判斷等等，都是常遇到的狀況；有的實驗連教授自己也沒做過，只能從旁技術指導。甚至屋漏偏逢連夜雨，手還因為一直拿試管而起了水泡，碰到就很痛，但也只能忍痛持續進行實驗。

早年的生殖醫學仍處於開發期，沒有所謂的標準作業程序（SOP），大家都在摸索中。面對重重難關，內心總有苦不堪言的挫敗感，可是一想到千里迢迢從臺灣到美國學習，無論如何都要克服這些問題。

從反覆失敗中找到克服方法

還好兒時困頓的環境與高中讀書的背景，奠定了我不怕失敗，始終以堅定的信心、耐力與意志力面對一次又一次的失敗，並從反覆的失敗中找到克服方法。最後，終能克服困難，完全建立技術，在實驗室中存活下來。過程中，來自巴西的同學即因無法解決問題而中斷學習，黯然回國；而我則為了面子問題，無論如何都要想辦法克服。說起來，實驗室的這段過程也是人生很重要的轉折點。

簡單來說，實驗室的工作，有工友要做的事，也有校長該負責的事，不過從工友到校長所要做的每件事都由我一手包辦，這也是後來為何我能在中山附醫獨力完成臺灣第二例試管嬰兒的重要關鍵。早期在臺灣買不到胚胎培養液（跟現在的狀況大不相同），必須要自己泡製，還有試劑怎麼用……這些事情都是我在賓大一點一滴學來的技術，無論大小事情，都是從頭做到尾，所以每個環節都在我的掌控之中。

就連利用放射線方法檢驗雌激素（Estrogen，又稱動情激素），也是我自己做出來的成果。所以回到臺灣之後，有能力判別E2（雌二醇）的形成，掌握子宮內膜的狀況*。

進入賓大團隊核心，積極參與試管嬰兒討論會

賓州大學是美國東部第一間做出試管嬰兒的醫療機構，我在賓大學習那段時間（一九八五年），剛好是試管嬰兒的萌芽期，很多東西都是透過會議討論而來。參與會議的討論讓我獲益良多，期間所學也被我帶回臺灣加以運用。

當時我進行的實驗與試管嬰兒相關，由於實驗需要濾泡液，必須仰賴臨床的配合——要到取卵室拿卵子與濾泡液進行研究，基於這層關係，我進入試管嬰兒團隊的

核心，也參與了賓大的試管嬰兒討論會。對於試管嬰兒怎麼做、成功率的高低、實驗室發生什麼事，我都有著全盤了解。只要知道問題出在哪裡，就有辦法加以修正。

從基礎醫學領域來看，我是第一線人員，實際負責試管嬰兒的源頭作業，就這方面的知識而言，相較於其他美國醫師有更為深入的研究，甚至比在操作試管嬰兒的教授更具優勢，舉凡實驗室的各式問題、哪裡還可再補強、採卵採得好不好、胚胎品質如何，都和技術有關，更不要說他們的研究全部來自我們所提供的資料去分析而成。

之所以能夠傲視同業，是基於我在賓州大學實驗室做研究的基礎背景，能夠判斷所謂胚胎品質培養不良是怎麼回事，或是採卵過程中接受荷爾蒙刺激的反應好不好。在生殖醫學發展之初，沒有人了解試管嬰兒完整的運作內容，所知道的僅是片段資訊，但我卻能在一年之內，全盤掌握從實驗室到臨床的運作情形。慶幸自己擁有這方面的能力，並逐步積累日後發展的絕對優勢，才有辦法在現今試管嬰兒領域占有舉足

註

＊由於E2在血液中的濃度會隨著月經週期而改變。雌激素增加，會使子宮內膜組織變厚。

輕重的地位。這一切都要歸功於當時自己堅持理念的願心和毅力，並且不為艱難環境所打垮。

我可以很自豪地說，在臺灣從事試管嬰兒的醫師，清楚了解實驗室運作的人並不多，頂多就只有一、兩位。一九八六年，我帶著完整的試管嬰兒技術返臺，在極為克難的環境下，仍能於一九八七年順利誕生臺灣第二例試管嬰兒，連臺大、長庚醫院都望塵莫及。我能掌握所有的技術，完全不需要假手他人，畢竟自己動手做的速度就是比較快。**掌握速度，就是掌握先機！**而這一切並非憑空而降，完全靠自己在赴美進修一年的時間內認真學習，即使假日也待在實驗室工作，還有積極參與每一次會議，用心堆疊下來的成果。

大家休息，我獨守實驗室工作

為何我連假日都去實驗室工作？依照實驗室的運作，大家使用機器做細胞培養的研究都要預排時間，當時很多人投入此研究，有時就會排到比較晚。可是多數人在禮拜天不工作，沒人要搶這個時段，為了跟上進度，我反其道而行，特別排在禮拜天做實驗。那時候太太與兒子已經來到美國，理當應該多陪陪他們，但為了實驗進度，只好放她和孩子在家。禮拜天早上由太太載我去實驗室，再回家等我下班。

從學校實驗室到我居住的城鎮，車程大約三、四十分鐘，碰上下大雪的天氣，這段路程就不只三、四十分鐘了。美國賓州下雪時，積雪可達三十公分。其實下雪時還好，最怕的是融雪時期，路面濕濕滑滑的，開車相當危險，加上我的車子又沒有裝雪鏈，真是開得「步步驚心」，危險重重。然而，積雪再高、路面再滑，我都如常到實驗室工作。

當大家都在放鬆心情、盡情享受假日生活之際，除了我這個最笨的臺灣人以外，不會有人在偌大的實驗室出現。每每在觀察實驗結果時，「眾人皆醉我獨醒」的孤寂感總會不時湧上心頭。實驗過程是一條辛苦漫長的路，你要自己決定怎麼做，再和教授討論細節。畢竟並非全部的技術自己都會，尤其有些需要突破的作法，仍必須和教授討論。

可惜我的英語表達不夠流利，教授的口音又帶有英國腔，對於他的想法，我大概只能掌握八、九成，兩人的討論並不是很有效率。儘管如此，我還是一點一滴慢慢說，逐步建立共識，再針對共識去修正，再討論……這樣的過程一再反覆，用「辛苦」二字已不足以形容內心的疲憊。然而，想要在異地生存、有所成就，就得忍受別人所不能忍的痛苦。

第29章 堅持理想，勇敢翻轉不一樣的人生境界

在賓大進修時，我有兩位一起做研究的同學（實驗室有不同的教授，各自帶領學生從事研究，彼此會互相交談），很值得一提。

同學的學習態度引以為鑑

其中一位來自巴西的同學，研究主題是精蟲穿透卵子能力好壞的檢測。他的英文能力還算好，經濟狀況也不錯，卻一直設計不出實驗，教授多次請他更改計畫。可惜耐心不足的他，始終對教授的建議抱持抗拒，一副你講你的、我做我的樣子，最後教授對他說：「不然，你就提早結束吧。」於是他就離開了。

另外一位同學是義大利籍，研究的主題偏向基因突變問題。家境富裕的他，個性相當驃悍，總是開著跑車來學校，由於他認定星期五下午是休息時間，每到星期五早上就開始收尾工作，下午便離開實驗室。然而有些研究工作必須持續，不能中斷，而這位同學在星期日玩得很嗨，星期一進實驗室常常打瞌睡，未能進入狀況；我從旁觀察他總要到星期二早上才能進入狀況，真正工作的時間只有星期二到星期四這三天，所以進度緩慢。

美國教授申請的研究基金有時效性，如果研究做不出來，基金的額度就會愈來愈少，而且申請的基金還必須支付實驗室的租金給學校，一旦研究期限延長，對教授來說，將是很大的壓力，教授自然會對這位同學有所要求，但同學卻認為沒有必要這麼認真。最後，這位義大利同學也提早離開實驗室。

不畏漠視，好勝心求取好表現

至於跟我同教授的則是一位來自以色列的猶太人，目前任職臺拉維夫大學，是世界知名的婦產科生殖醫學教授。當時我們兩人都有完成進修，至今也依然保持聯繫。還有一位日本籍的鈴木同學，回到日本後，聽說也成了相當優秀的教授。

從我們三人的日後表現說明一件事：能從這個實驗室修業完成者，都具有一定的水準；回到自己的國家後，也能發揮相當的能力，拓展出屬於自己的一片天，可見這個研究體系相當優異。

在賓大進修的過程中，不是沒有遇到困難。事實上，外國人對臺灣人有所排斥，並不像表面上看到的彬彬有禮。由於臺灣當時在這方面尚未有所發展，被認為是一個比較不上道的國家，他們自認比我們優秀，難免對我有些漠視的行為。但我並不是他們眼中的泛泛之輩，既然來到這裡學習，就一定要學到名堂，即使你漠視我，我依然要學，而且更要表現出色的一面讓你看。當然，過程中吃了不少苦，也幸好我是「把吃苦當吃補」的人，讓這些苦都化為滋養成功的養分！

堅持，是為了看到更好的自己

面對國內的試管嬰兒發展剛起步，沒有太多經驗可依循，不管有什麼問題都必須靠自己去克服。必須說在賓大所學夠扎實，甚至讓我經歷了一場殘忍的生存保衛戰，堪稱是「人生最困難的時候」，但因為我始終堅持自己的理想，不讓放棄或妥協的念頭干擾意志，遇到困難就「逢山開道，遇水造橋」，竭盡所能地克服種種難題以達成目標，才得以翻轉自己的人生到不一樣的境界。

如果當時我只是依照教授的意見去做，今天在生殖醫學界發光發熱的我就不會存在。堅持理想，雖然很辛苦，即使教授也明確告訴我這條路不好走，但我不屈不撓，終究還是走過來了，而且我可以大聲說：「堅持，是為了看到更好的自己！」

賓大的訓練歷程雖然艱苦，卻也對教授給我的學習機會充滿感謝，讓我在日後踏進生殖醫學的領域，能夠不斷向上發展、持續突破。我很有信心，臺灣醫學中心做不到的事，在茂盛醫院做得到；世界醫學中心做不到的事，在茂盛醫院做得到。因為我在美國賓州大學完成扎實的基礎訓練！

第30章

聆聽大師演講，開啟國際視野

在賓大的實驗室做實驗，不只讓我擁有技術，也開啟了國際視野。我隔壁的實驗室有一位教授，在美國最高的研究機構NIH（如同臺灣的國家衛生研究院）主持研究計畫，他經常邀請世界各地一流的學者來校演講，這些講者都是美國以研究生殖醫學著稱的科學家。

演講多在清晨時分舉辦

當時，每週都有一場來自耶魯、哈佛大學的世界級大師蒞校演講，這些演講大多從六點半開始，一路進行到七點。原本以為講者們是一早開車過來的，但美國的冬季早上六點天色依然暗黑，尤其是在雪季，昏暗不明的天色加上積雪，行車難度更高。大部分的人為了準時與會，多是前一晚抵達賓大，入住位在校區的希爾頓酒店。

不要以為美國人做事很散漫，其實他們對事情的態度很認真！在臺灣，若說早上六點要開會，大家總是一副面色凝重的樣子；可是我看到在科學領域美國人所流露的認真態度，由於七點半開始查房、開刀，所以演講必須從六點、六點半開始，到七點或七點半結束，而學者們也遵守這樣的時間。一流的大學、一流的學者，就是這樣鍛鍊出來的！

回想短短一年的進修時光，剛開始教授讓我在圖書館蹲了三個月，確立研究方向，之後在實驗室培養出技術，更在會議室中被多場精闢演講開拓了視野。

聆聽大師的研究精華，有如打通任督二脈

藉由聆聽演講，讓我接觸到很多國際知名的生殖醫學大師。這些大師在美國和世界上都是一流的學者，得知他們的研究理念、概論和基本原理，親身感受其展現的深度與見解，整個眼界大開——原來世界如此之大，學問如此浩瀚，這些見識都來自國際一流大師的研究精華，包括基礎醫學、臨床醫學，之前在臺灣根本聽不到這些精采

的觀點，當下有種挖到黃金的驚喜，甚至有一種被打通任督二脈的感受！

原有的想法一旦被打通，就會有全然不同的思維。所以，才有「演講要請世界一流的人」的說法，所獲得的無形價值非有價的金錢可比擬，畢竟這些一流大師面對的聽眾也是專家，演講內容的深度與廣度自是非同凡響，不是先進的議題，就是嶄新的想法，歷經一場又一場的學術洗禮，瞬間讓自己的視野開闊不少。這是我來賓大進修生殖醫學，在教授的指導與自身努力之外，最為無價的收穫！

鼓勵後進出國進修，吸取創新能力

總的來說，這趟進修讓我學會怎麼看事情的概念、研究如何提升技術的方法，更重要的是，自此有了全新的視野。因此，我總是鼓勵後進一定要出國進修，才能獲得更多的知識，畢竟邀請世界大師來臺演講，頂多在一堂課的時間內受到衝擊，若沒有持續歷練腦部的開發，也是枉然。腦部的思維訓練很重要，這樣才能發展出不一樣的想法與看法。

不可否認地，在試管嬰兒的領域中，我有很多成就是從這些一流學者的研究獲得啟發，他們的研究內容讓我有了突破性的想法，並不是「美國的月亮比較圓」，而是他們的經驗能為自己帶來不一樣的想法、見解或概念，即使他們的東西有過時的一天，可是他們懂得如何創新；只有持續產生新的創意，才能解決任何問題，這正是他們能立於不敗之地的核心能力。

「學習如何創新」成了我日後在臨床上、學術上不斷突破的動力！有幸聆聽這些大師級的研究精華，讓我對於未來產生新的概念，給了我前進的靈感。目前，在我建立的生殖醫學中心所做的事情，很多都是在處理未來的問題，這樣才能一步一步前進、突破，攀上臺灣、甚至世界的頂峰。

首創「診所級」試管嬰兒的動物實驗室

賓大所學也為我建構出日後創業的核心——成立動物實驗室。對於許多無法懷孕的個案，必須思考個案沒有辦法懷孕的原因，這時就要從動物實驗著手。先從動物身上找出病人的問題並加以解決，然後再運用到人體，這樣才能滿足所有個案的需求——不管無法受孕的原因為何，但都只要懷孕的結果。因此，在創業之初，不讓醫學中心專美於前，首創「診所級」試管嬰兒的動物實驗室。

有動物實驗室做後盾，讓茂盛醫療團隊的技術不斷精進，造就試管嬰兒的成功率持續往上攀升，新的技術再從中產生。我一年總要投資一千萬元左右在動物實驗室，目的是在解決困難的個案，並讓技術提升。若沒有這個試驗中心的團隊，我們的生殖中心將無法成長、突破。更引以為傲的是，只要世界上有新的技術出現，茂盛醫院在一個月內即可成功複製。

整合賓大與臺大的優點，精進手術技巧

在實驗室研究、聆聽一流學者演講之外，臨床上也有所得——我主動觀摩教授執刀的婦科、婦癌和不孕症的手術，看教授怎麼做，學習他們的優點。

當時，臨床上比較重要的是輸卵管成形手術（tuboplasty），由於自己已是主治醫師，用看的就能掌握到如何做的訣竅。當然，美國還是有其優勢，但以本身具有的臨床經驗，汲取美國的優點並運用就不是太困難的事。返國後，將在賓大所見和臺大教授的優點整合為中山附醫的特色，讓原來的手術技巧更加精進，並傳授給學生怎麼做會讓手術更完善，讓接受手術的病患能有更好的改善成效。

走過這一遭海外進修，個人認為，升上主治醫師後再去美國進修會比較適合，因為臨床技術已成熟，並不需要透過親自執刀學習，而是看一眼就能掌握施術的精華

與技巧，回到臺灣，即可教導學生如何處理這類問題。相較之下，臨床上的問題還好解決，美國最大的精華在於研究與創新，有人說，「何必去美國學生孩子？我教你就好。」然而，去美國學習的重點不在臨床技術，而在於進入實驗室學習做研究。

到美國進修能讓人有不少新的體會，只是要在短短一年時間內完成多項目的學習，且有所成績，必須要有很堅強的意志力！不可諱言的是，**自小所培養的意志力正是我能突破重圍的最大支柱！**

第31章 升等論文發表於美國一流期刊

在海外進修期間，除了用心專注於實驗，我還惦記著這一年訂立的目標——升等。當時我是講師，在學術領域中，從助教升為講師，再升等副教授以至於教授，都是要靠論文，因此還必須花心思在論文撰寫上。

貴人教授主動關懷論文撰寫

我計畫把在賓大的研究寫成論文，和教授討論後，將整個內容整理、投稿到世界的一流期刊。剛開始，教授可能覺得這個臺灣青年沒什麼，一定寫不出論文，然後一年的時間到期就說「再見」了；直到我真正寫出論文，令他大感驚訝！當然，教授有稍加修改，但仍認為我相當不簡單。我按照計畫投稿到美國生殖醫學第一名的雜誌《*Fertility and Sterility*》，也如願刊登出來。

該篇論文主題是「濾泡液中的卵子受精狀況與荷爾蒙相關的因子」。完成論文之後，我先交稿，但還沒有完稿，打算回國再修改。當時，徐千田教授很關心我在美國的受訓情況，也知道我在進行論文的撰寫，總是主動要求幫我看論文；感受到他是真的關心我的學習狀況，因此總在完成論文後，在半夜即時傳真給徐教授，他看完並修改，之後再回給我。

徐教授雖以開子宮頸癌手術聞名，但他在美國研究的是生化，是臺灣有名的生化博士，在臺大教的也是生化。而生化和生殖醫學有關，對於他熱心幫忙修改這篇論文，讓我對徐教授充滿無限的感激之情；在我的奮鬥人生中，他一直是重重地拉我一把的貴人！

在修改論文的過程中，一度覺得徐教授有些囉嗦，論文寄過去，改完後又寄回來……面對前輩有心來給我「牽成」的盛情，實在難以拒絕一次又一次的修改建議。但無法否認的是，被徐教授改過的論文比之前的內容，品質的確更加完美。好的論文內容確實需要用心並花時間琢磨，先後有魏炳炎院長與徐千田教授幫忙修改論文，著實為我的論文品質增色不少。

很慶幸一路上遇到很多貴人，讓我設下的目標都能順利達成。這篇論文也成為我升等副教授的論文。放眼和我同輩之人都還沒辦法升等，我卻已升至副教授，速度之快，讓他人望塵莫及！當時的升等由教育部審核，比較嚴格，因為要把論文送給誰審並無法事先得知，沒有辦法用人情拜託，這樣做較具公平性。而現在則是由學校自行審核，通過後再送教育部進行資格審定。

學習教育方法，在教學生涯中落實

個人對於研究設定了幾個目標，包括：醫學研究、論文書寫、臨床技能，還有教育學生，自知回國後，一定會教學生，所以也學習他們的教育方法。那時候的教學方式已經在改變，目前臺灣的教學是仿效美國，採取所謂的「個體化教學」；以前是跟在老師的旁邊看，個體化教學則是由學生present（簡報）的個案中引導教學，而且是將學生真正帶到病床邊進行教學。返國之後，我在中山附醫教學援用這個系統，效果非常好。

整體說來，在賓大，我同時吸收了教學、研究和服務等三大領域的精華，這也是國內醫學中心所要擔負的任務。「服務」是指臨床技能的提升；「研究」是在實驗室學習之後回到臺灣能夠做試管嬰兒的所有流程；至於「教學」，就在過程中默默看著老師怎麼教學生，並將之融入個人的教學方式。雖然我當時服務的醫院等級並非醫學中心，但個人卻已抱持生涯發展應兼顧此三大領域。

第32章 知名生殖醫學中心觀摩之旅

可能有些人在海外進修結束後就回國，但將海外學習視為人生轉折點的我，覺得不該就這樣畫上句號。內心總覺得還是有不足的地方，而這不足之處該怎麼補強？

於是，我計畫到美國各大學的生殖醫學中心，學習生殖醫學的概念。畢竟每個地方有其優點與缺點，一定要到美國其他最好的地方再接受一次洗禮。而這段人生洗禮的過程注定會很痛苦，首先必須面臨的，像是經費不足的問題要克服，其次是究竟能學到什麼都還是個未知數。然而不去做，根本不會知道有什麼狀況。為了不讓自己後悔，無論要面對什麼問題，我還是決定利用休假時間，自行跑到其他生殖醫學中心參觀實驗室運作的情形。

諾福克總醫院是重要啟發點

返回臺灣之前，我先後參訪了幾個知名的實驗室。首先前往位在維吉尼亞州的諾福克總醫院（Sentara Norfolk General Hospital）生殖醫學中心，這是我回到臺灣發展試管嬰兒技術，起步時的重要啟發點。如果我未曾到這裡參觀學習，只是靠賓大所學的話，可能心存遺憾。

事實上，每間學校都有精華之處，像是來過臺灣的教授霍華德．瓊斯（Howard Jones），就是在諾福克跟愛德華茲（Robert G. Edwards）合作研究胚胎植入，那個案例雖懷孕卻又不幸流產。如果成功的話，第一個試管嬰兒就是出自他手了，將有機會獲得諾貝爾獎，可惜運氣不佳。

向世界級大師請益

霍華德．瓊斯堪稱世界級大師，能有機會獲得諾貝爾獎的人絕非等閒之輩，那時我還不知道他這麼厲害，只看過他發表的學術論文，還有在學生時代讀過他的書，那是全世界所有婦產科醫師必讀的教科書《*TeLinde's Operative Gynecology*》，他具有深厚基礎的論點讓我學到很多東西，很早就創造出試管嬰兒的技術，可惜因為流產而功敗垂成。即使一個小動作，只要是出自大師之手，都能讓後輩折服，有時候大師一提點，原本晦暗不明的想法立刻豁然開朗。

在這裡，還有由嬰兒權威霍華德．瓊斯及喬治亞娜．西加爾．瓊斯夫婦（Howard W. Jones & Georgeanna Seegar Jones）所主持的實驗室（瓊斯生殖醫學研究所，Jones Institute For Reproductive Medicine），我去觀摩了從狐猴身上進行試管嬰兒的改善計畫*。美國於一九八一年誕生的第一名試管嬰兒，即出自瓊斯夫婦之手，轟動一時，因此吸引不少人前往學習、請益。

瓊斯夫婦主持的實驗室是美國第一間試管嬰兒成功的中心，也是最大、案例最多的地方，而非賓州大學。喬治亞娜教授相當和藹，我回國之前，曾在那邊停留一個禮拜左右，時間雖短，卻學習很多試管嬰兒的臨床技術，有了更進一步的提升。

之後也去了美國國家衛生院（National Institutes of Health, NIH），了解生殖醫學發展的方向。記得臺大醫院婦產部的黃思誠醫師為了學習試管嬰兒技術，當時也在此進修*。美國國家衛生院比我國的國家衛生研究院更強，整個人類的基因研究由其主導，發包各項研究案至各個研究中心，是一個相當大的研究機構，本身推動許多研究計畫，匯聚各領域的專業人才，堪稱世界級的人才庫。

另外，也沒錯過到耶魯大學跟艾倫教授學習；最後前往波士頓，參觀哈佛醫學院建教合作的Brigham Women's Hospital*。

從美國到英國，看到試管嬰兒技術的完整發展

留學的最後一站，我邀請了霍華德．瓊斯來臺灣演講，後來他真的來臺訪問。儘管世界首例試管嬰兒由愛德華茲和史戴普脫拔得頭籌，但霍華德．瓊斯仍算得上是「試管嬰兒之父」，在試管嬰兒的技術上居於領先地位，不容置疑。我認為他在研究方法的設計上有其獨到之處，我有很多試管嬰兒的理想和見解，受到他的啟發甚多。

註

*由於猴子與人體的構造較為接近，有些不適合在人體進行的研究，便以猴子為實驗對象。

*返國之後並未掛名在生殖醫學領域，於一九九二年八月至一九九八年七月擔任婦產部部主任，後來轉至臺北慈濟醫院任職，現為副院長暨婦產部內視鏡科主任。

*哈佛大學沒有附設醫院，而是採取和周邊醫院建教合作模式，由該醫學院優秀的醫療人力進駐合作醫院，既可發揮專業所長，也有助於提升合作醫院的醫療水準。

前往美國進修讓我獲益良多，開啟了從事試管嬰兒領域的大門。正式從事試管嬰兒並成功完成個人第一例個案後，為了更加了解世界第一例試管嬰兒如何誕生，我又啟動了英國觀摩之旅，參觀博恩診所，並與「試管嬰兒之父」愛德華茲對談半小時。從美國到英國，讓我看到世界上試管嬰兒領域的完整發展面貌。

由於設立了很高的目標，我知道自己必須奮而不休才能登上巔峰。尤其以中山附醫當時的環境來看，要做試管嬰兒的話，一定很困難，畢竟學校排名落後，醫院環境、設備都不好，必須靠自己付出很多努力才能克服，而且所有東西都要靠自己的腦袋去完成，所面臨的問題也必須靠自己去解決。因此，我必須更加勤奮不懈，在試管嬰兒領域學得比別人更多，才可能建構出標準的實驗室。在這段奮鬥過程中，至今仍極為感謝幾位世界知名的大師先後給予我很大的啟發。

【第七部】

再回中山附醫，創立生殖中心

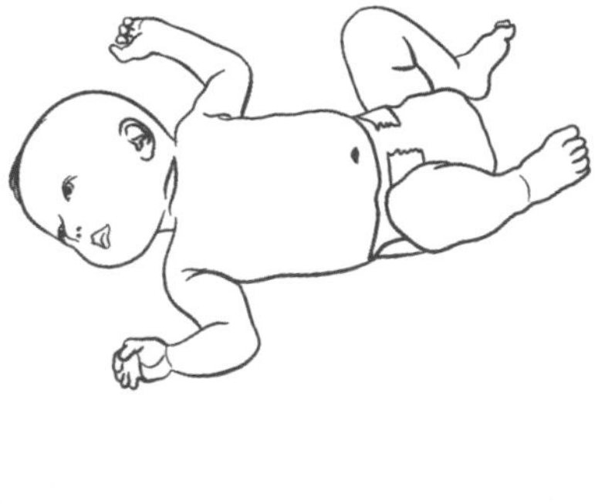

帶著豐富收穫與滿腔熱血回到中山附醫，
開始積極成立生殖中心。
即使當時已有北榮的第一例試管嬰兒，
仍有多家醫學中心在拚第一例本土案例。
比起多家醫學中心派出多人團隊赴美學習，
僅有一人的我雖勢單力薄，
但憑藉扎實的實驗室訓練，
我依舊懷抱信心。

帶著一群沒有經驗的技術人員，
將實驗室從零到有建置完成，
僅僅不到兩年的時間，
即順利傳出第一例本土成功案例，震驚全國！
然而，卻也因此埋下日後離開中山附醫，
自行開業的念頭。

第33章 從零開始，積極帶領實驗室運作

一九八五年完成在賓州大學一年的訓練，回到臺灣後，我就積極在中山附醫設立生殖醫學中心。

從廁所旁的三坪實驗室出發

一九八五年四月十六日，臺北榮總誕生第一例試管嬰兒，而中山附醫才剛要開始。基本上，學校給予支持，卻無法確定能否做得成；坦白講，即使我知道試管嬰兒是未來的醫療商品或技術，但對醫院高層人士而言，試管嬰兒屬於新的領域，未來發展是好是壞，不僅不了解，更無法預估效益，所以並未抱持很大的期望。不過，我對

自己是滿有信心的，因為我在美國都已經準備好了才回國，不像有些人赴國外進修，只是看一看、做一做就回來了。

凡是從零開始的歷程都可用「篳路藍縷」來形容，中山生殖醫學中心亦是如此。光要爭取一處空間充當實驗室，就有相當的阻力橫在前方，尤其當時醫院的空間有限，就算院方放手讓我做，也只能提供廁所旁一個原本放置打掃器具的三坪空間。

以現在的標準來看，當然是不行。其實建置實驗室的困難度相當高，這是能否讓試管嬰兒成功最關鍵的一項技術，可是我沒有時間抱怨環境不佳、缺乏設備，只想趕快將滿腔壯志付諸行動，哪怕只能有簡易的設備，也無所謂。於是動手把三坪空間的雜物清一清，就開始了生殖醫學中心的運作。

成立生殖醫學中心所要面對的最大困境，主要是儀器的採購。臺灣當時在這個領域仍像一片荒漠，就算有錢，所需要的儀器設備也都無法在臺灣購得，更不要說有著像美國一樣的設備。然而，當初在賓大實驗室工作，就是從零到有，全部是親手完成的，所以擁有豐富訓練經驗的我，知道如何架構實驗室，而且具有比其他生殖醫學中心更快的速度。所有買不到的儀器設備，都懂得用哪些東西取代，於是自己一手張羅所有設備、藥物的取得，不像現在什麼儀器用品都有現成的可買。

建立製作培養液的SOP

實驗室的主要關鍵莫過於培養液，因為攸關試管嬰兒成功與否。胚胎培養液與細胞培養液不同，因精子與卵子在輸卵管結合，所以胚胎培養液要類似輸卵管分泌的液體（Human Tubal Fluid），才能讓卵子受精並成長。現今的培養液有得買，以前是自行使用天秤量測微量的成分並調製。由於在美國時都是自己調製培養液進行細胞培養，因此有能力建立製作培養液的SOP，這也是決定試管嬰兒成功與否的關鍵條件。

我使用的是從美國帶回來的RPMI培養液，回來臺灣以複製的方式製作培養液。由於配製培養液的部分藥物不是隨處可買，在取得上得花點功夫，同時調製配方需要一點時間，最後總算成功完成培養液的製作。

自創「三段式蒸餾法」，製造純水贏得成功先機

對我而言，胚胎培養液的配方不是問題，必須使用的純水才是問題。因臺灣的自來水含有雜質，純度不佳，尤其臺中地區位於石岡水壩的供水區，水的雜質含量比較多，必須事先考量會影響到胚胎的受孕機率。這在國外根本就不存在的問題，他們用好的水就可以泡出好的培養液，培養出好的細胞，也把胚胎養得很好；若我就這麼用

自來水的話，可能無法順利培養細胞。因此，如何掌握水的來源與品質是我所要克服的難題。

除了找尋純水製造機，還要考量中部的自來水水質不如北部的因素。為了有純水可用，我設計了一個雙流式的純水製造機，自創「三段式蒸餾法」，即製造出純水後，先做第一次蒸餾，蒸餾完以後，雜質會沉到底部，好的純水就會浮上來。由於不太相信臺中的水質，總是在大雨過後，水質都會受到汙染，所以我再做二次蒸餾，經過純水製造機和兩階段的蒸餾純化之後，讓純水達到品質夠好的純度，與美國實驗室的等級不相上下，我們才敢用來製作培養液，這也成為我的突破點之一。

當時，臺中榮總和中山附醫同時在進行試管嬰兒，為什麼我能先他們一步成功，而他們卻功敗垂成？關鍵就在於他們對水質的控管比較差。儘管他們從臺北榮總引進一些技術，但在刻苦環境中磨練出來的東西，往往更能接近成功，就在一步步克服困難的過程中，我們迎接成功的到來。

尋找適合培養胚胎的培養皿

成功製作培養液之後，再來面臨的問題就是用什麼去培養。當時臺灣尚未普及發展出試管嬰兒的技術，什麼東西都付之闕如，因此，我們去找和細胞培養有關的基礎研究領域的研發人員，看看有沒有培養皿適用於胚胎培養。

胚胎培養和細胞培養是不同的領域，臺灣在那時只在幾家大型的醫學中心才有發展細胞培養，一般醫院並沒有此項研究，因細胞培養在基礎醫學領域屬於比較艱難的工作，也是比較高的技術，該如何以中山附醫的規模來發展細胞培養，的確不是簡單的事。幸虧我在賓大做過細胞培養，如何培養並不困難，最大的困難在於如何找到培養胚胎的培養皿，畢竟臺灣從來沒有為胚胎培養準備相關物品，我們得從細胞培養的東西開始慢慢尋找以解決問題。

後來，還是自己去向有生產胚胎專用培養皿的廠商下單，讓產品能進到臺灣，提供實驗室使用。對照現在什麼都買得到，當時光是克服這類問題就歷經一段艱辛的過程，真正是「萬事起頭難」。

張羅排卵藥煞費苦心

至於要使用哪一種刺激排卵藥物才能有好的效果，在張羅上也煞費苦心。國內原本只有一家藥廠有此藥物，剛好又有另外一家進口。一個是來自德國的歐嘉隆

（Organon），製造方式較為古老，是從更年期婦女的尿液所提煉出的藥物，我認為此藥物有改善的空間，所以又引進瑞士的果納芬（Gonal-F，目前由新加坡商雪蘭諾股份有限公司臺灣分公司代理），以此藥物做為誘導排卵之用。

最後，考量實驗室僅約三坪空間，故採用無菌操作箱（內有無菌操作台）做為培養系統。這個無菌操作箱是從一般做細胞培養的實驗室移交過來，還不是專屬胚胎培養的型號，更不是現在使用的標準型，但也只能先將就著用了。

團隊成員逐步就位

除了一邊張羅硬體設備，也一邊尋找技術員。細胞培養在當時算是很艱鉅的工作，還有卵子怎麼找、培養液怎麼調製，都是相當大的問題，何況國內幾乎沒有這方面的人才。

院方本來配置一位技術員洪銘洲幫我做精液冷凍，不過擔心他肢體有些不便，又推薦黃俊嘉協助我處理胚胎；直到現在，黃俊嘉依然是我的團隊成員（現為茂盛醫院生殖醫學實驗室主任）。後來又加入吳乃安這位生力軍，很幸運地，兩位技術員的表現都很優秀。

剛開始除了我之外，其他成員都沒有看過卵子的模樣，連卵子是什麼狀況都不知道，因此，每當我完成採卵之後，再手把手教黃俊嘉怎麼尋找卵子；後來則是讓他先找，找到就喊我去看一下，確認沒問題，即算成功。兩人的配合就像老師教學生做的模式，十分盡責的黃俊嘉，在很短的時間內就知道如何配合採卵作業，也很快地與我共同將實驗室運作流程建立起來。

此外，試管嬰兒還要面臨最大的問題是精蟲貯存，因為有些男性無法製造精蟲，必須建立精子銀行，將捐贈者的精子提供給需要的男性進行試管嬰兒療程。完成從卵子的培養到精子的貯存作業，讓實驗室的架構更趨完善。至於取卵使用的針是一般實驗室即可取得的醫材，就不成問題。

卵子學問大，團隊從頭學

卵子的品質要好才會受精，一般的卵子沒有辦法受精。因此，在找到卵子後，需要分辨卵子是成熟或不成熟、中間或是萎縮性的卵，再來把他們訓練到懂得分辨成熟或不成熟的卵子，當這部分掌握得不錯，算是完成了第二關的分類任務。

第三關就是在什麼時候要放置多少精蟲進去受精，這是一個難題。到底要放五萬隻或十萬隻精蟲，每個卵子的狀況不一樣，那時候，兩萬、五萬、十萬都有人在試，而我運用賓大訓練的經驗——每個卵子搭配十萬隻精蟲，放在培養系統內進行受精。結果算是不錯，後來就以十萬隻精蟲受精做標準。一開始，精卵受精的成功率約百分之五十，後來一路拉升到百分之七、八十，我認為，發展大有可為！

接下來要思考的是：採卵完多久時間，把精子放進去是最恰當的處置，也是所要面臨的挑戰！最初，嘗試六小時之後放進精蟲去受精，再觀測受精狀況。該怎麼確認卵子有沒有受精？就是採卵之後的二十四小時，去看有沒有雙核（卵子內有兩個小點）出現。同事沒有看過胚胎的狀況，所以我也得從旁盯一下，確認這樣是雙核沒有錯。就這樣與工作團隊一步步建立起胚胎培養的技術，培養出胚胎之後的隔天，更換培養液；如果不換培養液的話，排出來的廢物留著可能會破壞胚胎而失敗。

觀察胚胎的同時要更換培養液，這是在受精完的七十二小時必須做的事。當胚胎發育到八個細胞，要對細胞進行鑑定是很關鍵的工作。我帶著實驗室同事觀察，一路從兩個細胞、四個細胞、六個細胞看到八個細胞，並針對細胞做分類，評估哪些是好的，哪些是不好的。

我們會根據一些現象去判斷胚胎等級，像是產生的碎片多不多，百分之二十以下算是好的，百分之二十至五十算是中等，百分之五十以上算是不好的；分類之後，再來看所分裂的細胞型態是不是很均勻，或是有一些會大小不一。如果均勻的胚胎由兩個變四個，四個變八個，當然是「最好的胚胎」；如果是有五個、七個這種的就歸為「等級不佳」，以此鑑別胚胎好壞的狀況，進而選出比較好的胚胎來植入。

完全不懂的團隊成員就這麼一步一步跟著我，一起建置完整的流程架構。

採卵時間總在半夜

在施作試管嬰兒的流程中，最困擾大家的就是採卵時間。採卵前，要先追蹤卵泡的成熟度，因為卵子的成熟與否，必須根據卵泡的大小，還有尿液裡面的黃體生成素（LH），判斷有沒有排卵、黃體生成素有沒有上升。黃體刺激素高峰（LH surge）出現後，就要採卵，避免看到濾泡卻又讓卵子跑掉，採不到卵將延誤後續療程的進行。

原本的採卵經常在半夜進行，而且剛開始不是以超音波取卵，而是用腹腔鏡。早在臺大當研修醫師的時候，我就跟著李鎡堯教授操作過腹腔鏡了；在美國受訓時，我也觀摩過腹腔鏡取卵，對我來說，操作腹腔鏡不是問題。當然，取卵的時候，一開始會找不到卵，得先停下來，再重新來找，從中也慢慢了解到怎麼處理濾泡。

由於常常必須在半夜進行取卵，而白天還有臨床工作要做，所以半夜兩、三點回家睡一下，又要再回醫院，疲憊不堪的生活根本是家常便飯。

可是一想到這場仗一定要打贏，無論如何都要撐著！畢竟在那段時間，大家都很緊張，因為在試管嬰兒的發展上，有幾個醫院在拚「第一」，包括臺大、長庚，還有我領導的中山團隊。雖然北榮的成功案例已經出現，但那是由國外的專家幫忙做出來的，並不屬於臺灣本土的真正技術，而中山附醫完全是靠自己的力量處理。

如果沒有辦法在臺大、長庚之前做出成績，就沒有辦法完成我的使命。即使在中山附醫的簡陋環境下，以一己之力跟臺大、長庚團隊比拚，看似勝算不大，但我內心反而承受更大的壓力。因為自認所受的訓練比他們好，在美國所累積的實力比他們強，我覺得自己有機會比他們先做出來。心中滿懷期待，壓力自然就大得超乎常人所能想像。

運用藥物改善排卵狀況

那時的藥物只有排卵藥和刺激排卵藥，病人什麼時候會排卵，都要用超音波檢查測量。在還沒有引進陰道超音波前，用的是腹部超音波，還必須靠醫師自己去測量濾泡大小。我在美國觀摩過這項技術，並沒有實際試過，但我相信自己有能力抓得出來濾泡大小，評估何時要打破卵針，避免黃體生成素高峰出現而提早排卵。所以，當黃體生成素上來的時候，患者就要去醫院接受採卵。

我想要改善患者的排卵狀況，試著用排卵藥加刺激排卵針，後來轉為全部都用刺激排卵針，連續打到第十天、十二天，這樣仍有百分之二十至五十左右的機會出現早發性排卵，意思是還沒有採卵之前，卵就排掉了，這就會讓整個療程受到排卵的牽制。有些患者花了很多錢，打到卵都出來了，結果當醫師要採卵的時候，卵子卻跑掉了，無卵可採，令我們感到非常扼腕、可惜。

我有一個朋友Richard Ma是南加州大學的教授，由於經常在半夜採卵，導致他太太覺得半夜都沒辦法看到他，後來堅持跟他離婚了，代表採卵這件事，不僅對病患造成困擾，對醫師的家庭也會產生很糟糕的影響。

因此，我開始思考該怎麼控制排卵的時間。剛好有一些論文在談論用治療前列腺的藥物可以壓抑卵巢的分泌，在卵巢出現分泌物後，使用藥物可壓抑動情素和男性荷爾蒙，使之下降，便積極尋找國內有哪些藥可使用。那時，林口長庚有進口一種腦下垂體抑制劑，做為治療前列腺癌之用，我就運用此藥物進行排卵的控制。當時全世界還沒有用這個方式控制排卵，而深受半夜採卵之苦的我，慢慢以論文發表相關個案治療成果。

卵子品質同步化，提高懷孕率

腦下垂體抑制劑可以讓卵的品質大小一致。通常排卵針打下去，卵的大小不一致，使得二十顆卵子大概只有十五、六顆可以用，三、四顆不能用，而腦下垂體抑制劑可讓卵子發展出大小一樣，讓二十顆濾泡就有二十顆卵子，解決濾泡大小不均的問題。這個方法除了讓生殖醫學醫師不用半夜起來採卵以外，還可以使卵子的品質能夠同步化，減少大小不一的問題。

為此，有些國內的生殖醫學醫師還批評我做得太過頭，可是後來大部分醫師也依照我的方法去處理，畢竟面臨新的生殖科技，不時會有問題產生；面對問題，必須要想辦法一一克服。尤其國外的生殖醫學中心不一定會遇到跟我們一樣的問題，既然我們遇到了就要想辦法解決，而不是每件事都依賴國外經驗來處理。

當最困難的半夜採卵問題解決了，懷孕率就慢慢穩定，這可視為革命性的改變。首先是卵子的品質從原本有百分之二十至二十五不能用，到現在採卵成功率已經幾近百分之九十九了；第二是可以採到好的卵，也能控制採卵時間。隨著卵子品質提高，懷孕率也提高，由當時的百分之二十直接拉高到百分之四十左右，幾乎是呈雙倍在成長，這對正在起步發展的試管嬰兒來說，可說是天大的好消息。

困難再多，依舊懷著信心向前行

生殖醫學中心成立之初，任何作業都沒有規格化、制度化，一切要靠自己的腦筋想，同時運用國外進修所學，一步一腳印建立規範與標準。那時候，國內也沒人可請教，就算醫學中心也仍在開發階段。而臺北榮總使用的是國外系統，投入的經費不是中山附醫所負擔得起，相較之下，我們以克難方式處理的模式自然不被看好。

何況那時候連臺大、長庚都還沒做出成果，以中山附醫的簡陋設備、環境要成功培養出試管嬰兒，幾乎不太可能。然而我卻充滿信心，因為我都準備好了，就算眼前有重重困難，我對試管嬰兒的成功仍然具有相當的信心！於是開始積極鼓勵病患接受試管嬰兒的療程，因為有些患者的輸卵管已經阻塞了，根本無路可走，唯有透過做試管嬰兒才有機會懷孕。

第34章

中山附醫創造臺灣本土第一成功案例

我幫願意接受試管療程的病患採卵，一開始大概失敗了五、六例，約莫到第十例就成功做出試管嬰兒。

意義非凡的本土第一例佳績

第一例成功個案有輸卵管阻塞的問題，先生是獨子，在工廠上班，經濟能力不算好。當時個案兩邊的輸卵管都水腫，狀況的確不好，但我跟她說，「妳有很高的機會可以懷孕，就是做試管嬰兒」。於是請她配合打排卵針，並相當仔細地教她如何施打。當年的排卵藥物還不是很進步，因此這位病患的卵泡追蹤由我全程緊盯，加上採卵也是親力親為。

很快地，在一九八七年即傳出成功的好消息！記得那時為病人植入三顆胚胎就懷孕了，這是我的第十個個案，對我來說，這個個案的成功意義非凡！畢竟世界上第一個成功的試管嬰兒個案，也歷經了二、三十次的失敗才成功；臺北榮總在第一例成功之前，做過的個案數則是三十九個。與這些個案數相比，第十個個案就能宣告成功，絕對不是運氣好！

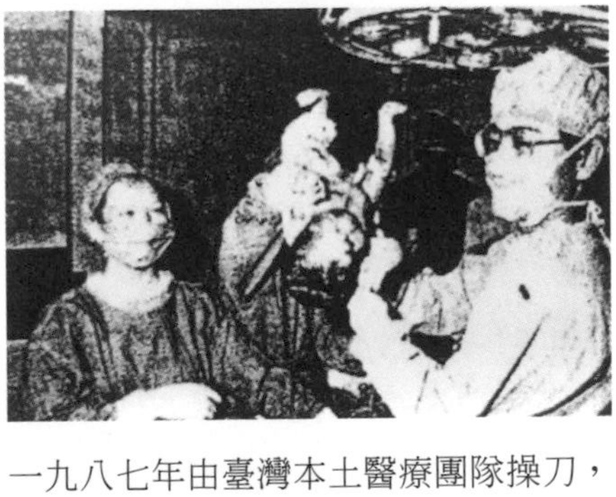

一九八七年由臺灣本土醫療團隊操刀，成功誕生的試管嬰兒。

設備簡陋的中山生殖醫學中心創下全臺第二例試管嬰兒誕生的佳績，距離一九八五年出生的第一例試管嬰兒僅相隔兩年！細究我們能領先其他大醫院生殖醫學中心的原因，一是憑藉個人想法製造出好的純水；二是我有實驗室的經驗，能夠在過程中隨時修正，起步時就領先其他人；三是團隊的配合無間，雖然成員完全沒有做試管嬰兒的經驗，可是在我的教導下，仍舊能一步步建立試管嬰兒的作業流程。

孕期隨時待命，只求胎兒平安誕生

坦白說，當時有很多人不看好我能在中山做出試管嬰兒，因為臺大、長庚、高醫和北醫都還沒做出成功案例，更何況中山看起來是五間醫學院的最後一名，想以這樣的水準贏過這些資源豐富的醫學中心，誰都會認為是不可能的事！可是我有不怕失敗的毅力，也不會被他人的嗤之以鼻所擊倒。

我以堅強的意志力相信自己一定能成功，在為期一年的美國進修，從最基礎的試管嬰兒技術，到分析能夠成功的要件，通通都讓我學到了。對我來說，以準備好的狀態投入試管嬰兒的發展，再加上擁有堅韌的毅力去克服各種挑戰，無論困難或挫折再多再大，我都不害怕，一關一關克服就是了。「一定會成功」的自信，早已在心中搖旗吶喊！

不過，順利懷孕只是第一關，再來要面對孕期可能發生的種種問題。由於這是個可向國內各界證明「中山不輸人」的指標案例，重要性不言可喻。個案早期的懷孕狀況不穩定，我又沒辦法在個案隨時打電話來，就能抽身去照顧她，因而很擔心有什麼閃失。為了確保胎兒能夠安然生產，在懷孕之初，我請住院醫師施英富（現為臺中開業醫師）隨時待命，只要一有出血狀況，就去個案家幫她打黃體素，減少個案奔波往返醫院的辛苦。施醫師前後去病患家打了三、四次黃體素，讓她能安心臥床。一直到孩子順利生下，才卸除心裡的重擔。

中山附醫看似是第二家成功誕生試管嬰兒的醫院，但與第一家成功的臺北榮總截然不同的是，他們是在國外團隊支援下完成的，而我們是全程由本土團隊獨力完成「本土第一例」！

單打獨鬥勝過團隊，成績震驚全臺醫界

當成功案例一曝光，不只讓臺大、長庚與高醫等醫學中心大為震驚，也驚動了臺灣的婦產科界，甚至整個醫學界都大感不可思議，畢竟連北醫都做不出來，中山附醫卻先達標。很快的，北醫的董事找上我去北醫發展，不要留在中山附醫了，當時我回以「不可能離開中山」。之後，北醫就找了曾啟瑞醫師去發展生殖醫學。高醫也派人來中山附醫接受訓練，請我指導；其他醫院也先後派人過來學習。

在醫院分級制度上，當時的中山附醫僅是地區醫院，連區域醫院都稱不上；臺大則是集合許多優秀人才，想要拚贏它，其實沒那麼簡單。可是成功案例卻活生生擺在眼前，大家莫不從萬般懷疑到高度肯定。據我所知，這些醫學中心的團隊受到來自高

層的壓力不小，「中山這麼爛的醫院都做出試管嬰兒了，我們怎麼做不出來？」何況這些醫院為了發展試管嬰兒，派團隊出國學習技術，一派就是五、六人，只有中山附醫是李茂盛一人單打獨鬥的「團隊」，短時間內即創造出傲人的成績，怎不令醫院高層對團隊施加壓力？

克服困難，向成功靠近

在耀眼的成績背後，其實有著不為人知的辛苦過程。想要成功，最大的關鍵是必須具備耐心、細心、恆心，而且要抱持奮鬥的精神。人生中有很多難題需要克服，如果你沒辦法去跨越，只想著過很好的生活，很可能什麼也做不到。

就像為了要照顧濾泡的成長，必須隨時注意病人何時會排卵，如果病人在半夜排卵，我就得配合排卵時間取卵；白天依然持續例行工作，能休息的時間很少。有時候連週末假日也只能放棄，根本無法顧及家庭生活。

記得有一次颱風天去醫院幫病人照濾泡，當天整個醫院都沒什麼人，病人看到我說：「李醫師，你那麼辛苦喔，以為你颱風天不會來醫院，但你還是來了。」我心想：要成功，勢必得把握每一次機會。我對病人說：「如果我不來幫妳看一下濾泡的狀況，錯過取卵時機，妳就不能懷孕了。」病人對此相當感動。

我總是默默地工作，醫院高層那時也很佩服我，看我七早八早披星戴月就去取卵，採卵以後，接著八點半開始看門診，這樣日以繼夜、夜以繼日的工作，連醫院高層都認為我相當投入工作，周明仁董事長常常跟旁邊的人稱讚：「李茂盛的成功，是靠他自己很努力，在中山從來沒有看過像他這麼努力的醫師。」

我就是在這樣的狀況下，逐步拉高患者的懷孕率，慢慢向成功的里程碑邁進。「有得必有失」！成功的背後，不是只有個人的犧牲，為了照顧病人，連帶也要犧牲家庭，犧牲父親對孩子的關懷，才有辦法達到這個目標。對於在兩個孩子的童年，我沒能擔起爸爸的責任，至今依然深感抱歉。

至於太太，凡是我想做的事情，她都全力支持，不表意見，難怪人們會說，「一個成功的男人，背後一定都有一個很好的女人」，家裡所有的事情都是太太一肩扛起，我幾乎不管家務，都讓她自行處理。我在中山附醫並沒有領很高的薪水，她也要在中山附醫工作才能養家餬口。

風雨大雪摧折不了奮鬥的意志

事實上，在這段過程中，除了要忙著不斷突破個人問題，在中山附醫這個不好的環境，更是一定要比別人努力。人家說「歹竹出好筍」，差不多就是形容這種狀況，所處的環境雖然先天不良，但如果願意拚命奮鬥，人生之路仍有轉折的機會，而不會被這個環境給吞噬。不能否認的是，你強，還有其他人比你更強，可是你一定要像拚命三郎一樣，先拚出個成果來，才有辦法出人頭地。

大家都想成功做出試管嬰兒，誰是第一個做出來很重要！除了要看本事，也要有機緣，還有你本身的奮鬥動機是不是足夠強烈，即使是以單打獨鬥之姿，面對其他醫學中心的團隊作戰，我依然滿懷自信，因為我的基礎比他們好，而且我更意識到「要比他們更努力」，才有辦法領先。

此外，一定要勇敢地面對社會上的挑戰。社會倚靠大家互相合作發展，你若做不好，自然有別人取代你；而你若想衝第一的話，就必須在足夠的能力之外，不只要奮鬥，還要有資源。一旦在資源不足、比不上別人的時候，你就要比別人加倍努力、扎實且無私，才能有辦法獲得成功。因此，我才能在回國之後，短短一年之內成功做出試管寶寶。

我的奮鬥目標就是「只許成功，不許失敗」！不怕風雨，不怕大雪，都能在醫院或實驗室看到我的身影。然而，這種堅強的意志並不是人人都能擁有，現在的年輕人可能很難做到了。

成功非偶然，努力是必然

面對第一例試管嬰兒的誕生，內心感到既高興也充滿驕傲，醫院上上下下也都為我感到喜悅，院內同仁從此對我另眼相看。老師和同學們也紛紛捎來祝賀，整個婦產科醫界，包括臺大教授也對我的成就讚譽有加。即使不是臺大醫院的成果，老師依然給予我高度的肯定。

從當時的情況來說，要完成試管嬰兒不是一件容易的事，而且是在一個條件不佳的醫院創造出成功案例，這樣的成功絕非偶然。後來，長庚醫院團隊到中山附醫參觀，對我說：「你們設備這麼差，怎麼能做得出來？」這話聽在耳裡特別有感觸。人生靠努力奮鬥，若能在轉折點又剛好搭上時勢，確實有可能突破環境的重重障礙，闖出一片寬廣的天空！

第35章 一舉成名之後，更要追求進步

中山附醫成功做出第一例試管嬰兒，臺灣各大媒體紛紛以兩、三版做大篇幅報導。當時不僅是國內的大新聞，由於是新的治療方式，中國和鄰近的日本都還沒有成功案例，聽說日本NHK電視也特別做了一則新聞。此外，試管嬰兒成功的消息也震驚東南亞，視臺灣為東南亞地區首屈一指的不孕症治療聖地，華人媒體也爭相報導。

後來更有美國的患者拿著《世界日報》的剪報來找我治療，加拿大、新加坡的媒體也加以報導。在強調「不孝有三，無後為大」的華人世界中，試管嬰兒的成功，對於生兒育女有困難的夫妻來說，無疑是一盞明燈。之後，求子若渴的華人夫妻陸續從美國、加拿大等許多國家前來求助。

在各國媒體的正向報導之下，大量的求子病患瞬間湧入中山附醫，這意味著建立試管嬰兒系統最困難的時刻已然熬過。回想這段歷程是從無到有，到處張羅軟硬體設備並加以組合而成，期間歷經諸多困難，卻也是人生中頗為自豪的成就。然而在感受榮耀的同時，也察覺到巨大的壓力正悄然上身；尤其在成功之後，該如何繼續往前邁進，就是一種壓力。

成功之後的忙碌與犧牲

不可否認地，在成功案例出現之前，有很多人對於中山附醫要做出試管寶寶不抱持希望。可是當我完成這份不可能的任務之後，很多事情勢必有所改變。

首先是院方，不再像之前只能憑空想像新發展的效益，由於看得到成果，就比較願意投注一些經費，讓實驗室狀況得以改善，進而繼續提升技術。其次是怎麼去面對特地從臺灣各地而來的病人，以及滿足他們求子的欲望。由於中山附醫是私立大學附設醫院，無論前來求診者再多，我們都不能拒絕或是限號，得先把病人看完，才能評估後續的處置。

看完病患後，隨之而來的是必須犧牲更多個人時間，早上五、六點，甚至三、四點就要來採卵，我們希望在門診之前（門診是八點半開診），完成病人的採卵工作，之後才接著看門診。

又因為打破卵針之後的三十六小時內要取卵，所以，若同一天的病人有七、八個，你就要把時程排到很前面，早一點去取卵，才不會和外科手術衝突，否則外科醫師也要排刀，不可能配合我們調整時間，只能把時間往前提。其他醫院有的八點開始採卵，在病人採卵之前的時間給其他科使用，例如臺大、長庚就是八點才開始採卵。

一個人要成功，前提是能刻苦耐勞。只是當周遭環境存在許多限制時，你所能做的，更是要犧牲自己！當時，我大概是兩、三點去接生，四點多再接著去採卵。

「視病猶親」不夠，更要「視病猶師」

那時候的出生率不低，加上把生殖醫學的名聲打響後，醫院一個月的總接生數大概一百五十到一百六十個左右，而我差不多要負責接生七、八十個寶寶。接生，是個不分晝夜、全年無休的工作，對體力的考驗很大。接生工作之外，還要看診、取卵，整個臨床工作相當沉重，但我一點也不覺得累，反而視為是上天給我的機會，只有累積很多的個案，技術和判斷才會更加純熟。

對臨床醫師來說，病人扮演兩個角色：一個是老師，因為有他接受你的臨床治療，是給你機會改善並提升技術；另一個是被我們服務的對象，必須提供好的服務品質，病人來找你是希望能幫助她順利懷孕，所以要從這個角度去克服她的問題，才有所謂的「服務品質」。一般只是強調「視病猶親」，其實還不夠，還必須要「視病猶師」，因為每一個病人都是讓你累積臨床經驗、醫療技術進步的導師。

生殖科技求新求變

試管嬰兒的成功只是一個開始，面對不斷求新求變的生殖科技，再來要接受的新挑戰是如何與世界發展同步，否則很容易就被超越。生殖科技推陳出新的冷凍卵子、冷凍胚胎，還有將受精卵放入輸卵管的「輸卵管精卵植入術」，都是我們要同步跟上的技術。那時的胚胎培養系統還不算好，對於還有一側的輸卵管功能正常的患者，我認為把精卵放入輸卵管內受精，讓其自然受精與發育，可能會有更高的懷孕率。事實證明，這項被稱為「GIFT」（Gamete Intra-Fallopian Transfer，禮物嬰兒）的輸卵管精卵植入術的成功率約有五成。

除了女性的問題外，不孕症面臨了男性精蟲不足、品質差的狀況，於是出現了「單一精蟲顯微注射術」（ICSI）。這是一九九二年由比利時自由大學研究成功的技術，針對精子數量太少或活動力差，使得精蟲無法自行穿透卵子而完成受精者，即可運用此技術。為了跟上科技的進步，我派出研究員黃俊嘉到比利時學習新技術。在未有此技術前，我們是運用「透明帶下精蟲注入術」（SUZI）。之後，改用「單一精蟲顯微注射術」，幫助品質不好的精子順利與卵子結合，以成功懷孕。

生殖醫學的技術日新月異，能解決的不孕問題也愈來愈多，例如：對沒有輸精管的男性，可從副睪取精。傳統的副睪取精需要採手術方式，直接在睪丸上做數個切口，以取得睪丸組織，透過萃取方式獲得成熟精蟲；為了讓病人免於麻醉，降低手術的危險性且不必住院，我們開發出「單槍睪丸取精術」（Gun-biopsy），直接在副睪抽吸精蟲，此法可重複取得睪丸精蟲且懷孕率較高，適用沒有輸精管仍有精蟲者、輸精管已結紮者。

冷凍胚胎技術萌芽

隨著生殖醫療科技的進步，男性的不孕問題得到相當程度的解決，再來就是要處理胚胎過多的狀況，進而出現冷凍胚胎的技術，將剩餘的胚胎先行冷凍，之後再植入。先有試管嬰兒，再有冷凍技術的萌芽，我帶著黃俊嘉與吳乃安到國外學習，慢慢將技術帶回國內，並做後續的開發。

臺灣第一例使用冷凍胚胎植入，成功懷孕並誕生的案例，由臺大醫院拔得頭籌（女嬰）。中山附醫則是繼臺大之後，於一九八九年誕生全國第一個冷凍胚胎男嬰。這是一名因輸卵管阻塞而無法受孕的患者，接受試管嬰兒療程，取出九顆卵子，受精成胚胎，第一次植入三顆，其餘六顆存入胚胎銀行。但第一次植入失敗，於是取出冷凍胚胎，再行植入，終於順利懷孕。

我的第一例試管嬰兒順利誕生後，接下來才是新挑戰的開始！必須努力持續學習新技術，才能滿足病人的需要。當然，很多的觀念也要同步更新，畢竟病人的狀況百百種，為了解決相關問題，有時還必須挑戰既有體制。

首例借卵生子，挑戰既有體制

一九九〇年，我完成臺灣首例借卵生子，為何會成為捐卵懷孕的開路先鋒？這其實是一個很可悲的故事——先生出身臺南望族，是家族裡的長子，也是一位國大代表，在一次意外事件中，房子燒光，小孩也死了，剩下夫妻兩人，他們想要再生孩子，可是太太已經四十幾歲、沒有卵子了，唯有借卵一途。

當下十分同情他們的境遇，因為沒有小孩，夫妻可能會離婚。然而，臺南市赫赫有名的望族哪能隨意離婚？加上財產又那麼多，若沒有人繼承的話，這個家族就會毀掉了。因此，我建議用妹妹的卵子給姊姊進行試管嬰兒療程。

在那個年代，借卵生子聽起來確實不可思議！尤其當時的「人工生殖綱領」（尚未立法為「人工生殖法」）並未針對借卵明文規定可做或不可做，同時沒人知道借卵要怎麼做，即使是世界頂尖國家也沒有明確的借卵方法。

由於我曾前往賓州大學進修，具有內分泌醫學的基礎，了解如何以藥物處理子宮內膜、黃體，使之成為適合孕育胚胎發育的自然環境。於是，我開始規劃何時幫妹妹取卵、如何以藥物將姊姊的內膜調整與妹妹同步、什麼時候植入受精卵等。之後取了妹妹的卵子進行體外受精後，植入姊姊的子宮，結果一次就懷孕，而且是生下雙胞胎，因而成為創舉。夫妻倆相當感謝我幫忙挽救了一個家庭、一個家族。算算小孩現在的年紀，大概有三十多歲了。

為了協助個案懷孕，面對模糊的灰色地帶，我選擇了義無反顧，做了再說。畢竟在沒有明文規定可做或不可做的狀況下，很難說我違法。不過，衛生主管機關用醫療法的帝王法條解釋，就是「任何醫療行為有違反醫學倫理的情況」就視為違法，至於什麼是「醫學倫理」，就各自界定了。因此，在主管衛生機關的認定下對我開罰，而我也坦然接受。

後來，立法通過借卵、借精可以合法進行，更加無悔自己當初的抉擇！

再度展開學習之旅，持續精進自我

回到中山附醫大概三、四年後，我認為將臺灣的病人看完以後，還是沒辦法達到最高境界，依然有所缺憾，所以必須有所轉折，因此再度前往世界各國發展生殖醫學的精華區域，展開學習之旅。

學習之旅第一站，就是世界上第一個獲得諾貝爾獎的試管嬰兒中心——英國的博恩診所（Bourn Hall Clinic）。想做得更好，一定要到技術的源頭之處學習。我在美國曾拜訪「試管嬰兒之母」喬治亞娜．西加爾．瓊斯醫師，但第一個被創造出來的試管嬰兒，還是在英國倫敦的博恩診所。

當年，愛德華茲從美國返回英國之後繼續研究，在一九六八年跟英國婦產科醫師史戴普脫（Patrick Steptoe）合作，兩人研發出體外受精技術，把婦女的卵細胞取出，在體外受精，再植入子宮。無奈第一例雖懷孕，卻是子宮外孕，直到第二例才成功生下，就是一九七八年的第一個試管嬰兒露易絲．布朗（Louise Brown）。

一九八〇年，兩人一起在劍橋成立博恩診所；一九八八年，史戴普脫去世，未能在二〇一〇年與愛德華茲博士共同獲得諾貝爾醫學獎*。人生際遇真的很難說，諾貝爾獎會落入誰家，有時候也很難講。其實第一個試管嬰兒運用在動物身上成功的是一位華裔科學家張明覺（MC Chang），只不過諾貝爾獎只頒給在世者，過世就失去獲獎機會了。

我帶著團隊成員一起去拜訪，包括技術員黃俊嘉與吳乃安。如願見到了愛德華茲博士，但他當時年紀比較大了，因此由他的弟子和我們深入討論研究試管嬰兒刺激療程及實驗室的情形。在那邊停留三、四天左右，每天早上八點半開始交流，直到下午四點結束，希望能夠多加了解他們的發展精華與優勢。

這樣的學習有其必要性，因為生殖醫學每年都在進步，而許多進步又必須再突破。有時我沒辦法出國看新的技術，就會派黃俊嘉去國外吸取經驗，再回來討論如何應用，必須不斷地更新和進步，才有辦法跟國際一樣擁有最新的試管嬰兒技術。例如：比利時大學首創的顯微注射技術，我們前往觀摩之後，把技術引進臺灣；我們的技術必須和世界頂尖國家並駕齊驅，而我的團隊有信心將國外新開發的技術，三個月後在臺灣複製、生根，並加以提升。

三十六歲成為最年輕教授

大約回臺灣兩、三年後，我就開始在國際期刊《*Fertility and Sterility*》發表生殖醫學論文，這也讓我在三十六歲左右即升上正教授，是中山附醫畢業生第一個升上正教授的人。

若以學術輩分（中山醫專第十一屆畢業）來看，在我前面很多人都還沒有資格升正教授。當時的教育部在升等制度上比較嚴格，論文必須送教育部審核，即使臺北榮總已有多位副教授，臺中榮總和中國附醫多數都還是講師，長庚在當時也還沒人具有教授資格，高醫則有李昭男教授，但他不屬生殖醫學領域。因此放眼中南部，在生殖醫學領域大概只有我一人具備這個資歷。

註

*諾貝爾獎在一九七四年改變規章，不再頒獎給已過世的人。

之所以如此重視論文書寫，是因為出身中山醫科的我，特別能體會「想要出人頭地，必須比別人更加辛勤努力」。中山醫科在當年是大家眼中排名最後的醫學院，尤其還是五年制專科學校，非大學體系，因而遭受很多同行瞧不起，認為你是個讀五年就畢業的不專業醫師，他們則是讀了七年的醫學系，考進學校的程度就不如人，修業時間又少了兩年，你如何克服這當中的差距？

以國際肯定的論文，讓大家看到實力

以前大家都說「考試定一生」，藉由考試進行程度分級，將每個人逐級拉開了差距，無形中給人既定的印象，也是一種限制。如果你被分級在最後一名，該怎麼做才能有突出的表現？臺大醫院堪稱是臺灣醫界的龍頭，要讓人信服你的能力比他們強，我的作法是將論文在國際學術刊物發表後，再傳回來，讓大家看到我的實力。

即使是臺大醫院的醫師，要發表國際論文也是很困難的事，更不要說中山附醫了。慶幸的是，我曾經在美國接受訓練，相對了解發表論文的機制，因此，我的投稿比較容易被國際醫學期刊接受，以國際肯定的論文拿到在臺灣能證明自身程度的認證。當國外都可以接受時，國內自然認可你的能力。

當年，全臺的學術論文總共三十二篇，而我個人發表的論文就有十六篇，占了全部的一半，有如「李茂盛一個人的論文發表會」。在這之前，中山醫從來沒有發表過論文，中國醫也只在萌芽階段，有能力發表論文者，不外乎是臺大、長庚、高醫、北榮和三總，因此我發表的十六篇論文連臺大都深感驚訝，無不對我的優異表現刮目相看。而這些論文送到教育部申請教授升等時，一次就通過！這番成績讓我在當時的婦產科界，成為備受肯定的醫師之一。

聰明才智不如人，靠奮鬥拚出成就

那時候的我，年輕、有體力，但論起才能或實力，並不見得比他們好，但我唯一能做的，就是奮鬥、努力！這樣的性格應該是在鄉下困苦的環境中所養成，我的奮鬥精神可說是自小扎根在心裡，打下了基礎；我自認智商不高，不如人家聰明，但我憑藉努力和奮鬥的精神一定能贏過許多人，這就是我能成功的最主要因素。不論在學術或研究，還有個人技術與事業的成就，能夠勝出的關鍵要素。

臺大醫科是排名第一的醫學系，中山醫科是最後一名，他們的聰明才智絕對勝過我。面對這樣的情況，唯有努力打拚才有成功的機會，還有受到貴人相助的機緣，讓我從醫科最後一名的學校，經過不斷地努力奮鬥，翻轉出堪稱一流的成功與成就！

任職於中山附醫時，我在技術上就有新的發展，包括：精蟲顯微注射、單槍取精、睪丸取精……不僅在臺灣達到巔峰，在世界也居於領先地位。為此，日本東邦大學邀請我去演講，教他們怎麼做試管；我也前往那邊發表論文，後來他們用我的論文申請博士學位，由此獲得東邦大學的博士學位，並將試管嬰兒技術傳授給他們。

臺灣的生殖醫學概念很多是由我先發展出技術，那時並未將臺北榮總當競爭對手，因為他們在新的技術運用上稍嫌落後，主要是基礎不夠穩固，加上後來的成功率又不高，病患因而慢慢流失。反觀我們，卻因不斷發展出最新技術，像是顯微精蟲注射、胚胎輔助著床、借卵懷孕等，逐漸在生殖醫學領域享有領先的優勢。

第36章 盛名帶來的酸甜苦辣

一舉成名天下知，雖然自己已是大家眼中的「名醫」，但我總是以戰戰兢兢的態度對待每位患者。

收送紅包的體貼與堅持

那個年代，醫界存在著紅包文化，有些病患也會塞紅包給我。對我而言，紅包不是重點，也從來不看紅包內的金額，因為看了容易有大小心，而在治療上可能出現偏差，對有錢人多一點特別的照顧，沒錢的人就隨便；對醫師來說，治療有偏差並不是好事。有沒有送紅包，我的治療方式都一樣，任誰都能得到我百分之百的用心照護，這也是為何能在一、兩年內快速累積一百個試管嬰兒成功案例的原因，「李茂盛」也連帶成為媒體追逐報導的對象，若在現今的話，大概會是網路熱搜關鍵字吧。

對於病人送紅包，我的處理方式是：會收，但收得並不多；病人給我一千塊、兩千塊，有的則是五百、三百的，都沒有關係，因為紅包是病人對醫師表達感謝之意的方式，也可說是一種禮貌。醫師收紅包不能完全視為壞事，有時反而是讓對方安心；如果不收下紅包，他有可能覺得你不會很細膩地關照病況，收下紅包的用意在於讓他能安心接受治療。當時有很多來中山附醫就診的病人是比較沒錢的，通常比較有錢的病人會前往臺中醫院*看病，臺中榮總則尚未設立，中山附醫相對是退而求其次的選擇，病人也屬於弱勢族群。

除了紅包，有些病人還會直接抓幾隻雞到診間送給我，也有些病人載了整車的魚來送我，沒錢的他們，只能用雞和魚表達謝意，數量多到讓你吃到不想吃。對於病人的盛情，我都心領感謝。

我來自貧困家庭，是個歹命的孩子，因此，無論如何我都不能放棄生活環境不好的族群，自許一定要好好照顧他們，不然就失去當醫師的目標和初心了。別人怎麼收紅包或收多少，我不曉得，但我從不看，也不在意病人給的紅包金額有多少，同樣出身貧苦環境的我，了解他們表達感謝的心態。所以我會收紅包，但不看金額的多寡，都一視同仁，這是我一向的堅持。

亦師亦友的醫病關係

曾經，中山附醫高層有「李茂盛收很多紅包」的傳言。事實上，是紅包個數很多，裡頭的錢並不多。由於婦產科需要接生的關係，比較容易收到產婦感謝你答應幫忙接生的紅包，但就算沒有給紅包，只要答應了就會遵守約定，這是重視承諾的我一直堅持的目標！

這不只是人與人之間的約定，也是醫師與病人的承諾和信任。千萬不要計較金錢，其實有百分之七十以上的病人是沒有包紅包的，我同樣幫她們開刀或接生；病人需要我的幫助，在我的照護下，讓她覺得很安心，這也是對我的肯定。一直很感謝這些病患信任我，願意讓我治療，而我也從她們身上學到東西，始終抱持亦師亦友的態度來幫助每一位患者。

註

＊原為省立臺中醫院，後隨衛生署升格，更名為「衛生福利部臺中醫院」。

以前中山附醫並沒有依業績計薪的制度，不像現在有抽成制。我們以往看診都沒在算業績，不是你多看幾個患者就能多一些收入，而是你所做的都是自願的，就連半夜開車到醫院接生的油錢也要自己出，但是我覺得無悔！

當時包含接生，一個診總能看到一、兩百個病人，後來業績表現更好，但我不為此感到驕傲。我不挑患者，也從不限制掛號，只要病人有需要，我一定看到完，讓他們能夠安心就診；病人有任何問題，我也一定為他們解答，不會在乎你有錢或沒錢，而在解說上有詳細或簡略的差別。

問診掌握重點，處理流程順暢

有些病人認為我看病速度很快，問我：如何在一個早上處理一、兩百個病人？我看病的方式是：只要人一進來，我就知道要做什麼，看到患者的臉就知道要求做什麼，所以病人不用講出來，我都知道；當然有些患者想說，我就讓她講。通常我從初診即能抓住重點，病人來醫院是要接生？還是做試管嬰兒？一問就掌握了重點，之後要做什麼，我會把計畫寫在病歷上面。如此一來，病人下次來要看什麼，我都瞭如指掌，雙方配合得好，就會讓看病的速度和流程加快。

有的人會說，你看診速度為何這麼快，一個早上把一、兩百名病人看完，晚上也差不多看完一、兩百個人。其實這是需要克服的地方，不能說患者一多，就隨便看或不認真看，而是自己要去調整看診方式，而不是要求患者遵照你的意思去做。

有些醫師會限號，這樣做，完全不講求看病的技術和技巧。病人來看診，就像我們去店裡購物，指名要買哪一項哪一樣，只要知道病人要做哪種治療即能圈出重點，並達成他們想完成的結果。畢竟患者是外行人，不知道要怎麼跟醫師說明，只有醫師才會知道怎樣幫病人治療。事實上，病人就醫只有一個目標，而醫師要把繁瑣的資訊整理並歸檔，才知道後續要做什麼處理。

開刀快狠準，享「李一刀」之名

我在醫院要負責研究、教學、服務，從美國回來之後，由我執刀的病患很多，因此開刀速度要很快。我在開刀房很兇，被稱為「李一刀」，只要手術一開始，我要什麼器械，助手若拿得不對，我就直接把錯拿的器械丟出去（現在不行這樣做了，會被告的）。

當時，護理人員看到我上刀，心裡都很害怕，而且沒有經驗的人不敢跟我的刀，一定是有經驗的才敢進來。由於我的時間很緊迫，進一次手術室，不是只開一檯刀，一向是開三檯刀，而且必須在兩小時之內完成，否則還有其他病人在等，沒有時間在手術檯上磨，執行手術必須快狠準。能有這樣的成績，一切都要感謝我的病人，讓我成功地練好每一種手術，這也是為何我一再強調「患者是我的老師」。

在治療過程中，也會了解一些術式的開法、如何從中精進。醫師不要只將患者當作病人看待，他們同時也是你的老師，這是你們之間的緣分，應該好好把握。如若病人對治療效果不滿意而提問，理當耐心回應說明才是。

雖然開刀速度很快，但是病人提出問題，我一定會解答，從不逃避。我看完病人，總會說：「你先好好想一想，如果覺得有任何不妥，再回來問我，我一定會再幫你做解答。」病人有疑問，醫師要負責解答，不要不理病人的問題，這樣做並不好。畢竟病人也是相信你，才會向你提問。

「視病猶親、視病猶師」，是我從小在艱困環境中學到的態度。誰會沒事來看病？他就是有問題才會來醫院看病啊！身為醫師有責任要好好地照顧病人，對我一個窮困家庭出身的小孩來說，這是服務社會大眾應該有的態度。

嚴師出高徒，學生感念難忘

開刀能夠做到快狠準，都要歸功於念書、住院醫師時期，曾在外科診所當助手，長時間的練習，就累積成之後開刀靈巧的基礎。

後來在我擔任部主任時，對學生的要求很嚴格。我會幫學生們訂立計畫，譬如要開幾檯刀才會嫺熟；學生執刀時，我會在旁邊觀看、指導，一旦不順利，就隨時出手處理。我訓練過的學生都對我很尊敬，即便過程中對他們很嚴格。大部分學生都被我罵過、兇過，在他們心裡，無不認為這位老師動不動就罵人，脾氣也不好，對護理師也很兇，在開刀房就像一個惡霸。然而這些被我教過的學生，如今有很多是臺中開業診所的醫師，過年過節都會送禮以感謝師恩，在球場打球遇到也是老師長、老師短的，對我一直都很敬重。

比起過去的嚴格，現在我教研究生的態度比較和順，不再那麼嚴厲了。不過，我認為「嚴師出高徒」，這群當年曾被我嚴格訓練的學生，經常感激地對我說：「以前教的東西，現在都還用得到，雖然已經過了二、三十年……」學生們多年後仍不忘回報師恩，有時巧遇，不是幫我付餐費，就是付停車費，讓我覺得揪甘心，不枉費用心擔起為人師表的責任，以及當年費心教學與嚴格要求。

第37章 自行創業念頭萌芽

「成也蕭何，敗也蕭何」。說起會離開中山附醫、自行創業的原因，跟試管嬰兒的成功有絕對的關係。

醫術口耳相傳，患者湧向中山求診

在媒體效應的推波助瀾下，中山附醫在一、兩年內就累積了一百例試管嬰兒。那時的懷孕率大約百分之三十五左右（目前普遍為百分之六、七十多，茂盛醫院則朝百分之七十五邁進）。百分之三十五的懷孕率，相對國內要懷孕的個案，可能要努力拚一、兩年才有辦法達成。放眼當時的臺灣，可說是技壓群雄，即使比中山附醫早成功的臺北榮總，也沒有這麼高的成功率，懷孕的個案數比我們少。因此，憑藉傲人成績超越全臺大小醫院，不少病人紛紛湧向中山附醫求診，很快地就完成一百例個案。

關於最初的一百例個案，其中有十例來自屏東曹族的十個家庭。早年有生子需求的病患很多，尤其患有輸卵管阻塞問題者，在當時幾乎不可能懷孕，一百個病人開刀治療輸卵管問題，九十九點九個會失敗，唯有走試管嬰兒一途，才有辦法完成當媽媽的心願。這些人有的從屏東、臺南來，甚至有曹族原住民遠從家鄉慕名而來。

由於曹族（現稱鄒族）對孕育下一代很重視，曾有十個家庭來找我做試管嬰兒。早期交通很不方便，這些遠道而來的患者免不了要飽受舟車勞頓之苦，他們來這兒接受治療，大多會停留一週的時間，然後再回去。他們對我抱持高度的信心，而我也盡心盡力幫助他們。就這樣，在短時間內累積了一百個成功案例，在當時，算是臺灣成功案例最多的醫院。

雖然那時沒有網際網路，可是口耳相傳的力量也不容小覷，大概就是現在常說的「口碑行銷」吧！我曾問一個來自斗六的病人：「妳怎麼會找到我？」她說到一間拜濟公的廟，廟裡發爐，想要求子的她擲筊問神，神明告訴她：「妳要找一個叫『李茂盛』的醫生。」於是她們依神明指示開始尋找。可能鄉下訊息不太流通，臺中也許還知道「李茂盛」，斗六可能就不知道了。她們大約找了一個星期才找到我，病人後來也順利懷孕了。連神明也都跟上時代，指引渴望求子的信眾找尋能幫助他們懷孕的不孕症醫師。

最有趣的是，還有病人說本來為了生孩子要帶她老婆來給我看，但卻沒有看到人來就醫，我問：「為什麼沒來？」他說有一天夢到我，他太太在那個月就懷孕了，所以就不用來看了。想想，這應該是當時知名度大增的關係吧！讓神明也「認識」了我。而夢到我就懷孕的趣聞還曾刊登在報紙上，這一切應該歸功於自己一步一腳印，讓所有的努力都被大家看到。

開診即爆滿，病床不夠自備帳篷

拜試管嬰兒成功之賜，讓不少患者慕名而來，有要做試管的、有要生產的，還有婦科疾病的，通通都來中山附醫找我。當時只要我一開診，候診室及走廊人數總是爆滿。一個診掛號總有一、兩百人，跟診護理師要安排三、四位，一次讓五、六位患者進來候診，不然根本看不完。即使如此，總要看到晚上十一、二點才能下診。下診後，碰到即將臨盆的產婦，仍要繼續打起精神接生，還有半夜的取卵也是親力親為。那段時間，我與病人相處的時間比妻兒還多，每天在醫院的時間很長，比起「住院醫師」不遑多讓，算是「住院」的主治醫師吧。

此外，光是找我開刀的病人，就把婦產科病房全都住滿了，即使醫院裡所有的推床都用上了，還是不夠，甚至有人帶來行軍床，睡在走廊上。病人明明很辛苦，依舊一臉懇切地對我說：「為了能讓李醫師幫我開刀，我寧願睡在走廊的推床上。」就算天氣很冷，病人仍堅持這樣等候。當時整個走廊都被推床占滿，有些人還特意拿帳篷過來，「沒床沒關係，我可以自備帳篷」，看到這樣的景況，心頭相當感動，卻也心疼萬分。

中山附醫的規模不大，但我創造了很多業績，從病患求診若渴的狀況看得出，很明顯有增加病床的需求。我詢問院方：「外科的空床可以給我用嗎？」答案竟是：「沒辦法。」原來院方擔心我名氣響亮、變得太大尾。然而，給病人這樣的待遇是我所不能忍受之處，出身窮困環境的我，本來就對弱勢族群多了一份疼惜之心，加上秉持視病猶親的態度，不免想到：「如果我的親人睡在醫院走廊，我於心何忍？」好幾次向院方建議擴增病床，但他們總有諸多考量，無意再擴充婦產科的空間。

業績好不抬身價，始終堅守崗位

對中山附醫來說，我就好像一隻金雞母，但我又不會為此自抬身價，更不會因為薪水少就不做事。**我的個性與做事態度是：縱使再困難，也要用心解決**。中山附醫並沒有因為掛號的人爆滿而多給我一分錢，而我依然謹守本分看診，再怎麼說，醫師所面對的是病人，不是醫院，醫師絕不能以醫院的待遇高低來決定是否看診，無論如何，都要協助前來求診的病患解決問題。

至於學校的教學工作，也未因臨床工作忙碌而稍有絲毫懈怠，仍然認真地指導學生臨床實務、研究生的論文寫作。雖然病人很多，臨床工作相當繁忙，我總以堅強的意志做好每一件事。**我的人生座右銘是：「要奮鬥，才有機會成功。」**病人來找我，對我來說，是一個挑戰，也是一份機會。把病人的問題處理好，同時將教學工作做好，讓博士班學生完成論文，順利如期畢業，就是我在中山附醫最主要的任務。

督促學生寫論文的同時，我也沒忘記寫自己的論文，總在看診之餘，將許多珍貴的臨床經驗整理成一篇又一篇的論文。由於發表的篇數很多，那時中山附醫還沒有臨床醫學的教授，而我是醫院的臨床老師第一位拿到教育部的部定教授，也是臺灣生殖醫學領域最年輕的教授。

現實讓人感慨，首次萌生開業念頭

回想剛從美國回來時，對自己的人生規劃並未有離開中山附醫的想法，主要想在教學、研究和服務這一區塊努力付出。由於曾受到貴人的提攜，希望自己也有能力可以提攜後輩，並培育研究人才。特別是從原本沒沒無聞的小醫師，成為具有知名度的醫師後，使命感更加強烈，想要對臺灣婦產科的醫學教育投注更多心力。

只是「我本將心照明月，奈何明月照溝渠」，以滿腔的熱血打造出輝煌的成績，終究不敵現實的殘酷。內心隱然有種不如歸去的感慨，原本沒想過要當開業醫師的我，竟萌生了開業的念頭！

記得那時正與婦產科醫學會張昇平理事長（已歿），帶領國內十幾位來自臺大、榮總、長庚、奇美與高醫等醫院的教授，前往中國參加會議，那場會議聚集了五、六千人，課程為期一週。中國當局給了我們很大的禮遇，希望透過兩岸交流，提升他們在生殖醫學上的實力。

命理老師一句話，認真思考未來

在中國參加會議時，大家利用空檔走訪了四川當地的名勝，路過一間孔明廟，有位相命的老師斷言我「日後會飛黃騰達」，為此還跟我收了一百元美金（其實當時有種被騙的感覺）。同行的教授也跟著起鬨，不斷對我說「你會紅」，就在這時候，我接到了中山附醫的電話，告知要我接護理系主任的職務。

院方的說法是：護理系沒有教授級的師資，希望有教授資格的我能去擔任系主任。這樣的說法連自己都感到好笑，明顯感覺那只是一種說法——中山附醫有教授資格的人很少，系主任都沒人當，卻要我去擔任護理系系主任。說穿了，那也是當人頭而已。我並不愛當什麼系主任，但也需要被尊重，這是一種kimochi（日文：心情、感覺）。就算當人頭也沒有關係，總該給一份尊重才對吧。當下，我倒是沒多說什麼，既然給了我位置，就接受吧。

只是莫名的恐慌自心底升起，努力於臨床工作、教學的我，為中山附醫打下名號、創造營運獲利甚多，不論是對個人生涯或醫師職涯來說，都可說是當紅炸子雞！不料竟在最紅的時候，院方連好好跟你說明職位的安排都不願意做，表示也沒在重視你；現在就不重視你，更不要說以後了。這讓四十歲的我感到恐慌，更不要說可能有那麼一天，當我在生殖醫學的技術被超越，病人沒有那麼多的時候，可能就會被拋棄，這種不安全感油然而生。

醫師有一個生涯走勢，達到高峰後，就很容易往下掉，不管你是開業醫師或在大醫院任職，都會從高峰往下掉，不會永遠是棵常青樹。而像我這樣出來開診所，再擴大變成醫院的例子很少見，大部分都是上去後，就一路往下走了。

當感受到院方沒有重視我的時候，代表自己就應該考慮要離開了，不然病人也會跟著受苦，因為光是增加的行政事務就會絆住你，而無法全心全意把心力、時間放在病人身上。

留在中山不為錢，只想濟世救人

事實上，以我當時累積的成績與成就，在中山醫學院應可擔任校長，可是當校長就要減少看診量，董事會認為這樣做會損失很大，當然就視而不見了。說起來，以中山醫這樣的學校來說，沒有人在寫論文、考教職的，只有像我這種笨蛋才會去考教職，我是中山附醫第一個升上教授，而且當時整個大甲溪以南，只有我一個生殖醫學教授。那時候升教授並不容易，我在臺大和美國賓大完成訓練之後，很短時間內便拿到教授職，在學界其實相當不簡單。當時連中山醫校長也還沒升上教授，就算臺大，也仍有很多人未具教授資格。

不過當時教授的待遇並不高，一個月薪水大概只有十來萬。細看每天的工作：一天的看診量約有兩、三百人，光看診就得看到半夜，還不含早上五、六點要取卵，半夜兩、三點又去接生；有時候才結束採卵，睡沒多久又被叫去接生；好不容易回到家裡，棉被都還沒睡暖，就要起身到醫院幫病人開刀，一次會排上五檯刀，不是一檯接著一檯刀；看病也不是一個一個看，而是一下讓十個病人進來（現在必須顧及病人隱私，不能這樣做），不然根本看不完，就是這樣為醫院創下超高的業績。我拚命在做，卻僅領十多萬塊的薪水，該說自己「物超所值」嗎？

我願意留在中山附醫不是為錢，完全是為了一份濟世救人的理念！那時候，一個月大約十二萬元左右的薪水，其實有一半是教育部給我的，這是為了鼓勵私立學校能多聘用教授以提升教學水平，對具有教授身分的老師所給的補貼，另一半才是中山附醫支付的薪水。此外，在過年時，教育部還會加發一個月的年終獎金，然而中山附醫不但沒有給半毛錢的年終獎金，還將這部分的收入歸公。

我不會計較那些錢，因為在我心裡，病人才是排名第一順位。儘管在貧困中成長，選擇行醫是為了改善家中的環境，我卻把金錢看得很輕。尤其感念中山附醫讓我有出國進修的機會，我才能有所發揮；如果我沒有到國外留學，現在的我，大概也就是一個鄉下醫師，沒辦法發揮行醫理念，幫助更多病人。對此，我真的心懷感恩，自然不會計較任何錢的問題。

與院方觀點不同，思考轉變契機

在求學時期，我始終是一個很少講話的人，因而有個「古意ㄟ」的外號，這個外號其實有默默無名的意思。但我在和病人接觸的過程中，感覺到病人對我很尊敬，對我來說，這是一種非常有價值的成就感。如果我是一般的醫師，看的病人這麼多、薪水卻這麼低，老早就出去開業了，不會留在醫院服務。可是我認為有機會到臺大與美國接受訓練，是為了服務病人，不是為了賺錢。不計較賺錢多寡的我，寧願開一輛破車，就算家裡還有貸款要付，也不以為意。

如果我那時就出來開業，一個月賺一百萬不是問題，因為病人很多，而且那是沒有健保的年代，收入更可觀。以當時的普遍狀況來說，主治醫師在醫院服務一段時間（大約兩、三年）後，累積了一定數目的病人，大部分都會自行開業。但我仍留在醫院，因為我喜歡做研究、寫論文、教學生怎麼開刀、治療病人。

說真的，在社會上有知名度、婦產科醫學領域有地位，就已經讓我感到滿足了，根本不會在意賺多少錢。有些人問我：「為什麼不出去開業，只在中山領十多萬元……」因為我想要堅持教學、服務和研究等三項工作同時並進，若是離開醫院，大概就只剩下服務這一塊而已，這與我的心志有所悖離。對我來講，教學、研究非常重要，但從事研究必須要有很多案例，才有辦法做出好的研究，而且在中山附醫，我能夠治療病況嚴重的患者，幫忙病患脫離死神的召喚。平心而論，我一直都很認真投入醫院所有的工作。

我重視病人的價值，中山附醫看重的卻是業績，以我所付出的努力與表現，對照中山附醫對待我的種種，令我不得不思考自己是否該與之分道揚鑣了？

當腦海中被這一連串的感觸占滿之際，命理先生的話似乎又給了我希望，讓我清楚自己要的是什麼。於是內心萌生：「我是不是該做改變了？」的想法。在人生最紅的時候，我所受到的待遇也不過如此，未來有一天也許變得更加落寞。

尤其看到一些前輩也是在努力過後，最後被淡忘，更是給了自己一份警惕！就像「人無千日好，花無百日紅」所言，人生有紅的時候，也有不紅的時候，的確要認知到不可能有一直長紅的日子！不過，在紅的時候，要繼續維持紅的狀態，就必須要改變，這是當時的想法。雖然花了一百元美金，後來想想也是值得，即使後來聽說那位命理老師的水準並不怎麼好，卻在冥冥之中給了我思考轉變的契機。

從且戰且走，到認清放下

就當時狀況來說，全臺看到「李茂盛」三個字，不管在學術、教學或臨床治療等方面，都給予高度肯定；前往臺大開會時，還被老師們誇獎：「連臺大的醫師都沒這麼努力。」說得我都不好意思了。畢竟臺大是一流的學府，我只是去作客而已，卻能受到如此的稱讚，對其他臺大醫師確實感到不好意思。

坦白說，中山附醫在那個時代是被人看不起的，但因為個人認真努力而讓學校機構揚名，也造就了自己的人生出現重要轉折！

有人鼓勵我出來創業，也有人勸阻不要離開，建議我或去或留的意見各半，但我認為，在人生紅極一時之際，更要謹慎思考由紅變不紅的可能，畢竟醫院隨時會有新的人才加入。卻沒有料到自己會在最耀眼的時刻未能被好好對待、尊重，因而更容易心生不如歸去的想法。

但當時也還沒做好自行開業的心理準備，一開始是蠟燭兩頭燒的狀態，白天在中山附醫工作，晚上在診所看診。雖然打算離開中山附醫，卻也不希望那邊因而沒有醫師看診，所以只有找黃俊嘉主任跟著我出來開業。本來診所開診時是半開著門，可是看診到一半，病人忽然大量湧入，黃俊嘉主任看到這番景象，當下即把大門全部打開，這也暗示著：人生就要這樣走下去了！

後來診所每個晚上都有一百多位患者掛號，必須看到很晚，這讓中山附醫很不高興，要求我必須做個抉擇。心想，既然路已經走了一半，當然必須繼續前進，於是我選擇離開！只是當時仍有所不捨，最放心不下研究生和課程將因為我的離開而中斷，擔心沒人接手，可是這樣的想法是多餘的。事實上，在我離開後，馬上有人遞補位置，這也讓我深切體認到：世上沒有什麼是非我不可的，沒有了自己，還有別人！

打擊我的，竟是自己教過的學生

當我真正離開中山附醫後，院方開始對我進行一連串的攻擊，無非是要斷我的後路。開業之初，所面臨最大的問題竟是中山附醫的學生來打擊自己，譬如每當有人問起：「李茂盛醫師現在在哪裡看診？」接手看診的學生不是回答「不知道」，就是置之不理，完全不將我的去處告知想知道的病人。那時候沒有Google，還是病人自行到處打聽，才探聽到我在哪開業。

又或者在病人面前說我的壞話，以「從中山拿走一些器材……」之類說法來汙衊我。這些汙衊我的醫師，都曾是自己指導過的學生，只有汙衊我、打壓我，他們才能往上爬。最讓我感到難過的是，學生竟能這樣打擊自己的老師，而且毫不手軟，令我不禁反省到底出了什麼問題？自認沒有把學生教好，倫理教育也頗失敗。或許在臨床技術上，我放得不夠，才讓他們心有不甘吧。

但即使遭受如此對待，我永遠不會怪學生，畢竟是自己沒有教好他們，責任在於我；學生會抨擊老師，或許也是人之常情。這樣的打擊長達五年之久，對於這一切，我都忍受下來了，而且在醫院、學校或學會等場合遇到這些學生，仍然以微笑面對。反倒是他們看到我，可能會稍微閃避一下，因為罵人的人自己會心虛。當時的我，真心沒想跟他們計較，並非為了寫這本書而有所美化；的確是自己做不好，直到今天，想法依然不變。

【第八部】

用心打造，讓茂盛揚名國際，引領生殖醫學發展

自行創業後，
雖然不到一年就把借來開診所的錢還清，
內心卻依舊想著重返中山附醫，
過著研究、教學、看診的單純生活。

只是這個縈繞在心十年的念頭，
最終還是因一句無情的話而斷念，
就此開展另一段攀峰的歷程——
帶領團隊一起合作，不斷研發新技術，
創造多項紀錄的殊榮，打響了「茂盛」的名號，
讓世界各國的患者紛紛慕名而來！

為了有更寬廣的發展，
從診所轉型到醫院，也將透過拓點，
提供在地性的醫療服務給更多有需要的民眾。

第38章 決定自行創業，正面迎向現實挑戰

決定離開中山附醫自行創業後，最擔心的不是病人從哪裡來，因為只要診所的門一開，患者便紛紛湧入，連宣傳都不需要了。反倒是牽掛著研究生的學習被中斷，該怎麼辦？但這份牽掛似乎是多餘的。

抵押房屋以籌備創業資金

開設茂盛診所之初，並沒有想要把規模做得很大，畢竟當時在中山附醫的月薪僅十二萬，光是支付家庭開銷就差不多了，加上沒有後援，還必須借錢才能應付所需。大概準備了一千萬的創業資金，並用房屋抵押向銀行貸款約四、五百萬，就這麼開啟

了創業之路。原本有點擔心做不起來，沒想到僅用一年時間就把借來的錢還清。

開業第一天診所就大爆滿！原先擔心中山附醫發現我自行開業，鐵捲門只敢拉開一半，患者卻願意屈身入內，而且如潮水般湧進診所，不得不感謝大家對我的熱情支持。當年既沒有Google，也沒為開業做任何宣傳，實在不知這些不孕症患者從哪知道我開業的消息，也由此獲知當時自己在中部治療不孕症的知名度頗高。後來，還是黃俊嘉主任看不下去，直接把鐵門往上全開，讓熱情的患者得以順暢進入診所。現在想起第一天開業的景況，仍不禁莞爾。

人生順勢而為，心中卻難免糾結

資金之外，診所不可或缺的人力是護理人員，多虧有太太的好朋友「寶寶」幫忙，曾在中山附醫擔任護理長、仁愛醫院當督導的她，在我開業之後，擔起招募護理人員的工作，讓我無後顧之憂，而且這一幫就幫了好多年，後來她罹癌過世，令人相當難過不捨。

在診所地點的選擇上，當時並未特別講究風水，而是早年買房時，曾想過若不能一直在醫院任職，必須開業以另謀生路，基於這樣的設想心態，便順道買了一間店面。坦白講，開業從來就不是我的人生選項之一，但是人生道路要怎麼走，自有天意引導，冥冥之中，陸續有很多事件都推著自己往某個方向前進，我們只要在這條道路上順勢而為即可；若遇到事情，則必須努力、奮鬥再奮鬥！

就好比沒想過開業的我，最後卻因緣際會成為開業醫師，這是始料未及的。一般醫師開業，多是當到總醫師，再升任主治醫師兩、三年就會離開，大約三十二、三歲左右，我的學生大多擔任主治醫師一年後就去開業。我在四十歲左右開業時，學生已有二、三十位是開業醫師了。

李茂盛婦產科診所同仁合影。

成為開業醫師，最需調整的心態包括：不再是學術地位高的學者，也不再擁有過往那麼強的學術實力。這或許只是自己的感覺而已，別人怎麼看自己不得而知，但總是一份自卑感在心中作祟。再者是社會地位的改變，之前在醫院、學校當上教授的人不多，因此在病人眼裡是相當具權威性的；在醫學會，也很受到大家的尊敬，往往是接受拜託的角色。

渴望重返研究、教學、看診的行醫日子

自行開業這條道路著實不輕鬆，一開始就面臨許多問題，像是消防單位的「找麻煩」。當然，「找麻煩」是以我們的角度來看，對他們而言卻是職責所在。後續還有稅務單位、地政事務所、衛生局等政府單位的查核，許多紛紛擾擾的事務接踵而來。

有趣的是，連護理人員都比我這個院長還大。以前在醫院當主任時，自己跟王一樣，通常是我兇護理師，現在不僅要幫她們排班，一些人事紛爭也要我來處理，而且事事得配合她們，不再是我說了算。心裡明知角色互換是必然之事，卻不免有種「虎落平陽被犬欺」的無奈。有好一段時間，雖然診所的業績很不錯，我卻一直想著回去中山附醫服務，渴望重返研究、教學、看診的單純生活。

一般醫師自行創業後，很少會在開業或回大醫院服務之間躊躇再三。開業固然能賺很多錢，我卻抱持「人不一定要賺很多錢，但是要繼續做研究和教學」的執念，因為開業必須面臨層出不窮的狀況，從事學術研究才是我的興趣。對我而言，這算是一種新的挑戰，但當時真的很不習慣，因此有好幾次想要把賺錢的診所收起來，畢竟人生要賺的錢，夠用就好了。回到中山附醫繼續從事學術研究、教學，才是我想要的人生。而這樣的想法持續了十年。

為能如願，我開始一邊與中山附醫的董事長及其夫人洽談回學校、醫院事宜，一邊準備結束診所業務。當時的確談到某種程度，考量部分醫療業務要移轉中山附醫，還派了先遣部隊去醫院打理，只不過最後並沒有談成。可能是中山高層認為我的誠意不足，最後用一句話斷了我長達十年的念想：「我的山太小，容不了你這條大龍。」這句話讓我深自反省好一陣子。說真的，不排除當時有人刻意擋住我回中山附醫，只是一切事過境遷，就不在這些人與事上糾結了。

兜兜轉轉，終於踏上真心想走的路

從這些過程可以看出，我的理想並非開業賺錢，而是以從事教學研究為行醫職志，只是受形勢所逼，不得不走上這條路。人生就是這樣吧！一路上總有很多曲折必須慢慢克服，雖然我的心想往這邊走，但現實環境卻讓自己不得不往另一邊走。因此，你只有克服一關又一關，才能在幾番兜兜轉轉後，踏上自己真正想走的路。

如今想來，倒也慶幸當時沒能順利返回中山附醫，否則就沒有今天的我，以及茂盛醫院現今的成就！如果待在中山附醫，頂多擔任校長就到頂了，哪能有今天所擁有的學術基礎和地位。很多時候，就是要正面迎向現實的種種挑戰！

在我確認了茂盛要往生殖醫學發展的方向後，雖不能繼續在中山附醫擔任教職，卻也沒有任其中斷，而是將教職移轉到中臺科技大學，三、四年後，又多了中國醫藥大學的教職工作；只是繞了這麼一大圈，最後還是回到中山研究所任教。

能再回到中山醫大，是老董事長離開後，由兒子周明仁先生接任，他一直是比較支持我的，希望我能幫他的忙，所以再度重返任教。雖然中國醫大的蔡長海董事長很希望我能續留，然而自中山醫科畢業後，我始終對它抱有一份使命感，否則續留中國醫大就好。最終，我從中山醫大的教職退休，被聘為「講座教授」直到現在。同時，還獲得教育部的最高榮譽獎章。

掌握趨勢變化，對的事情馬上做

在大醫院服務有優點，也有缺點。優點是有團隊，缺點是制度很僵化，想要買儀器和設備都要申請，有時候申請批准得等個兩、三年，加上人員的聘僱，很難配合發展趨勢，就無法掌握效率前進。

反觀現在的我就比較自由，整個團隊研發的速度可以很快，因為生殖醫學的變化速度太快了，沒有這樣的速度應變是跟不上潮流的。先前沒料想會發展到這麼大的規模，而是後來慢慢擴充。跟隨時代的脈動，你認為對的事情就馬上去做，但在大醫院就沒辦法彈性應變，很多事情要慢慢克服，結果時間過去了，發展先機也錯失了。

英雄造時勢，時勢造英雄！茂盛醫院的成長有其背景存在，如果我續留中山附醫，相信不會有現在的發展規模。我認為：對的事情，就要馬上去做，如果沒有跟國際接軌，不知道未來會發展成怎樣，所以領導者必須洞見觀瞻，掌握國際趨勢，才有辦法帶領團隊往正確方向前進。

此外，在未來將發生的事情還沒發生之前，要把團隊先整合好，才有辦法帶領團隊往前衝。因此，領導者一定要掌握這個產業的未來發展態勢，在產業成熟前先行投資，才能處於世界領先的地位。科技發展要拚速度，生殖醫學也是在拚速度的，一旦發展速度變慢，就注定了被淘汰的命運。

第39章 期許成為學術有成的開業醫師

幾經波折，終於甘心成為一名開業醫師，但賺錢並不在我的人生規劃中，也就不會去設定看病的費用，要看多少病人才能滿足我的期待。比起金錢，我更在乎患者是否得到有效果的治療。

從大學教授到開業醫師的心態轉折

一般來說，離開大學醫學院環境後，學術研究成績會比較差，因為沒有實驗經費與人力等後援，難以在醫學研究上有所表現。我期許自己是繼續在學術上努力的開業醫師，但以前在學校做研究或準備教材有學生幫忙，離開學校後，既要看門診，又要準備教材、做研究，什麼都得自己來，校長兼撞鐘，好像一根三頭燒的蠟燭，總有力不從心之感。直到慢慢訓練出自己的團隊後，才沒有這種感覺。

從教授轉變為開業醫師，不難想像所要承受的心理衝擊確實不小。並非我瞧不起開業醫師，而是學者與開業醫談論的內容原本就大不同，各自的目標、任務也不一樣。本來我是研討會上的講者，如今也是開業醫師，與大家共聚一堂時，究竟我是「講者」，還是聆聽演講的「學生」，一度令我產生困惑。

不過，人必須學習適應新環境，接觸的人不同，談論的內容也要隨之改變。從高高在上的學術新知觀點，轉變為日常的病人問題處理，對我而言，面子的確有些掛不住，尤其當時全臺的教授很少，地位更顯崇高，一下子變成為數不少的開業醫師之一，心理層面非常需要時間調適。這也是開業初期為何會有想要結束診所業務，返回中山附醫的想法，當時真的無法快速轉換角色。

直到我慢慢適應後，也就習慣了一切。而且一旦確認無法再回中山附醫工作，就要更努力融入開業醫師的文化中，與大家一起朝努力的方向前進。很欣慰的是，自己不僅融入開業醫文化，個人理念也受到大家的認同，目前可說是中部地區的婦產科醫師領導者之一。

持續研究寫論文，跟上國際水平

我不會因為成為開業醫師，就放棄學術研究，反而在學術研究上發光發熱。我始終堅信如果在學術研究上沒辦法繼續進步，會讓醫師失去價值而慢慢走向三流醫生，這不是危言聳聽，而是從前輩走過的路所觀察到的結果。大部分的醫師在離開大醫院去開業，一開始的確有很多病患，然後慢慢變少，最後結束開業生涯。不少開業醫師的路是這麼走著。

我不斷思索自己到底要走哪一條道路，畢竟大學教授出來開業的人很少，多數是主治醫師或當到科部主任出來開業，尤其在當時經教育部審定的大學教授很不容易取得，以全臺灣來講，生殖醫學領域的教授可能只有一、兩位而已，像我在當時算是大教授，不是一般小教授，以這樣的資格出來開業的更少，所以自己一定要設定目標，持續精進。

那時的我具備研究能力，因此成立實驗室，跟研究員持續做研究，不斷地將個人在生殖醫學領域的研究往上提升，有很多成果都是我離開中山附醫之後做出來的。同時，我經常去國外見習、交流，不是一成不變或守在象牙塔，必須透過國際交流才有辦法向上發展。

再者，要時常發表論文，不只寫出來，還要受到國際肯定。一個教授如果在三年內沒能產出一篇論文，表示已經沒有用，只剩下臨床上的技術可以用，這樣是無法跟上國際水平的。

教授寫不出論文會被看扁，但開業醫師寫論文又會讓人笑話，因為沒有人這樣做。開業後，還去國際醫學會議發表論文的更是少之又少，不要說臺灣，全世界也難有這種案例，我算是比較特立獨行吧。如果希望在這個領域做得很好，勢必要走這條路！

然而，這條路並不好走！第一，自己會承受很大的壓力；第二，需要耗費很多的心力；第三，必須努力保持與世界水平同步。想要走在這條路上，得投入很多人力、物力和錢財，不是只有精進自己的技術，而是整間醫院的人力都要投入，才有辦法一步一步往上爬。

不好走的路，我們還是走出了康莊大道！茂盛團隊發表的論文量不會比醫學中心少，每年發表到世界知名雜誌如：《*Human Reproduction*》、《*Fertility and Sterility*》、《*Journal of Reproduction and infertile*》的論文數量與排行，茂盛醫院與臺大並駕齊驅，表示我們整個團隊發揮了最大的能量，也因為這樣，才能讓技術居於領先地位。

研究、發表論文和前往國外做研究、演講，是我一定要持續走的三條路，如果缺少一項，可以預見將慢慢與學術領域脫節，也沒辦法再往上提升。直到今天，我從未在這三條路上消失過。

之所以自我要求這樣做，全部來自在美國進修那一年的體悟！因為我在美國實驗室就是校長兼撞鐘，什麼都要會，卻也造就我以後有能力做所有的事情，相信在臺灣像我這種醫師少之又少，幾乎可說沒有。大部分的狀況是每個人只負責一部分工作，一個人沒有辦法綜合處理所有工作。

開業醫師也能獲得肯定

不放棄學術研究，讓我這位開業醫師也有機會成為醫學會理事長。

隨著第一例試管嬰兒的誕生，整個生殖醫學開始有了蓬勃的發展。為了推動生殖醫學，民國七十九年七月，由宋永魁教授、楊友仕教授與我一起籌組「中華民國不孕症婦產科生殖醫學會」（後更名為「臺灣生殖醫學會」），以我們三人為核心，領導臺灣生殖醫學的學術研究交流。第一任理事長為宋永魁教授，一任理事長的任期兩年，我接任第二任理事長（民國八十一年至八十三年），這可說明我當時在生殖醫學界擁有頗高的聲望，算是生殖醫學界中的強棒。

那時，臺北榮總的生殖醫學團隊尚未加入生殖醫學會，而是自行成立「中華民國生育醫學會」，但曾啟瑞教授後來也加入生殖醫學會，並擔任第四任理事長。由學會積極地促成了國內醫學界的學術交流，大家一起朝前邁進，共同研究，開創了許多新的治療技術。

可惜後繼者未能體認到群體合作研究的重要性，而無法在國際上展現臺灣的實力。因為臺灣很小，案例數有限，很多的數據需要大家一起收集，才能有足夠的論文數量在國際會議上發表。學會成立之初，所抱持的雄心壯志，就是希望能藉由學會引導、發揮群體力量，以站上世界一流的位置，但最後卻未能往這一方向前進，這是我覺得甚為可惜之處。

於是我退而求其次，就以自己的醫院為基地，運用醫院的設備、人才培養往世界邁進。為了達成此一目標，開始計畫將診所擴大為醫院，用更大的研究發展空間去追求心中的目標。

繼生殖醫學會後，再次接任婦產科醫學會第十六屆理事長（民國九十一年至九十三年），我是以開業醫師身分擔任婦產科醫學會理事長（第一人為蔡明賢醫師），以往這個職位都是由臺大、馬偕等大醫院具有教授資格的醫師擔任。

婦產科醫界當時分為臺大、馬偕與榮總等三大系統，要得到這三大系統的醫師認同，才有機會當上理事長。不少醫師與臺大有淵源，馬偕則因為婦產科陣容龐大且人員比較團結，是不可忽視的一派力量，北榮則是以國防醫學院為主的系統。加上過往的婦產科醫學會理事長一職相當崇高，必須由具有學術地位或教授級的醫師擔任，因此，當年能以開業醫師得到大家的認可，獲得理事長一職並不容易。至於現在的要求相對較不嚴格，這或許可視為一種時代的轉變。

第40章 私人診所打造動物實驗室

即使成為開業醫師，也沒能阻擋我追求學術研究的熱情！我認為，一定要設立自己的研究室，進而再成立動物實驗室。

解決困難，從動物實驗著手

由於病人所遇到的困難或麻煩，都必須由醫師克服，而克服的路上一定會遇到很多難題，除了要參考國內外眾多研究文獻，還要進行動物的研究，主要是沒有人類這麼做過，在沒有前例可循時必須先從動物著手。因此，動物永遠是我們的研究對象。

畢竟病患是人，不是動物，你不可能在另一個病人身上實驗完成後，再運用到有困難的病人身上。於是將研發出的新技術在動物身上操作，完成動物實驗後，才運用在病人身上，如此一來，可讓試管嬰兒的技術不斷提升。在醫界，很多的技術研發出來後，必須先進行動物實驗，確認技術可熟練地操作，再應用於人體。

私人診所擁有動物實驗室

當我自行開業時，就創立全臺私人生殖中心擁有動物實驗室。茂盛的動物實驗室一年大概要耗資一、兩千萬左右，專門從事R&D（Research and Development）的工作，以私人的生殖機構來看這樣的規模，可說是全世界絕無僅有！但我認為，唯有強大的基礎研究，才能讓試管嬰兒技術不斷突破，並有所發展。

雖然每年要耗資千萬，卻是很值得投資的實驗暨研究單位。尤其走過這三、四十年的生殖醫學發展，我的生殖醫學團隊能夠這麼強大，就是有這麼一座胚胎動物實驗室當後盾，將生殖醫學所面臨的困難、機轉，以及該如何改善，完全在動物身上得到驗證後，才運用於人體。

不要小看動物實驗室，其實動物所需要的環境比人更為講究：一是必須維持恆溫；二是飲水、飼料系統要潔淨穩定並符合國家要求；三是無菌潔淨的實驗空間，否則一有感冒病毒就會讓老鼠死掉，等同讓動物住在六星級飯店，享受完全自動化的服務系統。這樣培養出來的動物，進行實驗時才能獲得高度的準確結果。**有人笑我在動物實驗室投資是「瘋子」，但只有「瘋子」才能把事情做到極致！**

發表論文分享經驗，帶動國內發展

在這座實驗室的加持下，我們每年都能在世界一流的國際醫療期刊，發表約七、八篇以上的學術論文。很少有診所開業醫師發表論文，臺灣沒有，國外也相當少見。國內學術期刊在國際排名並不高，為了彰顯我們的強項，多半投稿至排名較前的國際學術期刊。此舉也吸引了來自印度、越南的醫師，想要來跟我學習試管嬰兒的技術。之前有位從越南來，現在是我任教博士班的學生，問他：「為何選我？」他回答：「看到您在國際學術期刊發表了很多篇論文，認為能學到很多東西。」

我們透過實驗室研究發表許多論文，帶動了國內生殖醫學的發展，因此，在國內生殖醫學的會議上，我也將個人的論述與各方專家分享，包括：面臨了什麼問題、如何解決。雖然對我而言，這些人是我的競爭者，但我認為將經驗與同業共享，讓病人得到好的治療，有助國內生殖醫學水平的提升，也讓病人的治療得到更高的成功機會，這是我個人衷心認為所必須要做的，一如當年臺大的老師對來自外院的我，所給予的無私指導。

有些人會說「你教人家這麼多」，可是我覺得這不是「教」，而是共創更好的環境，來提升國內生殖醫學的水準。

我常常在學會提出結論（Comment），與大家分享各式困難問題的治療經驗，讓同業透過我們的發表，提升他們在生殖醫學領域的知識、治療病人的能力。我好像一位導師，所做的事是引領國內生殖醫學能夠不斷往前邁進。

「一個人走得快，一群人走得遠」，醫療要進步，不能只有我自己做得好就好，也希望透過經驗分享來帶動良性的循環，讓國內同業一起分享研究的成果，共同提升知識與治療病人的能力。有些人會認為同行互相排擠，可是我覺得不該如此，做老師的，就是要將所學傳授給學生，即使這些都是我們花很多時間得到的成果，仍應無私地與同業分享，大家一起提升水準。

第41章 帶領茂盛團隊展現傲人成績

茂盛在生殖醫學領域展現的傲人成績，有目共睹。有人好奇，是否因為我從事生殖醫學，而以「茂盛」為名，其實不然，「茂盛」就是我的本名，走上生殖醫學之路，是因為不想跟大家走一樣的路。然而真要說是冥冥中注定了什麼，還真有個故事可與大家分享。

鄉里傳言與後代發達不謀而合

我家的祖墳位在路邊，因父執輩的經濟狀況都不好，無法為先人立墓碑，沒有墓碑的墓仔埔，只能靠旁邊的矮樹叢做為識別。

附近有一家診所，總是把用過的針頭撒在祖墳上，這是在我出生之前就有的事，當時並未有「醫療廢棄物處理法」，可能因祖墳地處偏僻，診所才有恃無恐這麼做。沒想到時間一久，當地竟出現「這家後代會有人當醫生，並因此而發達」的傳言。

多年之後，我還真的當了醫師，與鄉里傳言不謀而合，這是巧合或者冥冥之中注定？真的不得而知。

至於我的名字也沒有更改過，百分之百是父親所取，他沒有讀過書，隨便合了八字就為我取名「茂盛」。現在有許多人為求子順利而到廟宇擲筊、請神明開示到哪裡就醫，據說有的廟宇會以「十八子」提示，「李」字拆開就是「十八子」，十八子已經很多子了，再加上「茂盛」，更有「開枝散葉、子孫萬代」之寓意，很符合求子夫妻的渴望。鄉野傳說加上父親的無心之舉，讓我的行醫之路往生殖醫學領域發展，看來極為順理成章。

說巧合，不如說個人堅持奮鬥

不過嚴格來說，生殖醫學是後來才興起的學科，我讀醫科時根本還沒有這門科系，即使到臺大醫院受訓，那時稱為「內分泌醫學」，門診名稱是「婦產科內分泌診」，後來才改稱「婦產科生殖醫學診」。當時還算是多產的年代，哪裡想得到現代人對於生殖醫學協助懷孕生子，竟有如此大的需求。一路走來，該說是巧合嗎？

與其說是巧合，我更想說：現今的成績都是靠努力奮鬥而來的！遇到問題，就是奮力解決、克服問題；愈是困難，愈要堅持下去。我雖是一介開業醫師，始終堅持繼續在學術上努力；唯有不斷學習研究，定期研讀論文雜誌並共同討論，是讓自己跟上國際潮流的不二法門。如此一來，不僅避免未能接受新知而走向衰退之路，更能持續提升醫療水平。

每週兩次討論會，領先同業的致勝關鍵

當然，不只我個人求進步，我的團隊也要進步。因此，我用比醫學中心更嚴謹的態度訓練團隊，定期針對議題提出討論，每週召開兩次討論會，一次是論文、雜誌的討論會，另一次是針對病例，成功的、失敗的案例都要進行研討。

記得我在中山附醫當部主任時，為了維持醫療水平，所有的人員，包括生殖醫學的技術員，全部都要參與討論會議。研讀世界頂尖的醫學雜誌、研究論文，才能知道世界進步到哪裡，我們又要如何跟上腳步，並爬上巔峰。

如果沒有這樣的會議，我將不知道國際醫療的進展，更沒有辦法跟上世界醫療水平；不要說世界水平，可能連臺灣的水平都跟不上，因此我們必須比臺灣其他的生殖中心更加努力。坦白說，臺灣沒有任何一家生殖中心做得到一週開兩次討論會，一個月有一次就很不錯了。

值得一提的是，我們的會議連技術員都要共同參與，這大概也是其他生殖中心所沒有的要求。堅持努力研究、吸收新知，讓我與團隊一起為生殖醫療技術的提升而努力，這也是茂盛醫院比別家生殖中心更強的重要策略，因為我們擁有知識的力量，是別人所不及的。

針對病例則是透過討論，了解個案為何成功、為何失敗的原因，不只避免再犯同樣的錯誤。同時，為了能不被臺灣的潮流淹沒，必須不斷嘗試新的方法，否則五、六年之後，茂盛也將往衰退之路走。要讓茂盛繼續維持往上爬升的態勢，就必須靠這兩項討論會，雖然過程很辛苦，但一定要這麼做！

自從開業以後，就立即實施這兩項策略，這也是為何即使我是一位開業醫師，依然在論文發表的數量與國際研討會的聲量維持不墜的致勝關鍵！如果國外有新的技術問世，茂盛醫院團隊大概花上三個月的時間就能將技術複製，這是國內其他生殖中心所無法做到的。茂盛能一直維持高水平，就是靠著堅強意志、持續執行每週兩次的討論會議。

強化本質，無畏各式挑戰

能夠成就今天的茂盛，就靠研究與討論做為兩大支柱，不斷進步並向上攀升，否則也創造不出連續數年保持全臺人工生殖治療週期數第一名的傲人成績。根據統計，臺灣每三個試管嬰兒中，就有一名來自茂盛醫院生殖醫學中心*。

茂盛雖屬診所層級，但來此就任的醫師，並不能以「不是醫學中心，不需要研究、寫論文」為藉口而鬆懈，在我的要求下，每個人都要寫論文，而且要發表，這是連醫學中心都未必做得到的要求。畢竟這條路要走下去，不是容易的事。當前的經營

註

*二〇二〇年八月五日，副總統賴清德造訪茂盛醫院，肯定茂盛醫院在生殖醫學方面的成就。院長李茂盛教授表示，茂盛醫院生殖醫學中心於二〇二〇年蟬聯國健署人工生殖治療週期數第一名，在臺灣每三個試管嬰兒，就有一位來自茂盛。（資料來源請參考：衛生福利部國民健康署－人工生殖施行結果報告）

方式與過往已大不相同，但無論環境怎麼變化，本質一定要夠強，才有辦法接受各式各樣的挑戰！

茂盛的成就不是只有在臺灣被看到，也能被世界看到，我對我的團隊很有自信。而且我一看論文就知道要做什麼，也知道怎麼把技術複製出來，進而掌握應用到臨床病人身上的關鍵。

茂盛不只帶領臺灣生殖醫學往前走，連帶引領世界的生殖技術往上提升，因為我們與世界級大師在一起切磋，有些人已經得到諾貝爾獎，有些則是美國一流的人才，大家都是好朋友，共同在生殖醫學領域砥礪前進。

實事求是找問題，追求最高懷孕率

在茂盛醫院任職的醫師並不輕鬆，不僅要寫論文、做研究，還要服務病人，三者缺一不可，唯有在這個要求之下，才能讓患者獲得最高的懷孕率。只要懷孕率有一點點下降，我們就會檢討到底是哪個環節出了問題。

我們曾經面臨實驗室發生問題，導致那一、兩個月的懷孕率低得相當離譜，於是進行檢討：從培養液的泡製方法和準備情形開始，還有臨床排卵的刺激有沒有問題，再來全面檢測每一個與胚胎、卵子有接觸的用品。

檢測標準不像其他醫院那麼簡單，茂盛有自己的動物實驗室，以受精的卵子去培養鼠胚，確認到底哪個環節會影響鼠胚的好壞、產生囊胚期的比例有多少……每一個環節都要檢查。但這樣做還不夠，考量有些毒性在胚胎期測試不到，因此，我們再用製藥公司才有的儀器進行毒性測試，那一臺測試毒性的儀器花了差不多四、五百萬元，如果有測出一點點的毒性就代表有問題，包括水質，也一起做大體檢。

最終，發現問題點出在吸胚胎的小吸管頂端。就這一點點的問題，不只會影響最後的結果，就連找原因也花上兩、三個禮拜的時間。所以，問題一發生，就要從很多面向去尋找問題根源所在。

茂盛的每一批醫材用品，包括培養液、接觸培養液的試管，在使用前都要經過兩項測驗：第一個是老鼠的鼠胚測驗，通過以後，再做毒性測試。基於此，要成為茂盛的供應商並不容易，必須通過很嚴格的品質管制，以目前工廠管理的概念來說，就是QC（Quality Control，品質控制）。

由於胚胎在發育的過程中極其脆弱，自是不容許一點有毒物質存在。在茂盛，會接觸胚胎的任何物品都要做完整測試，然而不少中心並無法達到這樣嚴格的把關，進而影響到胚胎培養成效，茂盛並不想用「患者運氣不好」來概括這些問題，我們追求的是：實事求是。

一旦遇到問題，我們的處理步驟是：先確認執行的醫師有沒有疏失，再去檢視整個過程是否有缺失，最後才就「人的部分」進行檢討。若一味地歸咎於「運氣」，或檢討胚胎師培養不佳，而不考慮是否為自己的問題，終將流於平凡而無法有所突破。

第42章 用心協助困難個案，創造豐碩成果

創業之初，茂盛雖然僅是診所規模，但研究成果絕不輸給各大醫學中心。尤其當門診遇到困難個案時，唯有再去研究，找出解決方案，然後應用到病人身上，才能成為一種良性循環。病人對我們有信心，而來找我們幫忙，這也讓我們遇到的難題愈來愈多，因而建立了研發團隊，為困難個案找出解決方案。

抱持懷孕希望的「最後一站」

比起一般個案的數量，困難個案相對較少，不過為了解決他們的問題，我們需要耗費很大的精神，不只是人力、物力，醫院更需投注很多資金才能達成目標，每年的

研究經費大概在一千萬元左右，不要說診所，連大醫院也很少有這種規模的投入，但我勇於在這方面投資，購買精密高端的儀器，並由兩、三位博士帶領研發團隊，不斷地自我要求、改善，竭盡所能地為提升技術而努力。

不少醫師會選擇放棄困難的案例，畢竟相對產值不高，除了茂盛醫院，在臺灣鮮少有人為了這百分之一的患者而投資研發。我們之所以願意這樣做，是因為在很多不孕症患者心中，茂盛就像是在台灣能讓她們對懷孕抱持希望的最後一站。很多病人來找我時，總會這麼說：「李醫師，你是我最後的希望了，如果這次再沒辦法懷孕，我就放棄當媽媽了。」

每次聽到這些話，心裡就會感到相當大的壓力如排山倒海而來，因為她能不能成為媽媽，整個家庭的寄望都在茂盛這裡，她們的期待愈高，我們的壓力就愈大，因此對我們而言，重點從來不是錢的問題，而是要怎麼幫她們實現當媽媽的念想。

生殖醫學讓人著迷的是，每天面對許許多多的不孕症患者，有著各式各樣的問題待克服。隨著醫學科技的發達，原本無解的問題也能逐一被解決。細數茂盛近四十年的研究成果，不只豐碩，更在生殖醫學發展史上寫下不少里程碑。

攝氏零下二〇六度！冷凍的囊胚成功懷孕首例

隨著試管嬰兒的需求漸增，胚胎保存的需求量也愈來愈大。在生殖醫學發展的過程中，所要面臨的一大問題就是多餘的胚胎該怎麼處理，這就必須藉助胚胎冷凍技術解決問題。

剛開始的胚胎保存技術比較差，有時候，解凍效果不是很好，儘管有些存活率，但還沒達到盡善盡美的狀況。先前在中山附醫時期，即派研究人員黃俊嘉、吳乃安去國外學習。

基於這麼多胚胎若沒有以好的方法保存，對患者來說，實在是很可惜的事；也對不起患者，畢竟每個胚胎都是生命，不能輕易丟棄。因此，包括我自己也去國外進修，學習發展已經成形的先進技術，也慢慢將這個技術帶回臺灣，運用到我們的生殖醫學中心。原先冷凍完的可用胚胎大概只有四、五成，目前已經達到九成九，這又是另一大突破。

傳統使用的冷凍方法是要降到攝氏零下一九六度，那時雖有自動化儀器去操控，當中有一段時間仍需要人工調控，因此還是存有技術品質的落差。

我們開始思考另一個超低溫冷凍的方法，採超低溫冷凍技術，利用真空抽離技術的原理去處理，急速降溫到攝氏零下二〇六度。

為了讓冷凍胚胎的品質更好，從以色列引進超級冷凍儀器。該機器原本不是用在人身上，而是動物，但我們經臨床動物實驗證實可運用在人身上，而且讓冷凍胚胎的存活率更高。二〇〇〇年，使用攝氏零下二〇六度冷凍的囊胚成功懷孕，成為世界首例個案！我們將這個案例寫成論文發表在美國生殖醫學期刊（*期刊論文：Huang CC, Lee TH, Chen SU, Chen HH, Cheng TC, Liu CH, Yang YS, Lee MS. Successful pregnancy following blastocyst cryopreservation using super-cooling ultra-rapid vitrification. Human Reproduction. 2005; 20(1):122-128.）上，獲得不錯的迴響。

在整個發展的過程中，我們面臨到一些技術必須提升、革命，從早期開始就不斷地往前進步，面對試管嬰兒的困難度，必須要有突破性的進步，特別是針對品質不太好的胚胎。

原本冷凍胚胎是用冰晶冷凍法（傳統慢速冷凍技術），才能誘導冰晶形成，不然胚胎就會受損，不穩定性相對增加，這也是一直困擾我們的問題。直到我跟日本Masashige Kuwayama（博士）合作，引進了Cryotop，使用快速冷凍技術，這是將胚胎急速冷凍在攝氏零下一九六度的液態氮中，原理是以高濃度的冷凍保護劑與卵子細胞內的水分形成氫鍵，以避免在冷凍過程中，因水分子凝結成冰晶而對細胞產生不可逆的傷害。卵子、精子與胚胎的冷凍處於穩定的狀態，因而能提高懷孕率。其操作程序簡單，後來還擴展到全世界。目前，臺灣各生殖機構多使用「玻璃化快速冷凍技術」保存卵子、精子與胚胎。

精蟲問題：解決不孕男性困境

有一些來做試管嬰兒的不孕症病人，屬於嚴重型不孕，而問題來自精蟲，如：數量很少、活動力低、大部分的精蟲是畸形，甚至只有少數一、兩隻或幾乎看不到，怎麼辦？早期，我們使用透明帶下精子注射術（subzonal insemination, SUZI），把卵子透明帶打破，讓精蟲進去受精，懷孕率達到百分之三十、四十。

自一九九六年起，我們利用精蟲顯微注射技術去克服，將精蟲直接打到卵子裡面的硬核膜下，沒有打到細胞質裡，懷孕率大概可提高到百分之六十至七十，但仍不盡理想。

後來，自國外引進單一精子卵漿顯微注射術（ICSI），直接將精蟲打到卵子的細胞質裡面，也能讓無精症或精蟲很少的患者之懷孕率拉高到百分之七十至八十以上。這解決了不孕男性的精蟲問題，在生殖醫學上是個大突破。

至於有一些所謂的「無籽西瓜」，睪丸很小、看不到精蟲，技術員會將睪丸組織取下來之後，抽絲剝繭找出少數幾隻精蟲，即能運用顯微注射幫助卵子受精。

對病患而言，手術時間漫長且痛苦，因此，我們發展出單槍睪丸取精術，直接用針把精液、精蟲從副睪抽出，讓病人可免於麻醉之苦，並降低手術的危險性，進而解決所謂「先天性無輸精管」或輸精管結紮後沒有精蟲的問題。在跟男性不孕症纏鬥的三、四年間，茂盛醫院先後研發出這些技術，並加以運用。

另外，有些患者面臨的是「逆行性射精問題」，射出來的精蟲不是射到外面，而是射到膀胱裡面，外面是找不到精蟲，但是可在膀胱裡找到。所以，我們還有一項技術是在射精後，從膀胱裡面萃取出精蟲，再利用精蟲顯微注射來完成精卵結合。

一般人或許沒想過慢性病也可能造成不孕。嚴重型糖尿病的患者不只健康有問題，這類型的病患跟脊椎損傷者一樣，都有無法自行射精的困擾。於是引進了電擊取精技術，將電擊棒放到直腸裡，藉由導電刺激儲精囊的肌肉收縮來達到射精，再加以收集精液，進行試管療程。這麼做，讓脊椎受傷的病人也能如願得子。

解決高齡懷孕問題，讓臺灣治療水準向前邁進

在生殖醫學的進展過程中，我們發現年齡較大的女性即使運用生殖技術也不容易受孕，或常以失敗告終。除了不忍看著病人的療程一直失敗，這也是從事不孕症醫療的人員所要承受的壓力，為了幫助高齡的不孕症患者，我們不斷突破現有的技術。於是引進「胚胎鐳射輔助孵化術」，幫助提高懷孕率。

幫胚胎細胞「破殼而出」的概念，來自小雞孵蛋的發想，雞蛋、鴨蛋要孵出小雞、小鴨，必須先破殼，人的胚胎要著床也一樣，殼要先破掉才能著床。胚胎細胞被一層透明帶所包覆，這個透明帶就好像殼一樣，當胚胎植入子宮內，胚胎的透明帶會破裂孵化出一團類似桑椹狀的囊胚細胞團，著床在子宮內膜，繼續靠子宮供給養分成長。如果透明帶無法順利破裂，裡面的胚胎細胞就無法著床於子宮內膜上，進而達成懷孕的目的。

然而，女性年齡愈大，卵子透明帶就愈韌且厚，不容易破掉，使胚胎細胞難以突破「障礙」而著床。為了幫助胚胎順利著床，我們從國外引進技術，在施行胚胎植

入之前，利用鐳射胚胎輔助著床的技術，使用鐳射光切割、進行胚胎輔助孵化，能快速、精準且安全地在卵子透明帶鑽孔。這也是臺灣生殖醫學突破性的成就，解決高齡患者沒辦法生育的困難，同時讓臺灣的治療水準又往前邁進一大步。

遺傳性疾病基因檢測，不讓悲劇一再複製

一九九七年，藉由生殖醫學領域的研究，我們發現到很多遺傳性疾病，像是海洋性貧血，如果得到重症的話，就要終生輸血，對整個家庭來說是很大的負擔；還有血友病、小腦萎縮症、夜盲症等，對健康的影響很大。上一代若是帶有該疾病的致病基因，就有較高機率會遺傳到下一代。

這樣的病人來生殖醫學求診，所要面臨的問題，就是如何幫她們避免生下帶有遺傳性疾病的孩子，於是發展出基因檢測。在臺灣，我們率先藉由排除帶有遺傳性疾病基因的胚胎，只植入沒有遺傳疾病基因的胚胎，以生出健康的孩子。

在基因檢測上，光是技術研發部分就耗費兩、三年，讓相關研發人員到國外吸取經驗，再回臺灣複製、改良，落實在臨床運用上。針對遺傳性疾病診斷，作法是把胚胎培養到囊胚以後，再切取細胞，進行基因疾病鑑定，確認有沒有遺傳性疾病基因。

一開始，主要是先做臺灣發生率且嚴重度高的海洋性貧血，有些病人沒做基因檢測，可能到懷孕中期，有的胎兒就已經因水腫而死掉；有的雖然生下來，卻要終生輸血；還有的是先後懷三胎都碰到這樣的狀況，讓夫妻倆十分困擾。但透過基因診斷，可在胚胎植入之前，進行基因檢測，排除有致病基因的胚胎，植入健康的胚胎即可解決遺傳性疾病的問題。

說起來，這類病人大多比較沒那麼富有，是相對弱勢的家庭，而我們幫病人做這些也不是基於賺錢，都是不符成本在做的。畢竟養育一個有遺傳性疾病的孩子，需要用很多藥物進行治療，這對家庭造成很沉重的經濟負擔，孩子也可能養到幾歲就離世了，對心理更是造成難以抹滅的傷痕。

只要遇到這類弱勢病患，醫院會吸收部分醫療費用，患者自行負擔一部分，以此進行遺傳性基因疾病的檢測，協助她們做相關療程。

基因診斷本身是不賺錢的，但為了盡一份社會責任，我們願意協助有需要的家庭，免於承受龐大的醫療負擔與痛苦的心理壓力。茂盛在這方面的成功率和國外相比，可說是無分軒輊，有時成績甚至比國外好，國外檢測中心可以診斷的疾病，我們也都可以做，而且將檢測發揮得淋漓盡致，不僅限於一、兩種疾病而已。

由於每一種疾病的特性不一樣，先做基因檢測，然後做系列的整合，找出病變的位點在哪裡，從位點再設計探針；設計探針後，再回到基因診斷。有時候，除了夫妻要抽血檢查，還要對夫妻的父母抽血，做家族的對胚；對胚完以後，再去找位點，然後做探針的設計，再進行胚胎的檢測和診斷。

這是很大的工程，每一個個案大概需要三、四名技術員一起做，而且是一關接一關地進行，不是一次就完成；先找出位點需要一段時間，再分析疾病的位點，看致病基因的位置在哪個地方。然後，再針對位點設計探針，探針的設計也需要一段時間，進行胚胎切片檢查後，再做診斷，分辨屬於帶因者或是重症者。

這是由我們研發團隊所開發的技術，在臺灣，大概只有茂盛有能力自行執行這樣的檢查，與一般醫療機構幫病人抽血後，送交檢驗公司進行後續檢查不同，畢竟這是攸關生命的大事，每個環節都必須嚴謹對待。

遺傳性疾病的基因檢測項目包括：海洋性貧血、脊髓性肌肉萎縮症、小腦萎縮症、多囊性腎臟、色盲，還有血友病、僵直性脊椎炎，這些疾病有些會讓人面臨生命危險，脊髓性肌肉萎縮症則是身體肌肉逐漸萎縮、喪失行動能力，生命在病程中慢慢流逝。以上都是針對已知帶有遺傳性疾病患者所進行的基因檢測。

卵子冷凍技術：確保解凍後有九成可用

就冷凍胚胎的技術而言，茂盛發展得很早，不過，第一例冷凍胚胎成功經解凍、順利著床及誕生在臺大出現。一九八九年，繼臺大之後誕生全國第一位冷凍胚胎男嬰。接下來則鑽研超高速冷凍將胚胎冷凍保存，之後，再將之解凍進行植入，剛開始只有百分之六、七十的成功率，現在幾乎達到九成以上。

冷凍胚胎是進入試管嬰兒療程的產物，而發展冷凍卵子的技術則是來自癌症病人的需求，像卵巢癌或其他癌症必須動手術、進行化學療法，一旦化學療法做下去，卵巢就報廢掉了，因此，在化療之前就取出卵子冷凍起來，等整個癌症治療完成後，可以再利用卵子進行人工生殖以生下寶寶。

凍卵技術比冷凍胚胎技術來得更高層次，如果沒有好好做的話，可能出現卵子解凍後沒有一顆可以用。茂盛從二、三十年前，即開始進行開發冷凍卵子技術。一開始，使用慢速冷凍的方法，解凍後，只有五、六成左右的卵子沒有損傷，比較好的時候能達到百分之六、七十，但這樣的結果令我們很不滿意，因為解凍後要有九成以上的卵子可用，才符合現在科學的證據。

為了讓日後有可以用的卵子完成生育大計，前後花了十幾年時間研究如何改善卵子冷凍的品質。隨著冷凍技術的改善，從慢速冷凍轉換成高速冷凍之後，卵子的冷凍技術才隨之建立起來，現在的凍卵技術已經發展到百分之九十九的成功率了。

卵子冷凍在最近十年有滿大的成果，凍卵後取出進行試管嬰兒療程，所誕生的寶寶大概已逾百位以上，這技術水準跟國外不相上下。

雖然有不錯的凍卵技術幫忙保存「生」機，但終究不太自然，個人對此並不是那麼鼓勵，而是在沒有辦法的時候，才不得不使用這個方式。例如：接受癌症化療、暫時還找不到男朋友或結婚對象，或是事業忙碌、暫時無生育打算者，基於這三個原因進行凍卵的女性比較多。

投入幹細胞研究，期望造福更多人

由於幹細胞應用到人類疾病的治療案例日漸頻繁，同時，隨著我們冷凍的胚胎愈來愈多，其中有些病患已經懷孕，不用再植入這些胚胎了，就捐給茂盛生殖中心，讓我們用胚胎進行幹細胞治療疾病的研究。

在臺灣要能夠治療疾病必須建立足夠的幹細胞株去做配對才夠用，所以我們開始研發讓胚胎變成幹細胞。臺大、高雄醫學大學都在拚幹細胞的研究，而茂盛在三、四年的時間內，成功培養出TW1（臺灣一號），總共發表五支的幹細胞（二〇〇四年），這是和財團法人工業研究院一起合作的研究。

由於開發出來的胚胎需幹細胞要經過驗證，我們培養完就交給工研院生物醫學工程中心執行驗證鑑定，大致有幾項檢查與如下流程：第一是從生物指標去確定是不是幹細胞，確定完之後，打到老鼠的鼠蹊部，等長出畸形瘤再做切片檢查細胞怎麼發展，才能確定這個幹細胞是真正具有無限制生長及分化能力的胚胎幹細胞株。

幹細胞具有幾項特性，第一個是多旋性變化，可以因為特別的程式誘導，讓幹細胞轉變為各種組織細胞，如：肝臟、心臟、肺部的細胞都可以；第二是可自己製造、分化，而且不會變形。一般細胞分化以後可能會死掉，或是轉變為其他形狀（例如：纖維化形狀），但幹細胞不會，永遠保持年輕美麗的漂亮樣貌，所以能把幹細胞分化成為心臟、肝臟、胰臟等等器官。

依幹細胞可分化之能力限制，又可分為全能性幹細胞及多能性幹細胞。前者指胚胎早期尚未分化的細胞，每一個細胞皆具有長成一個完整個體的能力，如胚胎幹細胞；後者則來自不同胚層的細胞，可分化成為特定組織的幹細胞，如血液幹細胞、神經幹細胞、皮膚幹細胞等的體幹細胞。

目前在全世界，幹細胞的運用愈來愈廣泛，大致可分為三類：多數是用體幹細胞，也就是用皮膚細胞或其他組織細胞轉換成幹細胞；由囊胚所培養的胚胎幹細胞是另一條路；第三類則是臍帶血幹細胞，也是體幹細胞的一種。

從囊胚獲得的胚胎幹細胞具有發展成身體所有細胞的潛能，而且分裂速度快、染色體檢測正常、染色端體活性高，表示細胞處於較年輕的狀態，且於體外長期培養，具有全能分化之潛能等優勢，使得胚胎幹細胞比其他種類的幹細胞更適合用於醫療。

預估胚胎幹細胞可能在未來被大量運用，因為這是所謂百變的細胞，就像孫悟空七十二變一樣，可變成很多形狀，也能用基因重建去幫助一些疾病的治療，以後也可做藥物的篩檢，例如用癌細胞去做癌藥篩檢。

目前跟工研院合作建立的胚胎幹細胞公開案，存於生物資源保存及研究中心之臺灣幹細胞庫，供研究人員申請使用其中TW1胚胎幹細胞發展出肝臟細胞；第二個是和中興大學及臺中榮總合作是發展神經幹細胞；第三個是我們自己研發的心臟幹細胞；如果有這方面疾病的話，可利用這三種細胞進行治療。當然，未來如果有其他需要，還會繼續研發。目前以這三種幹細胞來做臨床試驗，也提供學術界利用這個細胞來研究可應用領域，而且已有好幾個學術界拿我們的幹細胞進行研究。

幫助不孕症患者順利懷孕是茂盛的起點，但並不以此為限；我們運用不孕症患者在胚胎植入後、多餘欲銷毀的胚胎，經該不孕症夫婦同意後捐贈，做為建立人類胚幹細胞的胚胎來源，讓茂盛的研究版圖更加擴大，期望造福更多人！

粒線體移植術：解決卵子老化問題

即使已有精進的試管嬰兒技術，提高了懷孕率，但是碰到高齡求子的病人，還是容易因為卵子本身細胞質的缺陷或老化問題，而遲遲無法成功懷孕。這時，可考慮嘗試「細胞質轉入術」。

由於隨著年齡增長，本身粒線體會老化、崩解，將健康捐贈者卵子的少量細胞質，注入多次胚胎著床失敗患者的卵子中，以改善其粒線體狀況，即所謂的「粒線體移植術」，看看這樣是否可讓病患懷孕。我們曾經有一批約二十位病患，每一位都是植入五次、失敗五次的個案，在使用這個方法後，這批病患中有一半以上的人懷孕了，而且寶寶生下來也很健康。

此一方法在國內應用之時，不免受到很多專家學者的質疑，認為「粒線體本身有遺傳性疾病的人，你這樣移植過去，可能小孩生下來就有粒線體遺傳疾病了」。但是粒線體遺傳性疾病是可以從病史看出，若有遺傳到粒線體疾病是會發病的，如果沒發病，就代表沒問題，因而選擇沒有發病的年輕族群的卵子，將其粒線體移植到年老的胚胎上面。

從理論基礎來看，在人體細胞中，粒線體是一個很重要的結構，受到年齡老化影響，粒線體本身的功能會變得不好，功能不好的話，受精卵就很難發展到囊胚期，也很難著床。採用粒線體移植術的話，就可讓胚胎再度年輕，才有希望著床。造成不孕的原因有很多，年齡老化是個重要因素，再者，胚胎粒線體本身就有問題，更加不容易受孕，因此，必須利用這項科技解決卵子老化的問題。

事實上，細胞質轉入術大概在二十幾年前（一九九七年），就由美國聖巴馬生殖醫學中心（Saint Barnabas Medical Center）教授傑克・冠恩博士（Dr. J. Cohen）首度發表，我們也將實際應用的成果發表在世界醫療期刊上。之後，就有其他國家的專家學者希望我提供這方面的技術，甚至有一位遠從印度而來的學者，到臺灣跟我學習如何操作這樣的技術。文章發表後，在國際上受到萬般矚目，反觀國內學界則抱持不同看法，擔心這些生下來的孩子可能有粒線體遺傳性疾病。但除非是有粒線體遺傳性疾病的卵子，才會遺傳到下一代。

對於採用粒線體移植術所生下來的孩子，我們都有持續在追蹤。兩年前，請他們再回到茂盛醫院來做健康檢查，個個完全健康，現在都已經接近三十歲左右了，而媽媽本身也是五、六十歲。之前，她們受不孕症所苦，無法順利生兒育女，對一個家庭來講是有所缺憾的，所以才來拜託我們處理。為了幫助療程屢屢失敗的高齡女性能順利懷孕，才想出以細胞質移植技術改善卵子的品質，讓這些粒線體老化的病人也能實現當媽媽的願望。

另外，有些病人本身卵子的受精能力很差，即使用顯微注射技術還是不能受精，怎麼辦呢？病人十顆卵可能只有一顆卵受精，甚至一顆也沒有，所以要想出幫助卵子受精的方法。

利用電刺激法，將精蟲打到卵子裡面以順利受精，因為電刺激法可刺激卵子的透明帶產生電波，讓卵子周圍的鈣離子管道打開，打開以後，細胞外的鈣離子濃度會比細胞內來得高，利用濃度高移向濃度低的滲透差，細胞外的鈣離子就會往細胞內移動，當卵子細胞內的鈣離子濃度增強之後，會活化粒線體，使粒線體功能正常運作，才能產生正常的精卵結合並發育成胚胎。

這個概念來自細胞外層有很多管道，我們所利用的鈣離子管道，是細胞內外一個相通卻很小的管道，平常沒有打開，利用電流刺激打開，引導細胞外的鈣離子往細胞內移動，以提高細胞內的鈣離子濃度，進而活化並啟動粒線體，使其有足夠的能量去產生受精能力。這是我們的假設，一樣是先進行動物實驗，成功後才運用到人體。

至於概念的源頭，則來自我們在從事複製老鼠的技術研發。當時，世界上已開始複製人的研發，我們也開始進行研究複製技術，過程中，我們以電擊讓卵子粒線體產生活化作用並受精，成功將受精的白鼠胚胎轉換成為黑鼠胚胎，再植入到白鼠身上，利用細胞核的轉換技術，將白鼠的細胞核拿掉，再植入黑鼠的細胞核進去，讓白鼠也能生下黑鼠。就這樣，在茂盛的實驗室成功出現複製鼠。

後來，我們將研究複製鼠的技術應用到人類受精困難的個案。受精困難的病人不多，一百個裡面只有

完成黑白鼠細胞核轉植術，已產生下一代的黑白小鼠。

一或兩個，但若是不解決受精困難，病人沒辦法受精，要怎麼懷孕？畢竟這是卵子本身的問題，而且連精蟲顯微注射都沒辦法完成受精，如何是好？

精卵能量不足，沒辦法啟動受精的機制，當然沒辦法結合。若要讓引擎啟動，就得靠鈣離子進去啟動幫浦，產生正常的受精。我們有算過這樣做的懷孕率，可從不到百分之十提高到百分之七、八十，而此技術的適用對象是受孕率不到百分三十的卵子，經過粒線體移植之後，就能獲得與正常水準（八到九成）相近的受精狀況。

因應未來發展趨勢，轉型醫院當領頭羊

一直以來，茂盛團隊對於療程引進並創造新技術，始終不遺餘力，而這也是要轉型為醫院的主要原因，基於生殖醫學必須向前邁進，包括要做細胞療法、精準醫學、人工智慧等三大領域，還有基因醫學。這些都是未來的發展趨勢，需要更多的人力、物力，必須透過大型醫療機構的運作，四大領域發展才能往上提升。

尤其臺灣的生殖醫學領域已躋身國際一流的地位，臺灣人將以此為傲，對於目前已經做得不錯的我們來說，更要努力讓臺灣的生殖醫學在國際上發光發熱。我們很有信心當領頭羊，帶領臺灣成為具有最新生殖醫學科技的國家。

近年，茂盛再投資兩千多萬購入AI人工智能系統，讓家族有遺傳性疾病的備孕夫妻，可以透過AI人工智能試管嬰兒技術，不但能挑出好胚胎，揮別家族遺傳疾病代代相傳的陰影，也可提高懷孕率。

這是以「胚胎著床前染色體篩檢」（PGT-A）為基礎，再加上「次世代定序分析」（NGS）的技術平臺，取代傳統晶片式檢測方式，可篩檢出異常的染色體，並淘汰染色體數目異常的多種疾病，如唐氏症等，以找出基因健康且品質優良的胚胎。之後，將這些健康胚胎再區分為A、B、C三個等級，放入由博士級人工智慧工程師來操作、造價千萬元的「胚胎影像即時監控系統」進行觀測。經分析之後，挑選出發育情形最好的優良胚胎做植入，以提高懷孕率並降低流產率。

從這套系統就可看出，生殖醫學是技術與人力密集的產業，為了跟上最新科技的發展，一路走來，我都是以堅強的毅力克服種種難關。

第43章 規劃全方位生殖醫療院所服務

開業大約二十年後，我慢慢計畫將診所轉型為醫院。基於有些研究與新的醫療技術必須由大型醫院支持發展，就像細胞療法目前僅在教學醫院執行，未來會開放一般醫院進行。臺灣的法律規定，由教學醫院研發出新的醫療技術才能被接受。因此，我希望茂盛能夠朝教學醫院前進，以便做更進一步的研究，在生殖醫學領域開發新的技術，邁向另一個新的里程碑。

為病患安全，打造更完善醫療設備

計畫轉型為醫院，自然需要較雄厚的資金，還有更大的空間。之前先用賺來的錢購買土地，一塊一塊慢慢地買，累積而成設立醫院的基地。

身為大學教授的我考量著：病患接受試管療程，需要麻醉以進行取卵，如果在診所的醫療狀態下接受此手術，萬一發生合併症，以診所的人力（麻醉醫師）、儀器設備（生命徵象監視系統）與感染控制，勢必無法給予病人很好的處置。為了安全起見，醫院的設備規模才能讓病人在醫療過程中，受到更妥適完善的照護。因此，茂盛一定要做到醫院的水準，才是最起碼的服務。

雖然診所也做得到，但終究受到法規限制甚多，譬如空間、設備都相對不足，萬一臨時發生事情，總是無法給予快速的處置，對病人的治療可能造成影響。開業二、三十年以來，根本沒想過利潤多寡、獲利多少的問題，總是思索如何對我的病人負起更多責任，怎樣讓病人在診所得到更好的照顧、更安全的治療，並有更高的懷孕率，然而這些並非診所等級能完全做到，需要提高至醫院層級才有能力辦到。

進入生殖醫學領域後，先後觀察過幾個國家的生殖中心，獲得一些新的觀念，如：需要更大的空間，讓整體環境變得更好，才能提高生殖醫學的技術，包括實驗室要加大，採卵的手術室與實驗室、植入室要有一體的設計，距離愈近愈好，不能讓胚胎的移動距離過長，才能降低胚胎受外在影響的程度。

貼心與專業兼具，建置安心就醫環境

當前臺灣有很多生殖機構，讓病人在手術室進行採卵或植入手術後，再移到觀察室休息，這樣的安排對病人並不好。其實植入胚胎後，應該讓病人好好休息，茂盛醫院採取的作法是，病人接受植入後，就待在原處休息，直到離開，這段時間由我們提供溫馨舒適的空間，讓病人在植入後能擁有良好的休息品質。

此外，茂盛更在植入前提供貼心服務，就是特別幫個案按摩，幫助她們放鬆心情，不讓緊張的心情干擾了植入時的狀態，也有助增加骨盆腔的血流，讓子宮收縮平穩，用相對穩定的狀態迎接胚胎入住，求得最好的結果。

對於來茂盛就醫的病人，我一直希望能讓她們享受到有如五星級飯店的服務、獲得更高的懷孕率，以及在更好的環境就醫，基於這三點，勢必要轉型為醫院，畢竟舊診所的空間太小，不敷使用。所以，我們計畫以一條龍服務的策略，讓病人從採卵、卵子的找尋、胚胎的培養到植入，都能一路在更舒適的環境下完成，讓胚胎減少不必要的干擾，更能提高受精率與懷孕率。

以往多仰賴我的知名度吸引不孕症患者前來就診，現在應該回歸到讓病人在最好的狀況下接受治療，升級為醫院，才有辦法顧及安全性、空間運用與植入的舒適性，為病人提供更好的就醫環境。臺灣多數的生殖機構沒有像茂盛一樣重視就醫環境，但我在國外看到有些生殖中心在這部分做得很好，於是將理念發揮在環境規劃上，以符合世界一流的水準。

規劃「一站式」服務：從備孕到產後照護

由於感受到不孕症患者在治療過程中充滿強烈的焦慮感，即使順利懷孕，直到生產，依然無法將焦慮感釋放。早期的茂盛沒有做產科、產後護理之家，卻不斷聽到她們希望茂盛醫院能繼續提供孕期、生產，乃至產後的照護服務，我由此思考：不如來規劃「一站式」的服務，方便在茂盛治療不孕的個案有個靠山，免於擔心懷孕期會發生狀況而不知如何是好，並使胎兒得以順利生產，且能在產後獲得專業照顧，一方面緩和備孕以來的不安與焦慮，另一方面則是建立為人母之後的信心，為婦女朋友提供完整的醫療照護服務。

醫學專業靠的是自己，管理產後護理之家，我尊重專業的護理人員，只要在照顧產婦的服務上追蹤品質即可。不可諱言的是，產後護理之家在經營之初並不順暢，任何產業的經營都會遇到這樣的狀況，規劃完成後，買好的設備不難，但要找到對的人，卻有相當的難度。所幸在後來不靠高薪挖角，而是從基礎培養人才，配合得長久，一切也就漸漸步上了正軌。疑人不用，用人不疑，就是我的管理風格。

創造當地商機，成立國際事務部

茂盛醫院在整個生殖醫學界打開了知名度，加上不時在國際醫學刊物上發表論文，讓很多外國人士自世界各地慕名而來，包括歐美、東南亞、中國等三十六個國家，使用語言有英文、日文與其他。為了因應這些來自世界各地外籍人士前來求診，我們開始結合飯店業者提供服務，畢竟他們對臺灣地理人文不熟悉，透過網路登記知道他們抵達機場的時間，再把訊息通知飯店，由飯店派車前往機場接機，回程也會派人送去機場。

在疫情前（二〇二〇年三月十九日起，因新冠疫情而實施邊境管制，禁止外籍旅客來臺），自國外來臺的就醫人潮絡繹不絕，無形中也帶動周邊商圈的發展。

那時候，比較多的案例是採用一、兩個月長療程，因此大部分會在臺中停留兩個月左右，直到懷孕為止。為了治療方便，他們在這段期間不是選擇在附近租屋而居，就是投宿飯店；平日勢必有民生購物需求，附近商家為了跟外國人溝通，開始學英語，使得不少商家多會講上幾句英文，以方便接待這些外籍人士。

當時，臺灣正面臨不景氣的局勢，許多飯店原本打算歇業，剛好有這批從國外來臺灣做試管嬰兒的客人長住飯店，不僅讓業者獲得一線生機，甚至還擴大營業。試管嬰兒不僅為不孕症夫妻創造生機，連帶開啟了醫院附近店家的商機，這是在此創立醫院之前沒有料到的周邊效益。

隨著求診的外國人士愈來愈多，醫院也為此成立國際事務部。原本是一人編制，最後成了將近十人左右的部門，不僅服務量愈來愈大，服務範圍也愈來愈廣，還包括後續的照護醫療等。

觸角探向新竹、臺北，拓展醫療在地化服務

茂盛醫院在臺中立足多年，有不少個案來自全臺各地，但考量現代人處在忙碌的社會，莫不希望能有就近的醫療服務，因而開始有了拓展計畫。一是在新竹生物醫學園區動土，斥資數億元興建國際級生殖中心；二是於民國一一二年與新光集團合作，在板橋設立茂盛生殖中心。

選擇新竹設點是配合國家政策，由於政府在新竹生醫園區規劃國際醫療中心，已享譽國際的茂盛參與國家生技醫療產業建設，更能展現臺灣在生殖醫療的國際競爭力，同時，也是看好竹科的女性對於生殖醫學的高需求性。至於首善之區的臺北，本來就對生殖醫學有一定的需求，頗負盛名的茂盛醫院挾生殖醫學專業揮軍北上，讓臺北有需求的朋友就近獲得醫療服務，免於舟車勞頓之苦。

要做就要做好！對每一個案負責

茂盛醫院擁有一批自行培養的專業團隊，對於跨出臺中發展的兩家生殖中心品質控管深具信心。

自民國八十三年開始深耕臺中的茂盛，歷經近三十年的發展，才踏出臺中向外拓點，看似經營保守，但放眼國外的生殖中心發展也是如此，畢竟技術發展成熟需要相當的時間。過程中，必須要有足夠的人力配合，才能確保技術品質有一定的水準，否則就會影響個案的懷孕率，甚至可能造成其一生的遺憾，這是我所不能接受的結果。

要做就要做好，不能只是有做就好。對不孕而來求診的個案，幫助其懷孕，不是只為了賺錢而已，更是一份社會責任！若是做不好，就淪為以營利為目的的事業而已，必須盡力讓個案成功懷孕，才是生殖醫學的核心價值。

茂盛醫院一直為提高懷孕成功率而做種種努力，以將穩定的品質提供給每一位求診個案，這是不辜負自我的期許，也是對個案負責的態度。畢竟醫療產業的複製極為不易，一定要先做好品質的控管，再來思考複製的可能性。

拓點之外，我對茂盛醫院的發展有著更為宏觀的想法，就是如何將多年累積的寶貴經驗做更為廣泛的傳承！過去，與團隊齊心努力，從診所一路發展到醫院；現在，正為朝向教學醫院而努力。我對茂盛長期以來堅持嚴謹的醫療專業品質有信心，期望在通過政府評鑑後，躍升為教學醫院，不只在臨床提供最優質的醫療照護，更在醫學教育養成上，培育更多的優秀人才，進而成為專門從事生殖醫學的大型醫學中心，讓想要持續深耕的研究員、不孕科醫師，能在優良的「傳承」環境中，不斷突破既有的研究、治療，讓臺灣的生殖醫療成功率持續居於世界巔峰！

【第九部】

專注醫學事務，心繫國是天下事

「醫」路走來，匆匆已過四十年，
看著生殖醫學在臺灣從零到有，
並快速發展至與歐美先進國家並駕齊驅，
對此成績深感欣慰。

由於接觸無數個案，
看過各式悲喜的結局，
更加深深提醒自己身為生殖醫學醫師的責任，
務必傾盡全力幫助她們達成為人母的願望！

然而，面對國內的生殖機構競爭日益激烈的局面，
不免憂心為搶商機，
耽誤了女性為人母的黃金時間；
也因少於基礎研究，沒能提升專業學術水平，
而讓領先國際的地位失去競爭力。

第44章 感心難忘的求診個案

行醫多年，看過無數個案，深感每一位求診的患者都有一段令人動容的故事。在此，分享幾個令我難忘的案例。

脊椎損傷患者也能生兒育女

個案的先生是雲林縣脊椎損傷協會的某一任理事長，夫妻倆都擁有高學歷，相戀前，分別因故而導致下半身癱瘓，兩人結婚以後，即使同為脊椎損傷患者，也跟常人一樣渴望生兒育女，但這份渴望在大家眼裡有如奢望。

後來他們找上我，當然盡力想辦法協助，最後決定採用電擊取精（免開刀）取出先生的精蟲，同時，也把太太的卵子取出來，進行體外受精後，再植入太太的子宮，讓她能夠懷孕。事實證明，對於脊椎損傷的病人而言，用對方法，也是能擁有孕育下一代的喜悅。

不捨父母心傷，協助再生孩子

在八八風災中，高雄甲仙小林村慘遭土石流掩埋滅村，原本一家六口的家庭也被這場無情風雨瞬間毀掉，夫妻倆幸運逃過一劫，卻也必須承受失去三個孩子的哀痛，加上先生又得了癌症，人生就此失去奮鬥目標。

太太很渴望能再次擁有小孩，只是在高雄已經做過三次試管都告失敗，也花光所有的積蓄……她來向我求援，我不收取費用幫忙做試管嬰兒，經過一年多的努力，終於生下一對雙胞胎。如今，他們夫妻倆已經回到重建的小林村生活。

高雄還有一對夫妻的境遇也很讓人不捨，先生經營家具行有成，卻在一場火災中付之一炬，原本四口之家僅剩夫妻倆倖存，兩人日日以淚洗面。想要再生孩子的他們，每天都來跪求幫忙，我也盡力讓他們得償所願，再把孩子生回來。

此外，臺中有一樁離奇案件，先生在一家汽車廠工作，太太是家庭主婦，住在西屯，唯一的小孩就讀高中時，騎摩托車被突然掉落的電線纏住脖子，瞬間，電線就像鋒利的刀子一樣把頸部割斷，當場死亡，遭遇相當可憐。由於先生是獨子，來求我幫助他們再生一個孩子，否則整個家族的香火將就此斷絕。透過試管嬰兒療程，總算讓他如願有子以傳承家族香火。

另有一件在當時轟動社會的新聞，一對雙胞胎搭娃娃車去幼兒園上課，司機下車後，未發現有孩子仍在車上，就把車門鎖上，當天的氣溫大概攝氏三十七度，小孩不幸在車上活活被熱死。孩子的爸爸媽媽來找我，希望我協助他們再生一個孩子。由於那是一個相當不幸的事件，內心多所不忍，我不收取費用幫這對夫妻做試管嬰兒，讓他們再次擁有小孩。

神明指示「往中走，又往北」

有些住在南部的不孕夫妻，遍訪各地醫師還是沒有結果，不知如何是好。於是跟神明擲筊，請神明指點迷津。神明就指向往中走，又往北，一開始也不懂往中又往北是什麼意思，經過一、兩年的探聽，才明白神明指示的是「台中北屯」。

依照神明指示而來找我的個案，一年差不多有七、八件，患者很多都是去醫學中心就醫，但遲遲沒有成功。她們跟我說：「如果這次再沒懷孕的話，就無緣當媽媽了。」這些近乎絕望的呼喊，每每讓我聽在耳裡，難過在心裡，期許自己無論如何都要幫她們完成願望。

改善子宮內膜技術，吸引日本名醫取經

印象中，在我這邊做過最多次試管才成功的患者，大約是六、七次。有的是胚胎培養不好處理，有些是子宮內膜的問題，我都一步一步處理。有病人的子宮內膜狀況相當不好，可能之前有流產過，或是治療肌瘤開過刀，所以採用「子宮內膜內注射自體濃縮血小板」（subendometrial PRP injection; TCR-PRP）技術，先把病人的血抽出來，萃取出血小板，再把血小板打到子宮內膜內，刺激子宮內膜增生，改善內膜著床環境，以提高懷孕率。後來，我們將此一技術發表在國際醫療期刊。

此技術吸引了日本山王醫院院長堤修的注意，他是東京大學教授，也是日本皇室的御醫，愛子公主就是由他接生，在日本醫界具有舉足輕重的地位。他原本在日本東京帝大最高學府任職，二、三十年前才出來開業，創設山王醫院，對PRP技術極感興趣，特地飛來臺灣接受訓練。

提高懷孕率，除了找到最佳著床期，也要改善內膜環境。但改善內膜可說是不孕療程中最困難的問題，目前並沒有很有效的方法，而我們提出這個技術，在世界上是較為可信且能有效解決子宮內膜的問題。

一時的治療，一世的情誼

有一個日本人在國內外先後做過十幾次以上的療程，包括日本、美國、英國、澳洲，還有臺北的兩家生殖機構，結果都以失敗收場，最後來到茂盛醫院。因我都是採無差別看診，一開始並沒有特別注意到這位年約四十歲的女性，只知道每天來醫院，看到一位日本女性怎麼都坐在固定的位置；不管我有沒有看診，她每天都來，好像把醫院當作自己的家一樣，前後在茂盛待了三、四個月到半年。之後，從日本傳來平安生產的喜訊。

在她確定懷孕後，工作人員去翻看病歷，才知道茂盛醫院是她最後一個選擇，因此將醫院當作她的家，除了禮拜天醫院休息之外，其他時間都天天到醫院報到，即使不看病也照樣來醫院。她的作法令我留下相當深刻的印象，我不清楚她為什麼極力求子，但應該是承受很大的壓力。算一算，她在全世界總共做了十五次左右的試管嬰兒，終於在茂盛如願以償。

當我聽到很多人說「茂盛是最後一站」，內心都覺得很沉重，因為這代表她把幸福的關鍵交給我，能不能當媽媽關係到她和家庭的幸福，而她又把家庭幸福只交到我的手上，這樣的壓力大不大？而且不是只有一個病人這樣說，一年大概有十個人這樣對我表明。攸關許多個「她」與家庭的幸福，讓我所承受的壓力實在極為巨大。

儘管臺灣有不少醫師從事生殖醫學，其他醫師卻也告訴我，他們偶爾會對病人說：「我這裡做不好，不然你去臺中找李茂盛好了。」當生殖醫學相關疑難雜症都要找我時，更需要仰賴科技和研究去解決，否則只和其他地方一樣的作法，我又怎麼能幫她們解決問題呢？

這也是我始終堅持要投入研究經費進行研發，並認為研究團隊一定要很強的原因，就在於對這些無助的病人，歷經其他醫院都失敗的結果，我們該如何幫她們的忙？我們等於是這些人的最後一塊浮木，若再沒抓住的話，將是絕望人生的開端。如果無法幫助這些病人，不只辜負大家對我的期望，也是個人很大的遺憾。

因此，茂盛醫院要以實力堅強的研究團隊，為有困難的病人提供一個解決方案，幫助她們能夠懷孕，是我們追求的終極目標。而堅持以這樣的信念一路走來，也獲得很多病人的回饋，包括日本等好多外籍人士也給予相當多的鼓勵。

她們來臺灣如願求子並回到自己的國家後，至今依然不時打電話或傳訊息給我，告知目前的發展情況；有的人甚至只要到臺灣，就會來臺中拜訪我。一時的治療，一世的情誼，畢竟懷孕生子是很多人畢生的最大願望，幫助幾乎快要放棄的她們完成願望，是我的責任，而她們莫不將之視為再造之恩，長存感激之情！

吸納人才，期許成為臺灣的「梅約診所」

茂盛醫院能有傲人的成績，當然不是只靠我個人的努力而已，還有吸納好的人才一起並肩作戰，因為科技發展愈來愈複雜，很難單靠個人有限的力量撐起全局，必須聘請到一些優質人才進入團隊，包括博士、比較出名的臨床醫師要進入團隊，才可能繼續往前邁進，所以，我們是有計劃地努力推展臨床與研究並重的組織架構。

我們對於挖掘人才也不遺餘力，像生殖中心林秉瑤主任，就是我到高雄長庚邀請過來的。林秉瑤醫師在高雄長庚生殖醫學科當主任，我覺得她是個人才，打算請她來茂盛醫院任職，先後談了三、四次，才答應前來服務。

因為林秉瑤主任的加入，進行了團隊的內部改造，將茂盛醫院的懷孕率從原本的百分之五十，一舉拉高到七十左右，讓前來就診的病人，十個就有七個做一次試管就懷孕。像茂盛醫院這樣高的懷孕率，在全世界並不多見，讓我相當引以為傲！這要經過很多年的努力，從之前打下良好的基礎和不斷引進人才，才有辦法達成。

我都鼓勵同仁們再念博士班，希望他們經過正統的醫學教育制度，再進入更深奧的研究體系，然後來服務病人，這樣就可將研究和服務結合為一體，讓病人得到最好的醫療照護品質。

為了留住人才，茂盛醫院提供的福利當然比其他醫院來得好，包含免費出國進修、參加國際會議的進修制度等，只有在專業上持續努力提升水準，茂盛整體的發展才能更具競爭力。

美國有一家梅約診所（Mayo Clinic）非常有名，位於明尼蘇達州的羅徹斯特，它是由小診所開始一路發展，逐漸成為一所醫學中心，不僅幫明尼蘇達大學建立醫學院，甚至在一九七〇年代後期，有了自己的梅約醫學院。其創辦人正是謹守服務、研究與教學等三個宗旨，美國每一位醫學生都知道這間由診所轉變成醫學研究中心的醫院。曾有人對我說：「你像梅約診所的一個教授。」是的，我期許茂盛有朝一日能夠成為臺灣的「梅約診所」。

生殖醫學問題之外的人倫悲劇

無論過程多困難，只要最後能成功懷孕的，當事人都不以為苦！但是一再嘗試，卻無法順利結果，則讓人不勝唏噓，也愈加感受到生殖醫學看起來只是醫學問題，但實際牽涉到的層面既廣且深，有人倫，也有法律。

一位曾是名模的女性，嫁入擁有上市公司的家族。夫妻倆想生小孩卻沒辦法，本來有望透過借卵的方式達成願望，偏偏家族成員之間有糾葛，堅持女方一定要用自己的卵子；無奈女方的卵子已經不能用了，又不讓她借卵，最後演變成夫妻以離婚收場。

這其實是一場人倫悲劇，明明夫妻的感情很好，只因無法傳宗接代，不得不走上離婚一途。這樣的例子並不少見，一年總要聽上十幾個人跟我說：「生不出孩子，離婚了。」在臺灣這似乎是個常態。我問她們：「怎麼會這樣？」不同的人卻有著相同的答案：「是婆婆的壓力。」

這些女性雖然生不出孩子，先生並沒有怪罪，仍然很愛妻子，反而是來自婆婆、家族給她的壓力更大。有些人即使必須面對先生的責難，卻不是最大的壓力來源，會使夫妻走向離異之路多是家庭或社會價值觀造成。

第45章

醫眼看國際社會人生百態

生殖醫學興起，相關醫療技術不斷進步，但一般人的觀念卻未與時俱進。

不孕問題未必在女性

早年，多數人認為不孕症是女性的問題，和男性沒有關係。曾遇到婆婆陪媳婦一起來就醫，她不相信兒子會有生育方面的問題，說：「我兒子這麼健康，怎麼可能有問題？」我就直接把兒子的精蟲狀況給她看，告訴她：「就是這麼糟啊！要懷孕很難啊！」後來採用顯微注射，終於讓這對夫妻成功生下小孩。婆婆特地前來感謝我，並承認她以前的觀念不對。

這樣的誤解往往會導致婆媳不合。剛開始，的確很多人都怪媳婦不會生小孩，總能聽到「這個不會生是來這邊幹嘛」、「七娶八娶，娶了一個不會生的」這種很不好聽的言論；一旦婆婆知道是兒子有問題時，臉色就變了，人也變得配合，不會再埋怨怪罪媳婦的肚皮不爭氣。

早期絕大多數的女性也認為不孕症是自己的問題，沒人覺得是先生的問題所造成。有些女性還會替先生辯解：「先生一定沒有問題。」甚至跟我說：「李醫師，你來幫忙找我的問題。」我心裡暗想，臺灣的女性真偉大，什麼事都要攬在自己身上，但我回答：「妳都沒有問題啊！」對方才無話可說。

不可否認地，當時的社會過度保護男性，不僅是媽媽過度保護小孩，太太也過度保護先生。在那個時代，若被大家知道不孕是先生的問題，好像會被投以異樣眼光，甚至被嘲諷「沒有用」，或視為下等人的窘境。如果是女性生不出孩子，人家可能認為情有可原；男性不孕就好像是異類一般，這樣的氛圍與現在的狀況大不相同。

基於不希望遭受別人批評，有很多患者不敢讓人家知道她們來看不孕症，覺得這是一件不光榮、恥辱的事，是有問題的。而我會慢慢與患者溝通，讓她們知道「不孕症不是一種病，只是某些生育功能比較差，但身體本身是健康的，而且孩子生出來是健康的。因此不要覺得不孕是一種病，要勇敢地面對它。更何況生育是夫妻雙方的問題，不是只有女方個人的問題」。

慢慢地，社會能夠接受「不孕不是病」的觀念，病人也願意到醫院接受這方面的治療。來到不孕症門診就醫，可說是她們的最後一道防線，這些人總說在來找我治療之前，已經試過很多傳統民俗療法，像是移動床鋪、擺花、在床底下擺一些東西以求早生貴子，甚至於喝符水。有一個病人告訴我，婆婆一天給她吃四、五碗中藥，喝到都要吐了，還是沒有效，最後來做試管嬰兒，一次就懷孕了。

不再諱疾忌醫且幫忙宣傳

在不孕療程的診間，可以看到不少千奇百怪的狀況，隨著媒體報導試管嬰兒之後，大家才慢慢了解：「不孕症不是病，而且是可以解決的問題；同時，也不是只有女生的問題，而是夫婦之間要共同面對、解決的狀況而已。」

當然，也能從生殖醫學的演進中，看到整個時代的變遷，以前有人會說：「我到茂盛醫院，是去生小孩的。」走在路上也遇過有人對我說：「李茂盛醫師幫我接生的。」我覺得很奇怪，想說自己都沒有在接生了，怎麼是我接生的？原來是病人不敢說出實情，她不想讓人家知道來醫院做試管，覺得做試管的都是有問題的；甚至有些人在接受媒體採訪的時候，不敢說自己是不孕症的病人，只是幫忙宣傳而已。

不過現在狀況已經與過往大不相同了。這些年，能感受到大家不再諱疾忌醫，甚至還主動分享求醫治療的歷程。

重視多胞胎議題

還有一個很大的改變是：一定要生男孩的想法不再被絕對強調，而是慢慢朝向「生男生女都很好」的觀念發展，這是好事，也讓男女出生性別比走向合理化的發展。不過，繼之而起要被重視的議題是多胞胎。

很多人希望生雙胞胎，而且是一男一女的龍鳳胎。但世界上沒那麼完美的事，因為多胞胎所面臨的風險可能更多，除了增加產婦產後大出血的機會，很常見的情況是早產。早產所要付出的代價很高，妊娠週數愈少的早產兒更要承受智力、生長發育與心智發展有異常的可能。在懷單胞胎比雙胞胎更好的觀念上，臺灣人還必須接受更多的教育。在日本，單胚胎植入所占的比例很高；反觀臺灣，仍然相對偏低。

不過，受到政府的試管嬰兒補助限縮植入胚胎上限的政策影響，的確提高了單一胚胎植入的比例，多胚胎植入則變得比較少。整體而言，的確有往好的方向前進。

倒是有人對孩子的性別有期待，希望在植入時可以做選擇。對我們來講，生男生女一樣好，若要用基因科技去處理，相對不是那麼恰當。尤其根據《人工生殖法》規定，不能選擇試管嬰兒（或胚胎）的性別，除非夫妻雙方有遺傳性疾病的原因。

外籍人士求診，感受文化差異

隨著愈來愈多的國外病人來茂盛接受治療，讓我感受到不同的文化差異。

的確，不同的國家有不同的文化，例如菲律賓患者的態度比較客氣和藹，醫師怎麼教，就照著怎麼做；中國的可能就比較囉嗦，或許自視大國，要求很高，講話也不是太客氣；日本、新加坡的還算和順，香港人倒還好，東南亞國家的病人也ＯＫ。整體而言，菲律賓人算是最好配合的病患，再來是香港、日本，至於中國籍的病人在治療上需要多花點心力，從美國或其他洲來的病患，以及高官達人的態度都比較客氣。

值得一提的是，病人一傳十、十傳百，竟讓菲律賓成了前來茂盛求子的主要國家。菲律賓人原本習慣到新加坡去做試管，可是新加坡的費用是我們的兩倍，懷孕率卻只有我們的一半，算一算來臺灣做才划算，因此便出現整群一起來臺灣求子的盛況。

有一天突然接到菲律賓駐臺代表的電話，讓我嚇了一跳，以為出了什麼事情，結果他說：「我們有很多人申請簽證都是到你這個地方，到底你們是不是詐騙集團？」駐臺代表處發現有段時間很多菲律賓人都飛到臺灣，不知道目的為何，以為臺灣有什麼詐騙集團騙他們的錢，後來才弄清楚是要來做試管嬰兒。我們也由此得知菲律賓人有這方面的醫療需求，還特地安排前往菲律賓開說明會。

在新冠疫情之前，茂盛醫院協助菲律賓人做試管懷孕的有一千人左右。二〇一七年於馬尼拉舉辦的說明會，菲律賓的三大媒體（電視、平面）都有報導，當時的馬尼拉市長前來祝賀，連菲律賓總統也派特助到場致意，希望我能在當地設立試管嬰兒中心，以服務馬尼拉當地的市民。

世界各地達官貴人前來就醫

另有一位來自中國杭州上市公司的老闆，她在臺灣有很多朋友，每次來臺灣進行療程時，都有朋友用賓士車接送，還會送我很多禮品，但我都沒有收，只說：「等我幫妳治療成功，再來收這些禮品，不然壓力更大。」結果順利懷孕生了一個，之後又懷了一胎。

由於她的企業需要有人傳承，承受生子的壓力很大。她沒有在中國做試管，而是直接來臺灣。對她來講，花錢不是重點，重要的是成功率，她不希望承受失敗的痛苦，所以請部屬先幫她搜集資訊，包括中國、日本、臺灣，看哪邊做得比較好，最後才選擇來臺就醫。幸好不負所託，一次就成功。

還有一位中國高官的特助也是先上網搜尋資訊後，才決定來臺求診。但是很奇怪，做了三次都失敗，直到第四次才成功，我笑說：「可能因為您是高級貴人，所以希望您在臺灣多停留一下，了解臺灣，才要多做幾次。」不只高官的特助來就醫，高官的親屬也先後化名到臺灣做試管，順利懷孕後，還打電話說：「李醫師，感謝您！」生了三胞胎的她對於療程成功感到相當高興。

不知為何，不論是國內或外籍人士，愈是名人，愈是不好做，不少在他處失敗的人，來找我做試管就成功。因此，茂盛醫院宛如匯聚國內外各式困難案例之處，專門接受臺灣、國際間難以懷孕的個案，很多國家的王子、總理都曾坐在茂盛醫院的診間接受治療，連外交部都不時來醫院關懷國際貴客旅臺期間的狀況。

第46章

醫術、醫心與醫德

即使茂盛的試管嬰兒成功率很高，仍難免有些病人的狀況無法一次就成功。該怎麼讓病人願意留下來，繼續配合療程，直到成功的那天，是一件很重要的事！

不孕療程需培養三心

歷經一次又一次失敗的病人，不免失去信心而想要放棄，這時就必須以愛心和耐心去對待。我告訴病人，治療不孕的過程中，首先必須同時抱持三心：耐心、信心與恆心，缺一不可，如果具有這三心的話，一定能達到成為媽媽的目標。

再者，我會告訴病人：「茂盛有很厲害的研究團隊，會針對妳的個案進行個別化研究，再提出解決方案。」所以，在每一次失敗之後，我會跟病人一起檢討，誠實告知失敗的原因，讓她能夠諒解這一次的不成功。

相較之下，外院不少醫師對於失敗的個案，大多會直接告訴病人「沒有懷孕」，就結束該次的治療。但是我會清楚說明這次沒懷孕的原因，到底是在胚胎？還是子宮內膜？或是有其他因素造成。這樣的話，病人就有信心和我們繼續合作下去，因為在不孕的療程中，病人的信心是迎向成功很重要的因素。

我很怕一種病人，就是在沒有溝通好的狀況下，這次做試管失敗後，就換到其他地方做；幾番輾轉後再回來找我們，但時間又蹉跎了幾年，卵子幾乎都不能用了，遇到的困難度只會更高。因此，我寧願事先花時間與病人溝通，療程中培養患者具備耐心、信心和恆心；「開獎」後面對失敗結果，以負責任的態度誠實說明沒有懷孕、沒有著床的可能有哪些原因，下一步應該做什麼樣的改善，讓病人感受到我們是真的要幫助她順利懷孕。

運用代償性反應，採取低氧培養胚胎

其實很多病人對能否成功懷孕充滿茫然，在別的地方做了療程沒有懷孕，轉來我這邊求診，我問：「醫師有告訴妳為什麼沒懷孕嗎？」聽到的回答多是：「不知道啊，就沒懷孕。」

深究失敗的原因，不外乎是胚胎不良、子宮內膜不好等，於是我們就會盡全力去了解狀況和制定客製化療程。如果醫師沒有為患者加強信心，她們很容易就此喪失信心，即使再做一次試管，有可能還是沒懷孕。因此，必須針對個別狀況，提供改善方法，讓她們再次對療程懷抱信心。

基於每位病患面臨的狀況不一樣，解決方案也會有所差異。比如說，有些人的胚胎品質不良，在發育成囊胚的過程中，可能到第三、第四天就養不起來了，必須針對胚胎的問題予以改善，可能採用低氧培養。

一般培養箱的培養環境設定百分之五的氧氣濃度，但之前有研究顯示，低氧培養對於細胞增殖有所幫忙，因此我們將這個理念應用到胚胎培養上，將百分之五降低到百分之二，製造出氧氣不足的狀況，因為所有的生命都有所謂「代償性反應」，當氧氣濃度過低，為了生存，就必須要啟動細胞分裂，讓狀況好一點，不然就會被淘汰，我們就運用這個現象來養出好的胚胎。

如果這樣做，還是不成功怎麼辦？我們有研究出生長激素可改善胚胎品質，因此會打一點生長激素，讓胚胎發育的品質能夠得到改善，達到要求的品質。

在整個治療不孕的過程中，除了年齡是主要殺手之外，有兩個最困難的關卡：一是胚胎不良，另一則是子宮內膜的厚度不夠，因為以前有過流產或是歷經子宮刮除，造成子宮內膜被嚴重破壞，患者每次月經的量就很少，幾乎已經快要沒月經或接近停經的狀態，這兩項因素都會增加治療的難度。然而，胚胎不良可透過實驗室的研究成果進行卵子品質改善，做到精益求精的境界，因為只有好的胚胎才有著床的機會。

破除「不孕症是免疫問題」的迷思

當前很多病人陷入「不孕症是免疫問題」的迷思。事實上，不孕症病人僅不到千分之一有免疫問題，意即一千人當中只有一人會產生而已，但是網路流傳很多不正確的資訊，誤導很多人以為不孕症是來自於免疫問題。如果沒有將這樣錯誤的觀念加以糾正，反而可能讓病人被服用抗排斥藥物誤了一生。我們就曾經碰過病人吃免疫藥物，吃到最後變成腎衰竭的案例。

說來讓人覺得不解。放眼全世界，只有臺灣的不孕症患者會去看免疫科醫師，在美國、日本、英國這種先進國家並沒有這樣的作法。拜臺灣網路資訊過於發達之賜，讓病人受到不正常的治療方式，也成了不同於其他國家不孕治療中的特有療程。

碰上主動求醫、但沒有免疫問題的患者，有的免疫科醫師未能秉持專業，而是抱持「反正你要給我看，我就開藥給你吃」的作法，並沒有要找出究竟是什麼樣的免疫問題，直接開一大堆藥給病人吃以滿足其願望。

看到病人遭受這樣的對待，讓我覺得他們相當可憐。病人或許無知，但醫師不能隨便放棄解釋，尤其有些病人來自貧苦家庭，更是充滿不捨。為了求子，吃進不該吃的藥，反而讓一個好好的身體被搞壞。有的免疫科醫師也不認為自己有問題，為了業績而開藥給不需要的病人，在我眼裡，是對病人不負責任的作法。

面對這樣的病人，醫師必須耗費很多時間說服她，否則她在下意識會因為很多不孕症醫師跟她說「沒有辦法懷孕」，而讓她萌生尋求所謂的「免疫療法」，甚至對人沒有信心，還找神明嘗試奇怪的方法。每每看到病急亂投醫的患者，我一定會想辦法協助導向正規的醫療。

秉持行醫初心為病人解決問題

協助有特殊狀況的病患解決問題，必須回到學術領域去找方法，以因應這些個體化的問題，才能讓患者如願懷孕。

運用醫療科技處理問題，除了費用之外，重要的前提是必須先詳細解釋失敗的原因，通常我會對患者說明：「問題並非無解，而是需要時間逐步解決，只要能好好配合治療，我會盡我所能幫助妳，就像親人一般地照顧妳。」秉持視病猶親的態度，希望讓病人受感動而願意繼續配合。當然，整個治療過程不只需要時間，更要在尚有可為的時間內努力為之，因此還會善意提醒：「如果妳再不好好把握這段時間的話，到時誰也幫不了妳。」

基於不捨病人的難題無法獲得解決，我總是盡力想辦法協助，這是從小在鄉下生活的我，立志行醫的初心，後來則視為天職！我認為，醫療的目的不是為了賺錢，而是要解除病人的痛苦。每當聽到病人說我是他們心中的「最後一站」了，更激勵我這個「最後一站」無論如何都要幫忙解決困難，而且是不計成本，賺錢與否從來都不在我的考量中。

我深刻了解患者如果無法懷孕，影響所及將是她的一生。如果沒辦法為人母，不僅影響整個家庭的氣氛，甚至可能被迫離婚或什麼狀況都可能發生。曾有一位婦女在治療後仍無法懷孕，再次見到她時，告訴我：「李醫師，我已經離婚了。」

聽到這樣的結果，我自是相當不捨，也為此感到自責。如果當時我能夠好好溝通，說服患者繼續努力，她就有機會能在那個家留下來；可是因為我的努力不夠，沒能成功說服對方繼續做治療，最後這個家就散了。這樣的不捨經常在心頭縈繞，真心希望有朝一日能夠終結這類結局。

其實在承諾病人的同時，自己也承受極大的壓力，但一路以來，我總將壓力化做精益求精的動力。所幸憑藉豐富的治療經驗，加上避免在療程中出現不必要的錯誤，通常很容易看到好的結果。就連實驗室的控管，也要做到百分之百完美的狀況，畢竟一個小小的疏忽，就可能導致該次療程失敗。唯有以更加細心的態度控管整個療程，才不會與成功擦身而過。

必須知道的「凍卵」知識

再談凍卵技術。它本來是不孕療程的一個程序，主要是基於癌症患者的醫療需求，在進行化療前先把卵子取出冷凍保存，待完成癌症治療後，要懷孕時再將卵子植入。如今在女性晚婚晚育的趨勢下，愈來愈多的女性選擇不婚或晚婚，即使結婚，也可能先衝刺事業，暫時不打算生小孩，可是卵巢會因老化而失去生育力，想保存生育力的話，便選擇凍卵。或是有些女性還沒找到合適的結婚對象，擔心錯過生育的年紀，也會選擇先凍卵，等待真命天子出現；即使到時無法自然懷孕，還有先前的冷凍卵子可運用。

凍卵，儼然是因應社會型態改變所產生的時代性產物，但並不是每家生殖醫療機構都有很成熟的凍卵技術與好的凍卵品質。依目前來看，如果好好做，解凍後，大概有百分之九十的卵可以存活，不過每個人的卵子不一樣，就算同一個人，每批的卵子品質也不同，因此大概要進行兩、三次的取卵，確保日後需要使用時，有卵可用；若第一批不行，還有第二批可用。

大家都知道凍卵是為了預先保存生育力，但不知道的是，凍卵產生好的胚胎比例大約是百分之八十，並非百分之百，所以必須多凍幾批卵子，才能真正保存生育力；

若要保證卵子可成為胚胎，必須事先做足夠的準備。很多人以為凍一次就好，一次可用的比例並非百分之百，而且還不見得能夠成功受精、甚至懷孕，只是可以用而已。真的有心「凍卵」，至少要多凍一次，才能在日後有多一點的選擇機會。

近年藝人引領凍卵風潮，卻疏於求知，不知道「凍卵不能只取一次卵，而要兩次到三次才是正確的作法，不然以後會後悔」。當然也不是每間生殖機構都能清楚說明「凍卵需要取幾次卵」。不過，我們有解凍的實務經驗，都會在說明會上提醒「要取卵兩次」。如果只取一次卵，萬一這批卵子到時都無法用，一翻兩瞪眼，真的就無計可施了，生殖中心頂多退錢給你而已，消失的生育力卻不會再回來了。

這是茂盛多年來的經驗累積。我想，我們解凍卵子的經驗，在世界上應該算得上數一數二的多，解凍過卵子，才知道卵子的生育力有多少，多次取卵才能分散風險。

曾有一個節目主持人從美國打電話給我，哭著說「雖然有把卵子凍起來，但無法成為好的胚胎」，我聽著也不能講什麼，因為她就做那麼一次取卵，本來要拿去找代理孕母，可是解凍以後才發現沒有用。

不少業者信誓旦旦地說：「解凍以後，就有東西可以用了。」錯了！負責任的業者不會這麼講。有些業者害怕客戶走掉，基於商業考量，沒能告知實際狀況。然而，把事實告訴病人才是解決問題的方法！為了賺錢而未告知充足的資訊，現在瞞她等於是害了她。我一直在想：如果是我們自己凍，要凍幾次？視病猶親就是這個意思，今天若是我的太太、小孩要冷凍卵子，怎麼做才是最好的方法？因此，將詳盡的醫療資訊告知民眾，就是我的行醫宗旨。

對患者一視同仁，更關心弱勢族群

茂盛醫院的知名度也吸引不少藝人前來就醫，對於這些極度強調隱私的知名人物，我們當然都儘量低調，為其保密身分。其實不看電視的我，根本不知道看診的患者是知名藝人，還是藝人自己說「找李茂盛醫師做寶寶的」，才知道原來某位藝人曾來茂盛求醫。

基於名人比一般民眾更重視就醫隱私，如果事先知道名人要來，就會特別安排看診的動線——直接帶到診間；若沒有主動告知，就沒辦法安排。以往我是採取無差異性的療程，現今擔任執行長的兒子與年輕醫師就希望提供差異性服務，對藝人、網紅採取所謂「一條龍式」策略，進到診間從頭做到尾，給予特別的服務。我對年輕人的服務理念表示尊重，但我的門診依然維持無差別服務，畢竟我也是來自窮苦家庭，不希望醫療服務有所差異。

在我心裡，不管貧賤富貴，大家來看病都是一樣的，不該有任何因素影響到就醫權益。有時候，對於來自鄉下地區的弱勢病人，反而更需要特別親切、付出愛心來進行療程服務，因他們接收資訊的能力不足，使得解釋病情的困難度也比較高，所以必須儘量謹慎，以他們能聽懂的方式做說明；即使是弱勢族群，也能獲得跟其他人相同的資訊，方便掌握整個療程和後續的處理。

碰上醫療糾紛，始終耐心溝通

「人在江湖走，哪有不挨刀？」當醫師的人難免會碰到一些醫療糾紛，我也不例外。譬如幫病人植入胚胎，也順利懷孕，原本很高興，結果是子宮外孕，病人就怪我說：「我好好的給你做，怎麼就做成外孕？」這時，就必須耐心對病患解釋，不管是自然懷孕或是人工受孕，都有一定的機率可能發生子宮外孕。

但有些病人就是不能諒解且無法接受，只能耐心加以溝通，並拿一些文獻佐證、向她說明，甚至建議病人去諮詢熟悉的婦產科醫師，看子宮外孕是不是生殖醫學醫師所造成，經過一番溝通，病患才慢慢能夠接受現實。

另一個常見的問題是「胚胎植入之後，沒有心跳」，病患就會質疑說：「當初植入的時候，不是說胚胎很好，怎麼會死掉呢？」事實上，胚胎本身沒有做基因檢測的話，百分之六十至七十的胚胎停止發育（胎停）都是因為基因染色體異常所致，這是人類進化論的自然淘汰機制，就是只會讓基因最好的胚胎能夠生下來，有問題的在早期就會被淘汰。我們用進化論的理論說明，並不是每個受孕的胚胎都一定能成功生下小孩，大約有百分之二十左右的可能是染色體問題造成淘汰。因此，遇到醫療糾紛，還是要耐心地開導病人，運用比較軟性的方式處理，不讓病人產生誤解而對治療蒙上陰影。

一般而言，生殖醫學出現糾紛多數是因子宮外孕與胎停問題。對於病人面臨植入失敗，我會向她說明下一步怎麼做才不會再受影響，譬如植入後懷孕，卻發生胎停的狀況，可以做胚胎著床前染色體篩檢（PGT-A）來減少再度流產的可能性。至於子宮外孕的病人，則在下一次植入時使用超音波輔助，依照個案的子宮腔狀況選擇最佳植入點，或是打子宮的收縮抑制劑，抑制其子宮不再收縮，讓外孕比例下降。

雖然自然懷孕也可能發生子宮外孕或胎停，然而，對病人來說，自然受孕的過程看不到，而植入卻是她親眼看見醫師執行，明明醫師說「放入健康的胚胎」，怎麼會死掉？明明是放到子宮內，怎麼會跑到子宮以外的地方？她沒辦法理解並接受這樣的結果。面對種種疑問，我一定好好對病人說明「之後能怎麼做以降低這個狀況的發生」，畢竟已發生的狀況無法挽回，卻能做為避免再次發生的警惕，使這次的失敗變得更有意義。

人工生殖與自然受孕的族群不同，可能會遇到一些覺得自己花了錢、就代表搞定一切的病人。事實上，人工生殖與自然懷孕也會有一樣的問題，比較好的是人工生殖能靠一些技術幫忙，像是打子宮收縮抑制劑，降低發生子宮外孕的機率，但只是減少而已，並不是完全不會發生。

放下權威，務求淺顯易懂的說明

坦白講，過去當醫師比較輕鬆，因為具有權威性，我們講什麼，病人大部分都會照做，不會再反問你問題。但隨著民國八十四年實施健保制度，再加上後來網路系統的普及、各式資訊知識取得更為容易，有些病人開始會對醫師的治療方式產生質疑，如果是成功的結果還好，若是不成功，就會對你施作的療程產生疑問，然後問你很多問題。基於此，現在必須提供更為透明、公開的資訊給病人。

以茂盛醫院為例，我們進步到將胚胎情況和基因檢測的結果放在網路系統上，讓他們自行掌握現況。以前不用這樣做，只是告訴他們要植入幾顆，給幾張照片就夠了，但現在不行，一定要把採卵後到發育為胚胎的過程上傳網路，讓病人透過ＡＰＰ就能看到胚胎的狀況。

現今看病的方式和以前大不相同，需要更有耐心對病人解釋，不能只是簡單地說「胚胎是好或是壞」，如果沒有懷孕更需要詳細說明。若在以前，沒懷孕就講一句：「沒有懷孕，下次再來。」這樣的回覆已經成為絕響，因為會被當作「不負責任」的說詞。不得不說從農業社會到現在，整個醫療科技有著很大的改變，因此對病人的說明方法也必須做調整。

溝通，一定要用病患容易理解的語言。講得太深奧，他們有可能聽不懂，一定要盡量淺顯易懂才能被接受，譬如說卵子、胚胎或內膜，病人有時並不太懂，就必須搭配圖示輔助說明，才能讓他們更加清楚療程，進而建立共識。

特別是現在有不少檢查項目需要自費，所以更需要事先與病人好好溝通，讓她知道要做什麼、檢查的目的和用意為何，可能有什麼併發症或不良作用等。不只療程需要與時俱進，溝通方式也要適時調整，才能與病人溝通無礙。

考量小孩日後處境，婉拒個案請託

先前提及有些遭逢巨變的不幸家庭，像是八八風災造成家毀人亡、幼稚園娃娃車熱死孩子，都是受到社會矚目的重大事件，傷心欲絕的父母想要「把孩子再生回來」，然而就他們的情況評估，自然懷孕已經不太可能，需要人工生殖醫療技術幫助，但經濟狀況不佳又難以承擔相關費用……因此，我們提供免費援助，幫他們進行療程。若是單純的經濟狀況不好，則以折扣方式處理，讓夫妻倆不要為了生小孩承受那麼大的壓力。

為了真正幫助有困難的家庭，我們有專責人員確認患者的經濟狀況是否真如所言；再來，我會評估他們有沒有能力扶養小孩？如果不具養育小孩的能力，你再為他們製造小孩不是衍生另一個問題嗎？

對於經濟不佳的夫妻，我總是建議他們考慮再三：「做試管嬰兒生下來之後，要養育小孩，就要調整好經濟狀況，不希望讓這個小孩成為無辜的受害者。雖然相信你們會對他很好，但他是不是能得到很好的照顧，不只是金錢的問題，心理上有沒有完全做好準備接受小孩的來臨，這才是重點。」畢竟小孩是無辜的，不希望在後天的照顧上有任何不妥當的情況發生。

偶爾看到有些夫妻在診間為了要生或不生而吵架，我就會請他們「再回去想想到底要不要生，兩人商量一下再來」，真讓小孩子誕生在這樣的家庭，到底是好是壞，著實令人擔憂，我不免會想：你們的吵鬧會因為孩子生下來而停止嗎？孩子的出生是否有助家庭的和諧呢？以醫療科技幫助女性懷孕生子，只解決一部分問題，其實還有很多社會層面的問題需要處理。

就像臺灣過去有許多來自東南亞的外籍新娘，不少是男性有健康問題或經濟弱勢，為了傳宗接代，轉而尋找外國女性結婚；甚至有些婚姻是花錢買來的，通常這些家庭的經濟能力有限；當然，會嫁來臺灣的女性也多屬於經濟狀況不佳的族群。更麻煩的是，男方不僅是經濟弱勢，健康狀況也不好，這可能讓下一代有遺傳性疾病的風險，像這種個案，我就寧可不做。

基於夫妻雙方都是相對弱勢的族群，是否協助他們生孩子這件事真的需要多方考慮，畢竟生孩子之後的照顧與教育需要大筆的費用，教育更是一份重責大任，外籍配偶是否承擔得起？不求給予最優質的教育，但若連基本教育可能都無法提供，不就讓孩子陷入難以翻轉命運的泥淖中嗎？對此，我總是多所擔心。

期望每個孩子都能被公平對待

曾有一對夫妻找我做試管嬰兒，先生的年齡已不小，太太是外籍新娘，又不會說我們的語言，一想到他們日後要怎麼扶養、教育孩子，我就沒辦法馬上答應，而是勸他們先回家再想想生孩子的事。兩天後，先生帶著哥哥來到診間，生活較富裕的哥哥說：「孩子的爸爸沒有經濟能力，但是我這個阿伯有，孩子生下來如果有問題，我會幫他們撫養。」他特別陪弟弟過來跟我說，他會負擔養育孩子的費用，主要是不希望弟弟沒有後代，因為鄉下有個傳統觀念，這一生沒子女的話，往生時沒人幫忙「捧斗」（捧神主牌位），所以他願意幫忙扶養。聽了哥哥的表明之後，我才放心幫這對夫妻做試管嬰兒。

之所以有這樣的擔憂，是不希望幫忙解決生孩子的問題後，卻衍生另一個社會問題，這對小孩並不公平。終究孩子是無辜的，他本不應該來到這個家庭，可是透過我的手，讓他來世為人，應該要讓他幸福，而不是承受更多的困難；若真遭受困苦環境的磨難，我會感到很難過的。投身生殖醫學領域，除了專業技術，我特別注重幫忙完成生育任務後，患者接下來的日子要怎麼辦。由於我是貧困鄉下長大的小孩，看過在困境中求生存的不容易，實在不希望千辛萬苦求來的孩子也這樣生活。

我有個堂弟就是行乞為生，因媽媽是乞丐，本身有點智力障礙問題，也沒有謀生能力，每天總要去很遠的地方討飯。別人家都五、六點吃飯，他們必須等到晚上八、九點才有飯吃，堂弟就這樣癡癡地等媽媽回來吃飯。住的是像茅草屋一樣的屋子，冬天晚上的風很大很冷，沒有棉被，所有物品都是撿人家用過的東西，用「飢寒交迫」形容一點也不為過。

正因曾看到族人過這種日子，更不忍心自己幫忙生下的小孩要過著三餐不濟、不能受教育的生活。若是自然懷孕生下來的話，是孩子自己投胎，無可厚非；但利用人工生殖科技且藉由我的手出生，就希望他們來到這世上能被公平對待。

還有一位八十幾歲、來自中國的畫家，太太是七十幾歲，想要借卵求子。我告訴他：「你現在已經八十幾歲了，如果孩子生下來，你能夠養到他成年，已經一百多歲了；也可能在養大他之前，你就先走一步，誰來照顧小孩？」他回答：「太太照顧。」我說：「太太現在也已經七十幾歲了，活到九十幾歲，孩子才大學畢業，怎麼去養？」儘管我知道他是知名畫家，很有錢，但教養小孩並不是有錢就好，還需要父母付出心力的陪伴。

這對夫妻先後來醫院五、六次，一直有強烈的欲望要做試管，但是都被我存疑而婉拒，實在是想到以後誰能照顧孩子，就沒有辦法答應這對「老」夫妻的請託；除非先找到日後能夠照顧孩子的人、成立信託基金，我才敢幫忙做。畢竟是要透過我的手孕育下一代，自覺有責任為孩子多設想以保障日後的狀況。

教學培育下一代，樂見學生有成就

從二十五歲開始教書，至今已為人師表四十五年，在臺灣，大概能稱得上教學時間最長的教授。這份教學工作並沒有支領薪水，為什麼我依然持續教書？主要是為了培育下一代，這也是我的使命感。

目前，我仍在中山醫學大學與中國醫藥大學的醫學院執教。在中山醫教學至今四十五年左右，除了一般學生的指導以外，還有博士班的教學；中國醫大概教了三十年，主要是臨床教學。其實，我早在六十五歲時就退休了，目前是以一年一聘的講座教授繼續教學工作。

教學最大的回饋，就是看到學生有成就！不論在哪裡，這些學生只要看到我，都樂於跟我打招呼，真的讓我覺得很有成就感。有一位以前教過的學生，跟我住在同棟大樓，現在服務於長庚醫院雲林分院的精神科，經常一早上班在地下室遇到，他總是跟我說：「老師好！」我就感到很開心。也常常在很多場合碰到自己教過的學生，譬如在台北開會，總會遇到之前所教的學生，有的在當官，有的在臺大或其他醫院當院長、副院長，一聲聲「老師好，我在○○當院長」、「老師好，我在○○當副院長」，看到教出來的學生有所成就，確實讓身為老師的我備感欣慰。

然而感慨的是，現今後輩很難有人像我這樣以全部的心力投入工作。我的人生是從貧窮開始，進入到有一點點成果，再多一些成績，然後是成績好到有目共睹，經歷過很多痛苦的磨難，甚至必須和生命搏鬥，才有今日的成就。相信與我有相同痛苦經驗的人不多，畢竟人的意志力必須從小開始鍛鍊，不會是長大定型了才來鍛鍊；從小開始培養意志力，愈來愈強，才能撐過並克服痛苦的試煉，進而衝破障礙。意志力不強，是不會有好成績的。

成功除了努力，也需要機會！尤其是投入研究，往往需要任職的醫療機構有很高的獲利，才有辦法投入相當的經費進行研究。很幸運地，自己能在生殖醫學剛起步，準備要攀峰的中段時間點投入發展。如今，生殖醫學已處在發展的高原期，進步的速度變慢，暫時很難突破，基本上可以做的都做完了，現在還剩下一、兩個區塊有待努力，卻也不是一時半刻能看到成績的。

儘管我樂在教學，卻對同樣從事生殖醫學的兒子採取「易子而教」的作法。當他結束在三總的住院醫師訓練後，便安排前往我曾受訓的臺大醫院進修，因為在基礎學習上，臺大的訓練依舊相當穩固踏實。學習無法一步登天，唯有從基礎開始學習，才能一步步攀上頂峰。我們父子畢業自不同學校，卻先後在臺大同一個部門受訓，這也算是滿難得的機緣。

第47章 戮力拓展生殖醫學的社會價值

醫師除了在診間看診，治療病患，行有餘力更應走出診間，為同業服務，甚至參與相關政策的制定，讓民眾獲得更好的醫療服務。個人先後擔任生殖醫學會理事長和婦產科醫學會理事長，回想任內所做的努力，應該不負會員所託吧！

講座吸引學員不遠千里而來

在擔任生殖醫學會理事長的時候，曾帶團到中國四川協助教育訓練，因為那邊比較落後，當時帶了十幾位教授到四川成都華西醫科大學辦講座，教室很大，約能容納一千個人左右。開課之初，現場到了大概一千多位，我問一位學員：「從哪邊過來？」對方回我：「要上這個課得花上三天時間，先坐火車，再轉車過來。」原來不少人為了聽課，不惜忍受舟車勞頓往返之苦，特地遠從雲南、新疆等地前來聽講。

除了在成都舉辦講座，還到廣州、北京，也到法國、芬蘭、蘇聯（還沒解體前）參與國際醫學會，將臺灣生殖醫學的成果發揚光大。

致力讓「人工生殖法」規定更完善

生殖醫學會理事長任內，還致力讓「人工生殖法」的規定更為完整，包括生殖醫學醫師制度建立有一定的標準，什麼樣等級的醫療院所可訓練生殖醫師、胚胎師，訓練時參與的施術數都有明確規定，為整個臺灣生殖醫學發展奠定了重要基礎。

也因為有完善的制度，醫學中心開始培養人才，在完善的研修醫師制度下，有志之士才願意在完成住院醫師訓練後，當研究員接受生殖醫學的訓練，讓歷練更完整，並成為國健署承認的「施術醫師」。這幾年，大家看到生殖醫學的前景，有些人已經當到主治醫師了，願意再到主管機關認定之醫療機構接受兩年訓練，成為生殖醫學專科醫師，在原本的專業之外，再開拓出另一片揮灑的領域。

進行人工生殖法討論時，我擔任諮詢委員，大家就「捐卵」議題有相當多的討論。有些女性沒有卵子，若不讓她使用捐卵方式懷孕，她可能得跑到國外求醫，這樣很折騰人的，就像目前的代理孕母一樣。

懷孕是女性的權利，你剝奪她的權利，就社會公平性來講，是有點不合理。畢竟她不能靠個人能力生育已經夠可憐了，社會還要設一道法令來限制，無論是站在女權或醫學層面來看，都不符合公平正義原則。

此外，也不符合倫理原則，因為她有子宮，可以懷孕生子，只是需要「借卵」——借用別人的卵子進行相關療程後，再植入自己的肚子懷孕、生產，相關醫療程序並不違法，實在不需予以法令限制。幾番討論之後，終於在臺灣人工生殖法上有了「捐卵」規定。其中「制定上限九萬九的營養金」，是基於有些專家非要用高道德標準來審視，擔心這樣的行為會淪為「賣卵」；其實這不是賣卵，而是「捐卵」，歷經多次討論，後來就用到醫院幾趟、營養費計算，才得出「法定上限營養金九萬九千元」的結論。

整個討論前後大約耗時兩、三年之久，期間也有宗教家抱持不同意見，幾經波折才定案。相關費用設定看似合理，卻也有不合理之處，畢竟卵子是屬於捐贈者所有，受贈者要付多少錢給捐贈者，理應由當事人決定，不應該限制費用才對。

高齡婦女適合用自己的卵子做試管嗎？

我有一位患者，先生是牙醫師，太太是高學歷份子，兩人在四十八歲左右才結婚。來做試管的時候，我告訴他們做出來的結果不會好，夫妻倆仍想嘗試。雖然硬拚出結果，但高齡本來就會增加染色體異常的風險，所生下來的小孩確實有一些小問題，他們必須更費心力去照顧這個孩子。若以政府補助試管療程對年齡的限制是四十五歲，試問：這些高齡婦女還用自己的卵子懷孕，適合嗎？

臨床上，對高齡夫妻來說，堅持用自己的卵懷孕是個非常大的挑戰，因為上帝給我們的使命，在四十五歲前就要完成，你非要突破這個關卡，就必須承擔可能不太好的後果。主因在於這時候的卵子已經老化，受精後，畸形的胚胎比較多，這樣生下來的小孩健康狀況頗令人擔憂。不如選用新鮮卵子來懷孕，染色體狀況也比較好；可是臺灣仍有很多人不能接受這一點，以為是自己的卵子最好。

當自己的卵子已經不能使用，何不轉個方向思考：既然有心想當媽媽撫育下一代，別人的卵子又如何？年輕健康的卵子基因狀況好，懷孕率也比較高；高齡婦女用自己的卵可能要三、四次才懷孕，但借用別人的卵子可能一、兩次就懷孕，而且生下來的小孩健康情況相對良好。

我認為，生殖醫學最大的挑戰是四十五歲高齡以上的患者，懷孕率真的很低；即使懷孕了，也可能流產；就算不流產，孩子也可能有基因問題。每每碰到這種想要「硬闖」的情況，我們也很無奈，因為他們總是希望用自己的卵子孕育小孩，而這一點反而是生殖醫學需要去突破的限制。

「代理孕母」的情理法

關於代理孕母，目前仍有爭議，擔心子宮因此變成商用子宮，讓有錢人運用別人的子宮來生小孩。當然，這是宗教家不負責任的想法，因為一切都可透過法律來規範相關事宜，譬如列出哪些疾病才能申請代理孕母，卻被他們用一個大帽子扣下去，以「有錢人以後都不用自己生小孩，都叫別人來生了」的理由百般阻撓立法，該說這些人不懂民間疾苦嗎？

事實上，就算國內法律不通過，有需要的有錢人還是可以到國外去生啊！再者，有些人的身體狀況不適合懷孕，若不能使用代理孕母的話，為了懷孕生產，她不惜用生命去拚，最後釀成不幸悲劇，這樣的狀況又合情合理嗎？

曾經碰過一個來自苗栗的病人患有風濕性心臟病，就是符合代理孕母的申請資格，我說：「妳就等代理孕母法通過。」後來她自己懷孕了，可是在妊娠三十六週左右，人就往生了。因為她的風濕性心臟病很嚴重，心臟根本無法負荷孕期的壓力，卻為了生小孩，不惜冒著失去生命的危險。臺灣目前的法律不容許她找代理孕母，結果一條生命就這樣沒了，實在讓人覺得殘忍又悲傷。

臺灣宗教家看代理孕母的面向似乎比較狹隘。事實上，透過法律規範哪些病人可用代理孕母，使之合法化，就能適當遏止弊端的發生；但他們硬要用「商用子宮」的帽子扣下去，這根本不是在解決問題。

我看國外的宗教家就不會這樣想。臺灣宗教家不是在和你談論問題的解決方式，有時我們在講規範，他們就說可能會有漏洞，是有錢人利用關係要求政府開放，但你以為臺灣政府有那麼好打通關嗎？根本不可能啊！

然而，他們卻認為即使發生機會只有千萬分之一，也都要嚴加防範，這樣就沒有討論問題的空間了。我承認，法律不可能百分之百防止問題的發生，確實有些人可能會偷偷做，所以有必要將罰則訂重一點，讓不肖分子不敢亂來。

運用制定法律罰則來解決問題的路不走，而堅持以扣大帽子的方式，讓所有人都要聽你的話，我想，這並不是一個好的討論與溝通。由於宗教家認定我們是這個法案的得利者，我們的想法不可能得到宗教家的認同。但事實上，我們面對的是患者，站在他們的角度看事情，這些無法生兒育女的患者很可憐，如果沒有代理孕母的協助，她們往往被迫走上離婚一途，有些甚至不敢結婚。

生殖產業具有可貴的社會價值

曾有一個病人罹患子宮頸癌，治療後失去生育功能，但她先生是單傳，一邊承受婆婆要求傳宗接代的壓力，一邊又不敢跟太太提出離婚；最後是病人不忍看先生陷入痛苦的深淵，便主動提出離婚，實在令人無奈又傷感，一個好好的家庭因為無法生育而硬生生被拆散。

另有一位住在臺中豐原地區、約四十歲左右的患者，她先生六十幾歲，再婚娶了她。第一任太太沒生小孩，而她也沒生；但先生經營一家兩百多名員工的公司，認為以他的年齡來說，再沒有生小孩繼承的話，就要裁員、結束公司了。這位患者大概是覺得企業這麼大，沒有小孩繼承很可惜，如果能有一個小孩，就能繼續維持公司的運作，於是來找我協助他們懷孕。一年後，她很高興來跟我說，原本要收起來的公司在有了小孩之後，先生擴大營運，從兩百多名員工拓展成三、四百人的規模。

以臺灣人的習慣，沒小孩繼承事業的話，就會慢慢收起來，不要那麼辛苦，畢竟年齡大了，錢也夠了。不過若有小孩可接手的話，上一代就想要把規模再擴大，讓孩子之後接班更風光。患者還跟我分享，先生對小孩很疼愛，每天都幫孩子洗澡，夫妻倆非常享受育兒生活。

由此可見，生殖醫學科技有時能使企業再生，也會讓家庭更加美滿，這些是用金錢買不到的東西，而是一種無形的價值！我常說，不要把生殖醫學只是當成一種產業而已，幫助生育有困難的夫妻順利生子，讓家庭圓滿，就是非常可貴的社會價值。家庭圓滿，社會就平和，整個社會的經濟和環境就會往好的方向提升。

生殖醫學，不應只是當成發展醫療資源的產業，更要做為幫助社會提升價值很重要的源頭事業體來經營。不要只以賺錢為目的，一旦以賺錢為目標，就會讓這個事業體受到汙名化。

提高生產給付，訓練醫師執行乳房超音波

民國九十一至九十三年在婦產科醫學會理事長任內，首先有感於健保對婦產科的給付明顯不足，因此，極力與健保局（後升格為健保署）溝通，爭取拉高對婦產科的給付，包括開刀、生產。因為以前生產的給付很低，造成很多新血都不想當婦產科醫師，已經是婦產科醫師的也充滿恐慌，有好幾年的時間，各家醫院都招不到婦產科住院醫師，直到拉高給付以後，才漸漸有多一點的人才回流到婦產科。

其次是婦產科的產科業務一直在萎縮中，但乳癌病人卻持續增加，所以要訓練婦產科醫師也能執行乳房超音波檢查，幫忙檢查出乳癌病人來，這也是為國家的乳癌照顧系統提供有力的生力軍。

我的想法是，及早揪出一個乳癌病人，等於是救了一個家庭。若能早期發現，即可進行早期治療；目前在早期乳癌以開刀治療都有相當不錯的效果，等到中期以後，治療就比較困難了。尤其女性通常是家庭的重心，一旦健康出了問題，整個家庭就會發生翻天覆地的變化。所以，由學會推動婦產科醫師來學習乳房超音波技術，幫助篩檢出乳癌病人，以便及早接受早期治療。

乳癌屬於一般外科的領域，為什麼我要推動婦產科醫師做乳房超音波呢？由於不少女性有過生產經驗，對婦產科醫師比較沒有排斥感，而且在婦產科就醫時，常常需要內診，最私密的地方都敢給婦產科醫師看了，乳房並非最私密處，相對比較有意願讓婦產科醫師進行乳房超音波檢查；若由一般外科的醫師檢查，較容易心生排斥感而拒絕就醫，反而容易延誤發現時機。

對婦產科醫師而言，超音波是另外一個聽診器，本來就是每天都在操作，做乳房超音波只是多看一個器官而已，學習很容易上手；儀器上也只需增加一個探頭而已，加入篩檢的行列，可望提高篩檢率，並多篩出一些早期罹癌的病人。這樣的想法得到健保局（後升格為健保署）首肯，並獲得健保給付。

針對國是建言，聘任國策顧問與總統府資政

由於在醫療專業上受到同業與病人的肯定，愈來愈有機會參與社會事務，很高興讓自己的力量能有更多的發揮。

記得在歷經阿扁事件以後，民進黨整個士氣低落到谷底。由於我曾在美國讀書，崇尚兩黨政治，認為應該有兩個一樣水平的政黨相互競爭，因此，當年總統蔡英文出

馬競選黨主席請我幫忙，也就一口答應了。

後來更協助她參選總統，第一次跟馬英九先生競選總統失敗，第二次參選終於成功。為了讓蔡總統在選舉中能夠開出高票，贏得勝利，當時我幫忙組織民間社團。第二任時，她以先前打下的基礎再度勝選。其實我覺得蔡英文總統做得不錯，改革方向也是對的，但在軍公教與勞保的年金改革，還有落實週休二日部分，因作法過於急促，不免傷害到民意。

改革會經歷一段痛苦時期。我曾對蔡英文總統建言：「您的方向是對的，只是改革太激烈，應該在過程中要硬中帶軟，才能讓臺灣整個民意和社會和諧，不會鑄成太大衝突，而是走向祥和、富貴、有力量的社會。」她聽進去了，在第一任任期快要屆滿前，依我的建議，調整了改革步調。後來，蔡總統聘我為國策顧問、總統府資政，很榮幸能持續為國家社會盡一份心力。

每每回到雲林老家，更加體認到這個社會需要政府發揮改革的力量，因此再度向總統建言：對於窮人要有更多的體恤，於是她提出讓農民能夠領農民年金。同時，也建議總統要對老弱婦孺多加照顧，特別是婦女族群，畢竟生育力下降，等同國家的競爭力衰退，這固然已是世界潮流，但一定要想辦法力挽狂瀾才是。

生殖醫療是造福社會的產業

以日本為例，就是因為少子化導致經濟衰退，所以才有「失去的二十年」之說；經濟不好又少子化，整個國家社會難以蓬勃發展。可以預見臺灣也將因少子化，造成經濟往下走，主要是勞動人力減少，經濟跟著萎縮，逐步為世界金融體系所淘汰。基於此，應將生殖醫療視為造福社會的產業——讓家庭更美滿、社會更穩定、經濟發展也將更蓬勃！

為此，我提出幾個建議方案，除了生育補助，還要有對嬰幼兒的照顧，就是生下孩子之後，送去托嬰中心、幼兒園照顧，也要提供相關津貼，因年輕夫婦都要工作，如果能得到政府補助，才會更願意投入生養、教育下一代的行列。

至於不孕症補助，也是另一個能夠增加人口的政策。放眼臺灣的生育力，出生數從最高的四、五十萬，一路降到現在不足十六萬（民國一一一年更是再創新低，為十三萬八千九百八十六人），整個國家競爭力大幅下降。如果不解決的話，預估臺灣於二〇五〇年只會剩下一千四百萬的人口，對於臺灣未來老化、競爭力都是很大的衝擊！所以，蔡總統願意提高生育補助、試管嬰兒補助，還有嬰幼兒的照顧也都陸續完成，表示她正戮力改善臺灣生育力的狀況。

從一名醫師成為國策顧問，再到總統府資政，捫心自問，我從來沒有想過會走到這一步。小時候，只想到自己要當醫生賺錢，為的是拯救貧困的家庭，可以說這只是個人的脫貧計畫。然而，憑藉不斷地奮鬥努力，讓我不僅成功脫貧，進而有機會參與更多國家社會的公共事務，我非常珍惜這份難得的幸運！

尤其身為生殖醫學醫師，從不孕症患者身上看到太多生育力不佳的現象，也知道要用什麼辦法解決。現今社會，晚婚已成為主流，大家不生不養並非因為不想生，而是擔心沒有足夠金錢養育下一代，必須由政府審慎評估、提供更多相關補助，才能提高年輕人生養孩子的意願。

第48章 虛心回顧，務實展望未來

選擇一條少有人走的路，往往有意想不到的結果。當年的環境，光從事接生就有獲利，但我並未以此滿足，而是踏上一條人跡罕至的道路，事實也證明我走出了康莊大道。因此奉勸年輕人，大家一窩蜂地走同一條路未必是好事！

根扎得有多深，成果就有多豐碩

在內分泌醫學發展之初，我便踏入這個領域。回想剛開始研究時，因為內分泌是看不到的東西，只能用數據說話；例如怎麼用藥來調整月經週期，加上運用超音波、荷爾蒙的概念來處理，但總有隔靴搔癢之感。當時從書本讀到的，比臨床看到的更多，而這也成為我之後前往美國賓州大學進修的養分。

在賓大實驗室的洗禮下，鍛鍊出扎實的醫療基本功。沒有走臨床醫學，而是進行基礎醫學研究的我，從試管嬰兒的基本學起，擁有培養胚胎的技術、調理荷爾蒙的能力，得以全盤掌握技術流程與細節；在後續的發展上，一路暢行無阻，進而攀上頂峰。事實證明基礎醫學做得好，就能順暢運用在臨床醫學上。從我全心全力投入生殖醫學的表現來審視目前成績，可以自豪地說：「根扎得有多深，成果就有多豐碩。」臺灣的生殖醫學發展，可說就靠當年出國進修的這批人所帶領。

之所以能走到今天，憑藉的是個人堅強的意志力；唯有堅韌的毅力，加上決心與奮鬥，才能勇於面對人生的轉折，並有能力扭轉局勢。我常說：「人生有許多轉折點，轉得過或轉不過，全在一念之間。」轉不過，只能直直落地往下坡走；轉得過，則能繼續向上爬升，為攀登下一個巔峰繼續努力。

很多人會透過興趣及從事各式活動來紓解壓力，但我幾乎沒有休閒活動，自開始行醫，就把全副精神力氣放在病患身上，沒有個人的生活。後來，除了週末假日打高爾夫球以外，就沒有其他休閒娛樂了，平常就靠走路來強健身體。

為了能讓更多患者的治療有滿意的結果，腦袋都在思考如何提升懷孕率。如果看文獻、寫論文和修改論文，也能算興趣的話，這就是我此生的興趣；至於其他休閒娛樂，真的是與我無緣了。

孤獨的先行者，幸有病人陪伴前行

在這條行醫道途上，有很多事情都是自己打頭陣，寂寞難免，孤單必然。先行者的理論往往不被重視，而我在臺灣所推動的許多事務，剛開始的確都不被看重，但隨著形勢演變，輿論也慢慢給予支持，加上我是站在病患角度來處理事情，自然有患者陪伴我走這條路，也就不覺孤單了。當別人在冷眼旁觀、看戲，而我依然堅持這條道路，踏實累積生殖醫療技術，讓有需求的患者成功懷孕、這些未來媽媽們一個接一個迎接新生命誕生，喜悅的心情早已沖淡了先行者的孤單與寂寞感。

就像借卵和細胞質轉植技術在一開始都被政府禁止，但當時還沒有法令明文規定，也沒辦法進行懲處；我也不再辯解，因為辯解沒有意義。後來參與公共事務，才知道法律沒有規範到的事情，政府就用「帝王法」來處置，也就是說，醫師如果有不道德的行為，可用「醫療法」處理。然而，要怎麼定義行為「不道德」？我是用借卵、細胞質轉植技術幫忙解決病患問題以順利懷孕，怎麼是不道德？

剛開始執行借卵時，臺大醫院也發生一件事，和我的借卵一起被討論。臺大是朱樹勳教授進行心臟移植，考量當時病人情況很危急，在還沒有經過完整的人類研究倫理審查委員會（ＩＲＢ）的程序就做手術了，那是臺灣第一例心臟移植個案。我的借卵也是臺灣的第一例個案，都因為沒經過ＩＲＢ而被處罰。不過最後又經討論，因法令不完備，只能用「醫療法」來處置，但那是不合理的，朱樹勳教授移植心臟是為了救人、救家庭，怎麼能說是「不道德」。所以，後來就以警告、罰款處置，提醒不要再這麼做了。

其實都是為了病人好，醫師才做這些事的。會讓我決定「以身試法」，是不忍那位遭逢喪子之痛的患者跪著哀求我幫她做試管，身處臺南望族家庭的她，如果沒辦法再生育，就得被迫離婚。基於搶救這個瀕臨破碎的家庭，必須使用妹妹的卵子懷孕才有機會，而她的先生也同意這麼做，夫妻倆跪地哀號，令人心酸不已，真的很難硬著心腸拒絕。

當時的臺灣還沒有這項技術，其他先進國家也只是在模擬階段。接到這個任務以後，我用科學角度創造出完整的借卵流程，一次就讓患者成功懷孕。這套流程現今還在使用，不僅全臺灣照著用，我將流程投稿到很多知名國際醫療期刊，世界上也有很多生殖中心使用我的方法。誰能想像我在三十年前所創造的借卵流程，如今仍被國際生殖醫療機構普遍運用！

當前生殖機構服務太多，基礎研究太少

其實一開始設計生殖醫學次專科訓練計畫的時候，有規定受訓醫師應該先在實驗室待幾個月、從事臨床幾個月、個案整理幾個月，才算完整的訓練。但很可惜的是，很多中心都沒有遵循這個訓練規章，可能是人力需求或其他因素，研修醫師幾乎都沒有進實驗室操作的經驗。如此一來，一旦他面臨問題，卻又不知問題出在哪裡，可能連生殖中心的主持人都無法找到答案，胚胎師也不清楚問題所在，這是對臨床的了解不多所致。

儘管整個生殖醫學次專科訓練計畫具備良好制度，美中不足之處就在於沒有遵循制度，這樣真的很可惜。即使完成訓練，還是有很多問題無法靠自己解決，別人怎麼做，我就照著做，沒有辦法加以突破，原因即在於少了基礎研究訓練。

放眼當前的生殖機構，服務做得太多，基礎研究卻少得可憐，甚至有時候淪為商業化的行為。畢竟生殖醫學帶有研究的使命，必須有愈多人投入基礎科學研究，學術水準才會提升到更高層次，技術也才會向上提升，這些都是相輔相成的東西。在我看

來，少了基礎研究，日後就難以在世界上再有發光發熱的表現，而只是一般的生殖醫學中心，無法成為與世界一流機構並駕齊驅的頂尖生殖醫學中心。

不可否認的是，現今的生殖醫學正面臨不小的競爭，以前是大家自己做好就好了，但現在不只要做好，還加入行銷，已經不單純只是醫療問題了。不過，我還是秉持初衷，第一是視病猶親，第二則是讓技術持續精進，達到高峰，幫助病人順利成為媽媽，這才是我們所要努力的目標。不管時代怎麼演變，我認為：讓病人順利成為媽媽，是所有生殖醫學醫師都應切記的職志。

強化專業技術，更著重良知問題

從醫學倫理層面來看，有些醫師根本無法處理困難案例，卻在商業考量下繼續療程，因而延宕了個案治療的黃金時期，讓原本還有懷孕的機會流失，變成不能懷孕的結果，任誰也無法幫個案圓夢。

若醫師自覺能力不足而拒接困難案例，對患者來說，反而可以另外尋找「幸孕」的機會；就怕無法解決問題還要硬接、霸著不放，白白浪費了個案尋求懷孕的寶貴時間。茂盛醫院就曾碰到好多輾轉多家生殖機構的個案，都是患者自覺再繼續療程也不會有希望，而主動另尋「生機」的。

不孕症醫師應以患者利益為考量，若技術與設備不足，就處理簡單個案，把困難個案「放手」，這才是有倫理概念的作法。即使想試試看，試一個週期沒有結果，就建議個案另尋高明，才不致延誤患者的治療黃金期。

體諒個案的需求，千萬不能因為商業考量，明知不可為而為之，這會讓他們從抱持希望到絕望放棄。當前生殖機構競爭非常激烈，為了爭搶商機，的確存在這個不能在檯面上明說的祕密，就有個案根本已經無卵可取，醫師還繼續執行取卵手術，因為有利可圖。

臺灣的生殖機構有能力讓四十三歲以上的女性懷孕，屈指可數。換言之，大部分的生殖機構對於高齡的個案根本無能為力，卻將「高齡」當作療程失敗的理由！這不像癌症開刀不成功、剖腹產傷口處理不好，醫師會被告；事實上，個案也無法以此告上法院。由此可見，生殖醫學已不只是技術問題，更存在著良知問題！

持續精進，維持領先與最佳競爭力

生意人將賺錢當作產業發展的基礎，眼裡先看到的是錢，有錢賺才做。而我始終堅持以服務病人做為產業發展的核心，著重提供良好的醫療品質給病人；提供良好的服務，收益才會隨之而來——累積好口碑，打響品牌的知名度，進而創造獲利的空間。一路投入心力的我，才能將專業發展成事業，如今更成為志業，這一切完全倚靠個人的堅持。

行醫多年，對於醫學傳承，我始終念茲在茲！這當然可以透過教導與訓練，讓下一代學習精髓；不過要百分百傳承，並不是一件容易的事。畢竟上一代與下一代的個性不同，光是吃苦耐勞，兩代人就存在著不同的價值觀，尤其現今能吃苦耐勞的年輕人並不多，想要成功，必須願意堅持奮鬥，才能專注地投入心力，換得成功到來。

臺灣上一代成功企業家，多有吃苦耐勞的特質，接棒的第二代就不一定具備了。若不將吃苦耐勞當作成功的必備要素，很容易會被其他競爭者取而代之。想要長期維持領先地位，務必加大差異性以拉開與競爭者的距離，還必須具有足夠的體能、耐力與實力，才能持續保持領先。

一定要能吃苦，才有機會成為該產業的第一名！同時，還要做到方向對、用人要對、注重每一個細節。尤其是專業領域的細節，從表面上看不出來，經營管理者一定要確實參與其中，才能充分掌握關鍵，否則整個發展會變得鬆散，競爭力下滑，就很容易被競爭者超越。不論世界如何改變，這都是不變的道理。

不過，在茂盛醫院，我也只能以潛移默化的方式，將個人對吃苦耐勞的價值觀傳遞給同仁，畢竟這攸關人格特質，也不是每個人都做得到。然而，放眼世界上成功的創業家，無一不是耐得住吃苦的人。台積電員工的薪水待遇很高，也都是能吃苦且願意吃苦的人才領得到，即使多數都是出自臺大、清大、交大的佼佼者，也還是需要努力加上吃苦。不努力，絕對沒有成功的希望！

臺灣最成功的產業非電子業莫屬，每個從事電子業的人都很努力，因為不努力，早早就被淘汰了。我總是勉勵同仁一定要努力，讓環伺在旁的競爭者沒有機會取代自己，就像三星根本看不到台積電的車尾燈。台積電如果不特別努力，要如何擁有世界級的競爭力？

現在，我一週看六個診，中國醫藥大學和中山醫學大學各有一個下午的課，工作幾乎滿檔，並持續讀書精進，希望自己帶頭把努力的身教做給大家看。實在是不讀書，無法進步，就沒有競爭力！

〈愛拚才會贏〉是一首臺灣人耳熟能詳的歌曲，「三分天注定，七分靠打拚，愛拚才會贏」，最能描述我這一生奮鬥不懈的心志。無論大家在哪個領域發展，一定要用奮鬥不輟的心，做到務實與虛心求教，才是讓自己奔向成功的最佳助力！

【附錄】

生殖醫學發展大事記

臺灣第一例試管嬰兒成功至今約四十餘年，
縱然發展時間不比歐美先進國家長，
卻在大家的努力下，很快與之並駕齊驅，
並以亮眼的成績吸引來自世界各國的患者，
前來臺灣尋求生殖醫學的協助，
圓滿懷孕生子的渴求。

身為臺灣生殖醫學發展先驅的李茂盛院長，
對於這一切如數家珍，
曾於二〇二一年受臺灣生殖醫學會之邀，
於年會中發表「漫談臺灣生殖醫學發展史」。

茲將重要發展以大事記形式呈現，
讓讀者對於臺灣生殖醫學從無到有的歷程有更完整的認識。

世界試管嬰兒發展歷程

一九三二年：阿道斯・赫胥黎（Aldous Huxley）在科幻小說《美麗新世界》（*Brave New World*）書中，提出體外受精技術。（編按：創作於一九三一年，一九三二年發表。）

一九三七年：IVF（In Vitro Fertilization，試管嬰兒）一詞出現在《新英格蘭醫學雜誌》的社論中，這時還沒有任何具體的東西。

一九四八年：約翰・洛克（John Rock，哈佛醫學院教授）從一般手術中取出卵子，總共取出約八百顆的卵子，供不同年齡的婦女使用。並在一九四八年，將經驗發表在《美國雜誌》上。

一九五九年：華裔科學家張明覺（M.C. Chang），首先用兔子的卵製造出第一個IVF，可說是世界上最早的哺乳動物體外受精。

一九六一年：開始使用腹腔鏡進行取卵的技術。

一九六五年：試管嬰兒先驅羅伯特．愛德華茲（Robert G. Edwards，英國劍橋大學教授）開始和喬治亞娜．西加爾．瓊斯（Georgeanna S. Jones，被譽為「試管嬰兒之母」）與霍華德．瓊斯（Howard W. Jones，試管嬰兒先驅）伉儷，在約翰霍普金斯醫院（The Johns Hopkins Hospital）試圖讓人類的卵母細胞能夠在體外受精，因而有了腹腔鏡的設計，以便從體內安全取出卵子。

一九七三年：由摩納希團隊在墨爾本報告全球第一個ＩＶＦ懷孕的案例，但很可惜的是，最後以早期流產收尾而未成功。

一九七六年：法國的Yves Menezo開始創造新的Ｂ２培養液（culture medium）。這種培養液即是呈現出人類的卵泡、輸卵管和子宮的相似環境。

同年，帕特里克．史戴普脫（Patrick C. Steptoe，英國婦產科醫師、生育治療先驅）和Edwards發表了一份成功受精的報告，不過，很可惜是子宮外孕。

一九七八年：Steptoe和Edwards在英國奧爾德姆市，為一對前後九年歷經無數次嘗試仍無法成功懷孕的夫妻使用ＩＶＦ，終於成功受精懷孕，並在足月妊娠後，於七月二十五日誕生世界第一個試管嬰兒。

一九七八年：以前的排卵是採自然週期，自一九七八年開始，墨爾本摩納希團隊開始利用clomiphene citrate（常見的口服排卵藥）來進行誘導排卵，以便取得更多的卵來提高懷孕率。

一九八〇年：全球第二例試管嬰兒誕生在澳洲維多利亞州的Monash。

一九八三年：澳洲Alan O. Trouson博士研究小組，利用冷凍胚胎技術讓一名不孕症患者成功懷孕，並且順利誕生人類第一個冷凍胚胎試管嬰兒。

一九八五年：運用「螢光原位雜交」（fluorescent in situ hybridization，FISH，一種細胞遺傳學技術，用來對核酸進行檢測和定位）進行基因檢測（genetic testing）。

一九九二年：由比利時醫師Dr. Gianpiero D. Palermo完成首例之單一精蟲顯微注射術（ICSI）治療。

一九九七年：開始發展「玻璃化冷凍」（Vitrification）。

二〇一一年：採用「染色體基因晶片分析」（CGH，藉由晶片上數以萬計的DNA探針，進行全基因組的遺傳分析），進行基因檢測。

二〇一三年：以「次世代定序」（NGS）進行基因檢測。

二〇二〇年：開始有「非侵入性胚胎著床前染色體基因篩檢」系統（ni-PGT-A，包含PGT-A：鑑別染色體套數正常、PGT-M：篩檢出有遺傳疾病基因的胚胎，預防家族的單基因遺傳疾病，PGT-SR：檢查染色體的結構是否正常，常用於有染色體轉位的夫婦）。

臺灣試管嬰兒發展歷程

一九八四年：IVF（In Vitro Fertilization，試管嬰兒）與GIFT（Gamete intrafallopian transfer，將取得的精卵經短暫處理後，利用腹腔鏡植入女性輸卵管內）同時進行。

一九八五年：第一個試管嬰兒誕生在臺北榮總。同年，第二個成功案例在三總，這也是第一個運用GIFT成功的案例。對於治療男性不孕症的病人，臺灣採用「透明帶下精子注射術」（Subzonal insemination，SUZI）。

一九八六年：馬偕出現第二個GIFT的案例，中山附醫的團隊在同年年末也有第一次IVF的經驗。

一九八七年：中山附醫由李茂盛醫師領軍，以本土團隊之力所創造的試管嬰兒誕生。緊接著有長庚、臺大，還有臺北附醫、國泰，然後是高雄榮總首例試管嬰兒於二〇〇一年誕生。發展ZIFT（Zygote intrafallopian transfer），利用腹腔鏡將受精卵植入到輸卵管，讓受精卵跑到子宮著床。

一九八八年：劉志鴻教授首先運用TET（Tubal embryo transfer），將培養出的胚胎在第三天或第二天時植入子宮腔。

一九八九年：針對高齡、比較不容易著床的個案，進行「胚胎輔助孵化術」（AHA）。

一九九〇年：成立「中華民國不孕症醫學會」；開始有借卵的作法。

一九九四年：臺灣引進「單一精蟲顯微注射術」（ICSI）。

一九九七年：開始發展「玻璃化冷凍」（Vitrification）。

二〇〇〇年：中華民國不孕症醫學會更名為「臺灣生殖醫學會」。

二〇〇七年：頒布實施「人工生殖法」。

二〇〇八年：首先由送子鳥引進卵子銀行（egg bank）。

二〇一八年：「縮時攝影培養箱」（Time-lapse incubator）的系統引進臺灣市場。

茂盛生殖中心的成就

一九九〇年：亞洲首位借卵的試管嬰兒誕生。

一九九二年：亞洲首例以顯微操控輔助著床成功。

一九九三年：亞洲首例以「顯微手術酵素卵子透明帶打洞」成功受孕產下女嬰。

一九九五年：亞洲首例以睪丸切片萃取術搭配精蟲顯微注射試管嬰兒誕生。

一九九六年：引進單槍睪丸取精術之無精症試管嬰兒成功誕生。

一九九七年：亞洲首例胚胎診斷協助遺傳疾病家族篩除基因問題之胚胎。
亞洲首例四十六歲高齡成功產下試管嬰兒。

一九九八年：國內首例卵子細胞質轉入術成功治療不孕。

二〇〇〇年：發展超低溫冷凍技術（Supercooling），以攝氏零下二〇六度保存的冷凍囊胚，孕育出健康的試管嬰兒。

二〇〇三年：開始嘗試一些比較困難的試管成功案例，例如：脊椎損傷患者。

二〇〇四年：與工研院生物醫學工程中心合作，發表國內第一株胚胎幹細胞（TW1）。

二〇一八年：走向AI試管嬰兒，至今持續發展，邁向新的里程碑。

感念父母兄長扶持，堅定求學翻轉家境

求學時期出遊照

李茂盛教授與大哥合影

李茂盛教授與家人合影（右：二哥兒子李宗炎）

李茂盛教授
省立嘉中時期照片

李茂盛教授與夫人結婚照

李茂盛賢伉儷與大哥大嫂合影

院長夫人結婚照

家族大合照－李俊逸醫師周歲回鄉

李茂盛教授於埃及旅遊

日本東邦大學婦產科醫學博士

感謝艱困環境試煉，戮力爭取專業殊榮

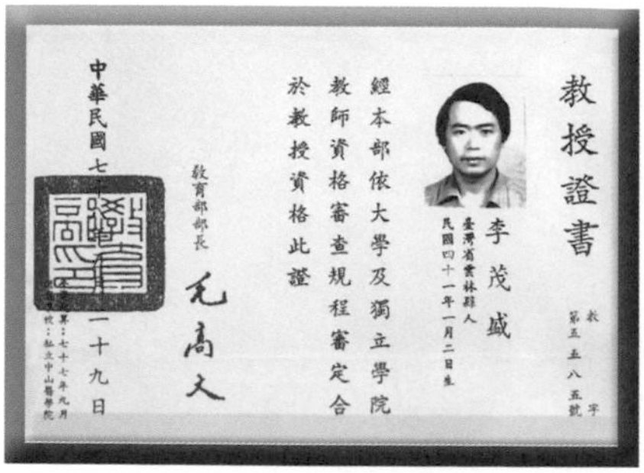

教育部核可教授證書

試管嬰兒工作營

（以色列醫院與哈佛大學）

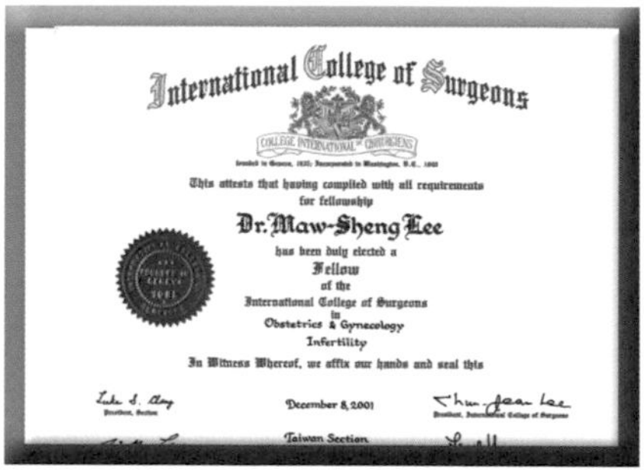

國際外科學院學士證書

婦產科超音波專業醫師證書

特殊貢獻醫事人員

參與 2014 年醫學會年會證明

美國賓州大學博士後研究員證書

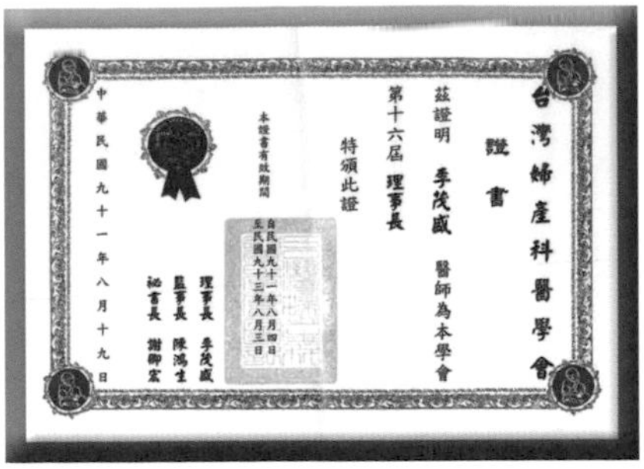

臺灣婦產科醫學會
第十六屆理事長證書

臺灣婦女泌尿暨骨盆醫學會
顧問醫師聘書

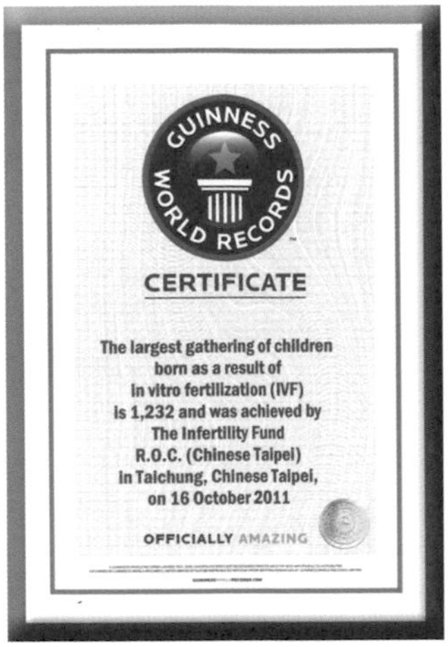

英國金氏世界紀錄所
頒發之證書

臺灣周產期醫學會
胎兒頸部透明帶認證合格證書

臺灣周產期醫學會
專科醫師證書

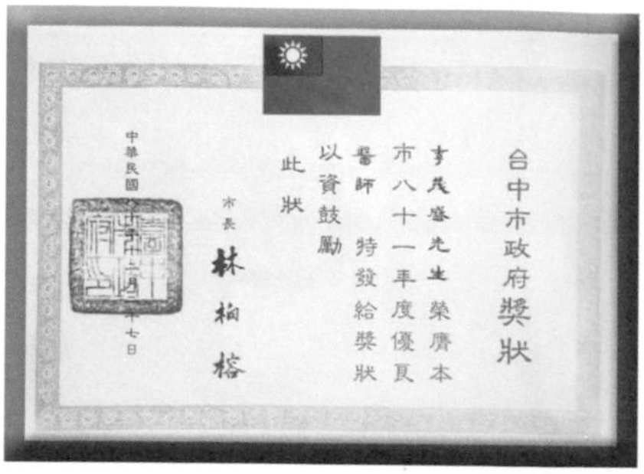

臺中市優良醫師獎狀

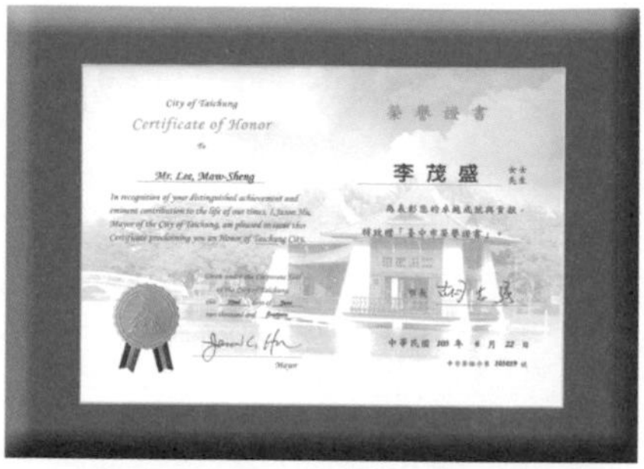

臺中市 103 年榮譽證書

中華民國醫用超音波學會
婦產科指導醫師證書

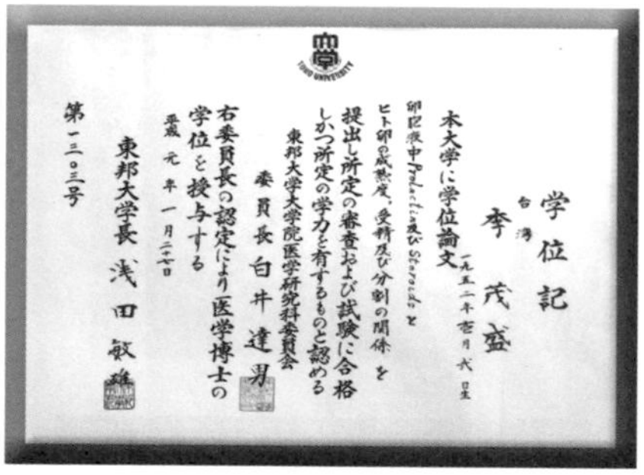

日本大學學位證書

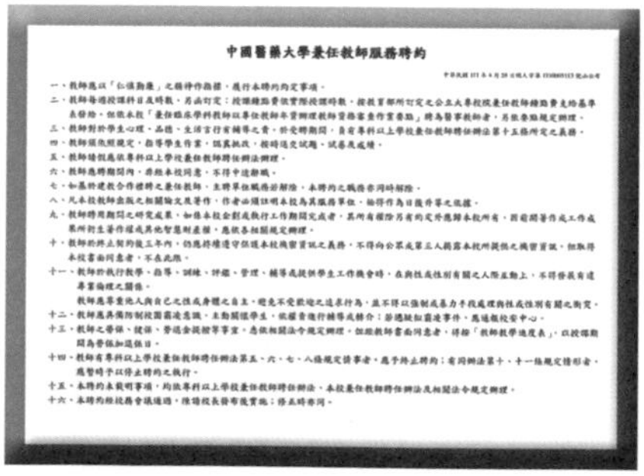

中國醫藥大學教師及兼任教授

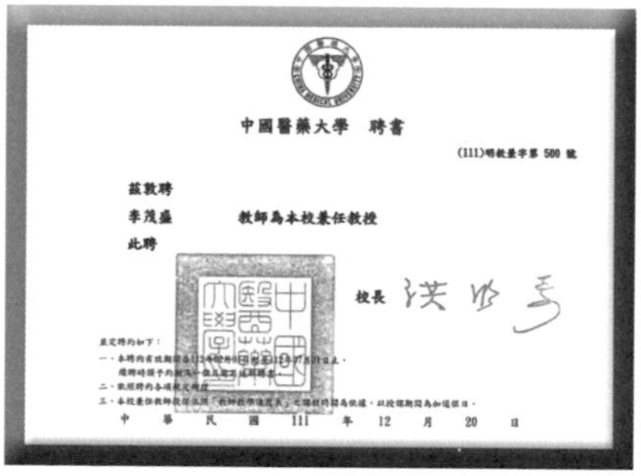

中國醫藥大學教師及兼任教授
聘書－正面

中華民國婦產科內視鏡醫學會
專科醫師證書

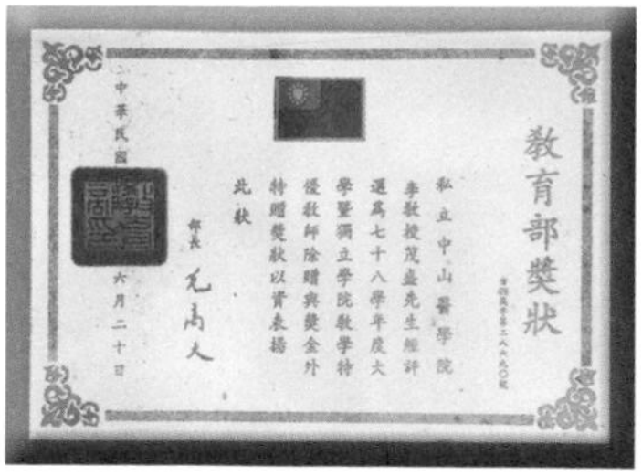

中山醫學院教學
特優教師獎狀

2020
公益大使獎牌

中山醫學大學教授聘書

中山醫學大學講座教授聘書

腹腔鏡外科醫師學會證書

子宮頸癌篩檢績優獎牌

2014 年榮獲二等衛生福利專業獎章

2011 齊聚 1232 位試管寶寶金氏世界紀錄

茂盛生殖醫療傲視國際，造福五大洲、三十六個國家、兩萬多個家庭

感謝政府與茂盛團隊，同心完善醫療願景

總統 蔡英文特聘李茂盛教授為總統府資政

總統 蔡英文特聘李茂盛教授為總統府國策顧問

總統 蔡英文與李茂盛教授合影

副總統 賴清德與李茂盛教授合影

榮獲 2017 臺灣醫療典範獎

臺中市小英之友會 2023 關懷貧困
歲末寒冬送暖活動
小英之友
台灣志工
市政府社會局
市小英之友會
西北扶輪社、台中惠中扶輪社、台中菁英扶輪
市北屯里里長辦公室、臺中市北區賴旺社區
產開發股份有限公司、茂盛醫院、捷安特股份有限公司、港洲
刷事業有限公司、暄豐企業行有限公司、陳維鎧律師事務所
司、嘉磐建設、生活家建設、新鉅科技股份有限公司、阿官國
吉、張金鋒、林忠和、張健鈞、胡栢墩、趙聰仁、林戊坤、許
易／蔡垂俊、邱文政、誠真建設／鄭旭宗、緣眾事業／黃榮
亘城投資／蕭宇迪、新天地／歐敏輝、僑興齒輪／吳森雄、
業／許庚龍、歐都納／程鯤、黃天賜、台灣防災／黃聖安、兄
實業／陳柏滄、科技人文雜誌／陳錦龍

2023 寒冬送暖

2023 寒冬送暖

林
煜
舜

林
煜
舜

國家圖書館出版品預行編目(CIP)資料

世界的生命捕手：生殖醫學教父李茂盛的奮鬥人生/李茂盛著. -- 初版. --
臺北市：商周出版：英屬蓋曼群島商家庭傳媒股份有限公司城邦分公司發行, 民112.10
432面；17*23公分. -- (People；37) ISBN 978-626-318-900-3（平裝）
1. CST：李茂盛 2. CST：生殖醫學 3. CST：傳記 783.3886 112017191

PEOPLE 037

世界的生命捕手

生殖醫學教父李茂盛的奮鬥人生

作者——李茂盛
責任責編——何若文
特約編輯——連秋香
美術設計——謝富智
版權——吳亭儀、江欣瑜、林易萱
行銷業務——周佑潔、賴玉嵐、賴正祐

總編輯——何宜珍
總經理——彭之琬
事業群總經理——黃淑貞
發行人——何飛鵬
法律顧問——元禾法律事務所 王子文律師
出版——商周出版
台北市中山區民生東路二段141號9樓
電話：(02) 2500-7008 傳真：(02) 2500-7759
E-mail：bwp.service@cite.com.tw
Blog：http://bwp25007008.pixnet.net./blog
發行——英屬蓋曼群島商家庭傳媒股份有限公司城邦分公司
台北市104中山區民生東路二段141號2樓
書虫客服專線：(02)2500-7718、(02) 2500-7719
服務時間：週一至週五上午09:30-12:00；下午13:30-17:00
24小時傳真專線：(02) 2500-1990；(02) 2500-1991
劃撥帳號：19863813　戶名：書虫股份有限公司
讀者服務信箱：service@readingclub.com.tw
城邦讀書花園：www.cite.com.tw
香港發行所——城邦（香港）出版集團有限公司
香港灣仔駱克道193號超商業中心1樓
電話：(852) 25086231傳真：(852) 25789337
E-mailL：hkcite@biznetvigator.com
馬新發行所——城邦(馬新)出版集團【Cité (M) Sdn. Bhd】
41, Jalan Radin Anum, Bandar Baru Sri Petaling,
57000 Kuala Lumpur, Malaysia.
電話：(603)90578822　傳真：(603)90576622
E-mail：cite@cite.com.my

封面設計——copy
印刷——卡樂彩色製版印刷有限公司
總經銷——聯合發行股份有限公司　電話：(02)2917-8022　傳真：(02)2911-0053

2023年10月31日初版　Printed in Taiwan
定價520元

ISBN 978-626-318-900-3
ISBN 978-626-318-922-5（EPUB）

商周出版

廣　　告　　回　　函
北區郵政管理登記證
台北廣字第000791號
郵資已付，免貼郵票

104台北市民生東路二段 141 號 B1

英屬蓋曼群島商家庭傳媒股份有限公司

城邦分公司

請沿虛線對摺，謝謝！

商周出版

書號:	書名: 世界的生命捕手	編碼:

請於此處用膠水黏貼

商周出版

讀者回函卡

線上版讀者回函卡

感謝您購買我們出版的書籍！請費心填寫此回函卡，我們將不定期寄上城邦集團最新的出版訊息。

姓名：＿＿＿＿＿＿＿＿＿＿＿＿＿＿＿＿ 性別：□男 □女

生日：西元＿＿＿＿＿＿年＿＿＿＿＿＿月＿＿＿＿＿＿日

地址：＿＿＿＿＿＿＿＿＿＿＿＿＿＿＿＿＿＿＿＿

聯絡電話：＿＿＿＿＿＿＿＿＿＿＿＿ 傳真：＿＿＿＿＿＿＿＿＿＿

E-mail：

學歷：□ 1. 小學 □ 2. 國中 □ 3. 高中 □ 4. 大學 □ 5. 研究所以上

職業：□ 1. 學生 □ 2. 軍公教 □ 3. 服務 □ 4. 金融 □ 5. 製造 □ 6. 資訊

□ 7. 傳播 □ 8. 自由業 □ 9. 農漁牧 □ 10. 家管 □ 11. 退休

□ 12. 其他＿＿＿＿＿＿＿＿＿＿＿＿＿＿＿＿

您從何種方式得知本書消息？

□ 1. 書店 □ 2. 網路 □ 3. 報紙 □ 4. 雜誌 □ 5. 廣播 □ 6. 電視

□ 7. 親友推薦 □ 8. 其他＿＿＿＿＿＿＿＿＿＿＿＿

您通常以何種方式購書？

□ 1. 書店 □ 2. 網路 □ 3. 傳真訂購 □ 4. 郵局劃撥 □ 5. 其他＿＿＿

您喜歡閱讀那些類別的書籍？

□ 1. 財經商業 □ 2. 自然科學 □ 3. 歷史 □ 4. 法律 □ 5. 文學

□ 6. 休閒旅遊 □ 7. 小說 □ 8. 人物傳記 □ 9. 生活、勵志 □ 10. 其他

對我們的建議：＿＿＿＿＿＿＿＿＿＿＿＿＿＿＿＿＿＿＿＿

＿＿＿＿＿＿＿＿＿＿＿＿＿＿＿＿＿＿＿＿

＿＿＿＿＿＿＿＿＿＿＿＿＿＿＿＿＿＿＿＿

請於此處用膠水黏貼